Gilvan Ribeiro

Malês

A revolta dos escravizados na Bahia e seu legado

Planeta

Copyright © Gilvan Ribeiro, 2023
Copyright © Editora Planeta do Brasil, 2023
Todos os direitos reservados.

Revisão técnica: Lucas Ribeiro Campos
Preparação: Tiago Ferro
Revisão: Ana Laura Valerio e Laura Folgueira
Projeto gráfico e diagramação: Negrito Produção Editorial
Capa: Fabio Oliveira
Ilustração de capa: Ilustrablack / OIO, agência de ilustração
Pesquisa iconográfica: Tempo Composto

Dados Internacionais de Catalogação na Publicação (CIP)
Angélica Ilacqua CRB-8/7057

Ribeiro, Gilvan
   Malês: a revolta dos escravizados na Bahia e seu legado / Gilvan Ribeiro. – São Paulo: Planeta do Brasil, 2023.
   336 p.

Bibliografia
ISBN 978-85-422-2382-8

1. Brasil – História – Insurreição dos malês, 1835. I. Título.

23-5206   CDD 981.04

Índice para catálogo sistemático:
1. Brasil – História – Insurreição dos malês, 1835

Ao escolher este livro, você está apoiando o manejo responsável das florestas do mundo

2023
Todos os direitos desta edição reservados à
EDITORA PLANETA DO BRASIL LTDA.
Rua Bela Cintra 986, 4º andar – Consolação
São Paulo – SP – CEP 01415-002
www.planetadelivros.com.br
faleconosco@editoraplaneta.com.br

Editora Planeta Brasil | **20** ANOS

Acreditamos nos livros

Este livro foi composto em Charter ITC Pro e impresso pela Geográfica para a Editora Planeta do Brasil em setembro de 2023.

Dedico este livro a Benedito Vicente de Souza, o meu querido tio Dito, que me ensinou a beleza e a dignidade de ser negro. Um homem iluminado que enfrentou o racismo sem perder a ternura e deixou uma lição de vida repleta de amor.

Sumário

*Prefácio – A Revolta dos Malês e a genealogia
da brutalidade estrutural do Estado,* Juarez Xavier 7

Introdução 15

CAPÍTULO 1
Terra em transe 19

CAPÍTULO 2
Gota d'água 29

CAPÍTULO 3
Amor, traição e morte 41

CAPÍTULO 4
A casa caiu! 51

CAPÍTULO 5
Mata soldado! 63

CAPÍTULO 6
O cerco se fecha 71

CAPÍTULO 7
Fim da linha 81

CAPÍTULO 8
Jihad ou não, eis a questão............................ 93

CAPÍTULO 9
Escravos donos de escravos 115

CAPÍTULO 10
Sem ela, não há paz 127

CAPÍTULO 11
Fé cega, faca amolada................................. 155

CAPÍTULO 12
Salve-se quem puder.................................. 175

CAPÍTULO 13
A lei do chicote 193

CAPÍTULO 14
Da força ao fuzilamento 209

CAPÍTULO 15
O enigma Luiza Mahin 229

CAPÍTULO 16
Sociedade Protetora dos Desvalidos 263

CAPÍTULO 17
Candomblé da Casa Branca 285

CAPÍTULO 18
A luta continua 297

Referências bibliográficas 330
Agradecimentos 336

A Revolta dos Malês e a genealogia da brutalidade estrutural do Estado

A Revolta dos Malês traz nas suas dobras a genealogia da brutalidade – objetiva e subjetiva – do Estado brasileiro. Centenas de homens e mulheres escravizados tocaram o terror no sistema de horror que se estendeu no Brasil por mais de 350 anos, naquela madrugada de 24 para 25 de janeiro, ao final do Ramadã (o mês sagrado para os mulçumanos, o nono mês do calendário islâmico, que tem como referência os ciclos da Lua).

Na "carta-programa oral da revolta" – na memória coletiva do povo soteropolitano – estão a luta pelo fim da escravização, a extensão dos direitos dos cidadãos brancos para a população negra, o fim da segregação racial, a liberdade para as manifestações de "transcendência e imanência" da religião islâmica, o fim da imposição do catolicismo, a melhora das condições de vida da população mais pobre e o confisco dos bens de brancos e "mulatos".

Depois de reprimida a revolta, ao final do processo "legal", foram presos e deportados dezenas de homens e mulheres submetidos à escravização, aprisionadas as lideranças – com todo o roteiro escrito em corpos supliciados –, e, para saciar a sede de sangue da elite racista, acabaram condenados à morte Pedro (carregador de cadeira do inglês Joseph Mellors Russel), Gonçalo (pertencente a Lourenço Martins d'Aragão), Joaquim (cativo de Pedro Luiz Mefre), e Jorge da Cruz Barbosa (conhecido como Ajahi, nagô liberto).

Segundo os documentos da devassa, entre os principais líderes dos revoltosos, sete eram alufás – mestres religiosos islâmicos: Luís Sanin, Ahuna, Pacífico Licutan (também conhecido como Bilal], Manoel Calafate, Dandará (também conhecido por Eslebão do Carmo), Nicobé (também conhecido por Sule) e Dassalu (também conhecido por Mama Adeluz).

Ao final da brutalidade repressiva, a elite soteropolitana "matou a sede de matar" e, ainda com o gosto de sangue na boca, deu continuidade a essa sina, até os dias atuais, como mostram os números do Atlas da Violência – expostos pelo autor no último capítulo deste livro.

As digitais da incivilidade estão visíveis ao longo da história. Elas são indeléveis na repressão verificada em diversos episódios da trajetória do país, desde os já remotos, como a Guerra de Canudos, de 7 de novembro de 1896 a 5 de outubro de 1897 no Sertão Baiano, até outros mais recentes, como o Massacre do Carandiru, em 2 de outubro de 1992, que deu robustez ao arquivo estatístico com 111 corpos de encarcerados na Casa de Detenção de São Paulo, na maior chacina de pessoas sob custódia do Estado no Brasil; ou como a chacina de Jacarezinho, em 6 de maio de 2021, na operação policial que resultou na morte de 29 pessoas por tiros ou "objetos cortantes" na favela carioca de mesmo nome.

A lógica desses eventos históricos é a mesma da Revolta dos Malês: cercar e aniquilar a horda de desordeiros, pobres, pretos e abandonados. A Revolta dos Malês foi o modelo ético/estético desta tipologia de brutalidade do Estado nacional.

Em 1835, o temor das elites estava no retrovisor da história. O espectro da Revolução do Haiti, a mais intensa, radical e bem-sucedida realizada por escravizados, congelava de terror as senhoras e senhores de pessoas submetidas à servidão. O processo revolucionário sacudiu a ilha de Saint-Domingue entre 1791 e 1804, com a expropriação de engenhos, saques a terras e riquezas dos escravocratas e a execução dos colonos brancos. Aos montes.

No Brasil, um evento como o do Haiti provocaria impacto nas placas tectônicas da geografia colonial/escravocrata com efeitos devastadores para todo o sistema, já corroído por revoltas, rebeliões, fugas, suicídios, homicídios e pela organização de resistência dentro dos territórios, como os quilombos.

O autor deste livro nos ajuda a compreender os bastidores desse cenário que fez com que Salvador, primeira capital da colônia – entre 1549 e 1763 –, se tornasse um permanente barril de pólvora, desde o início da ocupação lusitana.

O Brasil foi o maior importador de carne humana – a mais barata do mercado internacional à época – entre os séculos 16 e 19. Segundo os dados dos registros históricos, ingressaram no território na condição de escravizados cerca de 4,8 milhões de crianças, mulheres e homens. Em todo o território americano, chegaram 12,5 milhões. Sincronizado com esse ingresso massivo, deu-se o processo de dizimação das dezenas de povos indígenas que ocupavam a terra, cerca de um milhão para cada ano de ocupação, até o final do século 19. Desse sistema circular que envolvia metrópole, colônia e continente africano, derivaram três fenômenos que se estendem pelo eixo temporal do país: a descartabilidade humana, o apartheid social e a subcidadania no porão da sociedade.

A associação do comércio humano com o massacre indígena produziu o assoalho sobre o qual os corpos descartáveis foram sendo despejados por séculos. Essa massa humana, nessas circunstâncias de violações permanentes, viu-se submetida a condições de subcidadania, sobre as quais todas as violações acabaram naturalizadas. O açoite, estupros, humilhações, barbárie e exclusão radical foram a régua e o compasso que desenharam o "não-lugar" do "não-humano" negro, uma esfera de vulnerabilidade permanente, sem qualquer política pública de ação afirmativa até o século 21. A rigor, por essas circunstâncias, o Estado democrático de direito nunca chegou, de fato, nas periferias do país.

O círculo de vulnerabilidade foi riscado no chão ao lado do círculo de privilégio étnico-racial. A lógica da "casa-grande & senzala" marca o corpo e a alma do país. Ela faz parte do imaginário social brasileiro. A casa-grande é a área para a qual convergem todos os direitos materiais e imateriais da sociedade. Para a senzala – o espaço do não-ser – convergem todas as violações que bloquearam, bloqueiam e bloquearão – caso não haja a adoção de políticas públicas de Estado capazes de dissolver os muros da separação étnico-racial – o acesso à renda, à cultura, ao território apartado e ao poder político que moldou o Estado nacional. As ocorrências anteriores à Revolta dos Malês, registradas neste livro, prepararam o terreno para o massacre.

Em 1835, a musculatura do Estado brasileiro – os dispositivos de coerção e convencimento e de persuasão e repressão – já estava definida. O projeto dado pela Constituição outorgada por D. Pedro I à Independência – sem a abolição da escravização, sem a emancipação das mulheres, sem o acesso universal à educação e sem romper com as pré-condições dos séculos anteriores – consolidou o modelo de Estado patriarcal segregacionista supremacista racial branco que, desde então, assiste ao assassinato – como o país que mais mata – de pessoas pretas, pardas, pobres, indígenas, gays, lésbicas, trans e abandonadas pelo sistema social perverso que aniquila pessoas matáveis, sem saciar, por completo, a sede de extermínio.

As rebeliões, revoltas e guerras que atravessaram o século 19 no Brasil criaram suas narrativas mitológicas – feitos heroicos que alimentaram o imaginário coletivo de vencedores e perdedores. Neste livro, o autor mapeia essas narrativas com foco na Revolta dos Malês, a partir de seus líderes, das suas motivações dadas pelas palavras sagradas e do seu arcabouço de moral, e traz uma figura destacada na memória coletiva, não apenas das negras e negros soteropolitanos, mas de todo o Brasil: Luiza Mahin.

Pela episteme que emergiu no Ocidente, no século 16, intitulada Revolução Científica, que prega uma série de procedimentos – observar, experimentar e generalizar – metódicos para a verificação factual de fenômenos, Luiza Mahin não teria existido. Não teria. Porém, a episteme dos povos africanos bagunça essas certezas, e traz veredas para a compreensão desse mito materializado pela memória dos povos negros no Brasil. Mito – força mobilizadora – e não fabulação.

Mitólogos apontam que as estruturas narrativas mitológicas de povos originários têm métricas narrativas compreensivas de fenômenos complexos. São as dimensões cosmológicas – visão de mundo e suas especificidades –, sociológicas – formas de organização social dos grupos a partir de suas referências históricas –, pedagógicas – procedimentos de compartilhamento de saberes ancestrais de caráter intergeracional – e padrões ético-deontológicos – comprometimento com os valores transcendentes da comunidade.

Esse pode ser o guia para a compreensão da existência de Luiza Mahin. Numa sociedade segregada, cristalizada pela existência de um círculo de privilégio – reservado para o grupo branco – ao lado de um círculo de vulnerabilidade –reservado para a população negra – é crível supor que múltiplas percepções não convergem entre esses círculos. Portanto, também é crível a possibilidade da existência de uma visão de mundo que se opõe à visão de mundo hegemônica. Como na episteme da capoeira, onde o mundo é visto a partir de um outro ponto de vista: invertido, como avaliam especialistas.

Essa visão de mundo perceberia a organização social, pedagógica e ética-deontológica das comunidades de modo diferente da visão que prega a factualidade das evidências comprobatória da existência ou não de uma figura histórica.

Ela alimenta os sonhos dos povos negros no enfrentamento à desumanização escravista e ao aniquilamento racista, incorpora a saga das mulheres negras na luta pela existência, mobilizando os recursos arrancados a fórceps e colocados à disposição da luta, e determina a superação das limitações que lhe foram impostas. Assim como a história do seu autodeclarado filho, Luiz Gama.

Criança nascida de uma relação interracial – onde a possibilidade do não consentimento é real, no cenário da escravização –, vendido pelo próprio pai, ele provou sua liberdade, trabalhou em diversos serviços, cursou direito do lado de fora da sala de aula, "formou-se" e, com o seu ofício, libertou dezenas (ou terão sido centenas?) de mulheres, crianças e homens da fornalha da escravização. Luiz Gama tem uma trajetória mitológica, arquitetada com "fatos factuais", universalizados pela memória coletiva, assim como Luiza Mahin, mitologizada pela rede interpretativa da oralidade, que transita entre os diversos mundos que atravessam nossas histórias, humanas e transcendentais.

Com disciplina e método, Gilvan Ribeiro vasculhou arquivos e realizou entrevistas com pessoas cuidadoras da memória coletiva responsável pelo compartilhamento dos saberes ancestrais, que narram os feitos das velhas e velhos protagonistas de histórias banhadas nas águas da oralidade africana. A oralidade não é uma técnica de memorização, apenas. Ela é a presentificação dos fenômenos históricos, que ensinam aos afrodescendentes como os mais velhos lidaram com as adversidades no passado, para que se tenha parâmetros no presente e se possa alinhar o devir negro com a ancestralidade.

Preciso e complexo, o texto aclimatado pelo jornalismo literário traz a descrição das perversidades da escravização que fundaram, estruturaram e replicaram em todas as dimensões do Estado brasileiro a marca da brutalidade racial que caracteriza a descartabilidade humana de pessoas matáveis no cenário da necropolítica racial brasileiro. Deixa transparecer, também, a fabulação que alimenta o sono profundo das classes dominantes do país, que acreditam terem domesticado a fúria negra sob o tacão do açoite, da chibata e dos instrumentos de tortura que supliciaram crianças, mulheres e homens por anos, sem se dar conta de que sob a superfície da água calma pedras estão sendo trituradas, como ensinam as velhas senhoras.

Mas, e isso o texto transpira, traz as possibilidades que aqueceram os corações dos revoltosos, desta e de outras rebeliões, de mudanças profundas na estrutura social, capazes de dissolver as muralhas da segregação e, por meio de políticas de ação afirmativa, preparam o caminho de acesso à renda, à educação, ao território e à política para a população descendente de mulheres e homens que construíram o país. Pessoas que, a despeito do racismo, tomam as ruas e cantam o canto dos ancestrais para, na marra, arrancarem vida e beleza ao futuro, à espera de novas madrugadas para se sonhar o sonho da liberdade.

JUAREZ XAVIER
Professor, ativista antirracista e jornalista

Introdução

O espírito revolucionário malê segue vivo, potente, a inspirar a luta do povo negro por igualdade, respeito e dignidade em um país ainda profundamente marcado pela persistente e dolorosa chaga escravista. A saga dos africanos muçulmanos letrados em árabe, que se rebelaram na Bahia em 1835 contra a dominação dos senhores brancos e analfabetos em sua maioria, é uma das passagens mais instigantes de nossa história, por ressaltar a sofisticação intelectual desses escravizados. Mesmo assim, permanece pouco conhecida pela população em geral.

Chama a atenção que o nível de informação em relação à Revolta dos Malês seja bem superior entre os baianos, se comparado ao que se verifica no restante do país. Tal diferença não decorre apenas da circunstância de o levante ter ocorrido em Salvador, como se poderia supor em uma análise superficial e óbvia, mas sobretudo pela extraordinária difusão de conhecimento proporcionada pelos enredos cantados pelos blocos afros do Carnaval soteropolitano. O Ilê Aiyê, o Olodum e principalmente o Malê Debalê, cujo próprio nome homenageia os africanos islâmicos rebeldes, dão significativa contribuição para a popularização de personagens como Pacífico Licutan, Ahuna, Manoel Calafate e Luiza Mahin, entre tantos outros, cultuados como heróis pelo movimento negro brasileiro.

A proposta deste livro é oferecer, portanto, mais um instrumento para ampliar o foco sobre esse episódio tão importante. A fim de tornar a leitura pulsante e propiciar um mergulho mais profundo no universo malê, com a concepção da personalidade dos protagonistas a partir de suas ações, seus sentimentos e suas emoções, foram usadas técnicas consagradas do chamado *jornalismo literário* para a reconstituição de cenas, diálogos, sensações e até pensamentos. Por exemplo: o relato de uma briga de casal que teve papel fundamental para o desenrolar dos acontecimentos, ao interferir no plano de insurgência e alterar inclusive seu desfecho, traz de forma pungente a alta temperatura do conflito passional que acabaria com a casa revirada, em situação caótica, com vários objetos atirados ao chão. A descrição da altercação amorosa, entretanto, assim como as demais situações abordadas ao longo do livro, baseia-se em depoimentos autênticos concedidos pelos envolvidos durante a extensa devassa judicial que se seguiu ao levante.

As transcrições dos testemunhos, preservados em sua forma original no Arquivo Público do Estado da Bahia (APEB), foram reproduzidas de maneira quase literal, apenas com a atualização de algumas grafias de acordo com a escrita corrente, a fim de facilitar a compreensão. Ao longo da narrativa, houve a opção preferencial pelo uso do termo "escravizado", em vez de "escravo", conforme a tendência moderna, em consonância com o que propõem militantes da causa negra, exceto em situações em que se pretendia preservar o espírito da época ou para evitar a repetição de palavras, o que poderia deixar o texto cansativo.

Faz sentido a ideia de que "escravizado", particípio passado do verbo escravizar, usado também como adjetivo, enfatiza a condição momentânea do cativeiro, mantido por ação violenta de um opressor. Daí a primazia dessa alternativa. Porém, mesmo o substantivo ou adjetivo "escravo" não estabelece o significado de servidão definitiva, como se ela fosse inerente à pessoa subjugada, conforme pode ser constatado nas definições dos principais dicionários de língua portuguesa. Por isso, sua utilização eventual, especialmente em expressões como "escravo de ganho", referente ao cativo que prestava serviços a terceiros e pagava uma diária a seu proprietário, podendo ficar com o excedente do dinheiro que ganhasse ao fim da jornada, ou "senhor de escravos", amplamente empregadas no período histórico em questão.

A escolha desse tema atende a uma vocação do autor para participar de alguma forma da luta contra a discriminação e a violência impostas até hoje contra a população negra deste país – assim como ocorre com os povos indígenas, vale ressaltar. Não só por uma questão civilizatória que deveria envolver todos os cidadãos em busca de uma sociedade mais justa e verdadeiramente democrática, mas também por um anseio pessoal de quem acabou ferido – ainda que indiretamente – pelo racismo na mais tenra idade. A peculiaridade de ter tido um tio negro, que me levava e buscava com certa frequência na escola, e a quem abraçava e beijava a cada encontro como uma expressão de afeto familiar, já foi suficiente para que houvesse as mais cruéis manifestações por parte de diversas pessoas, inclusive crianças, por anos a fio. As agressões ainda acabariam agravadas em face de minha preferência por formar par com a única menina preta da classe em festas juninas e outras solenidades escolares. Um retrato do apartheid não declarado que vigora neste país.

A Revolta dos Malês é tratada nesta obra não como um acontecimento isolado, que acabou dizimado sem deixar consequências, mas sim como um dos mais impactantes eventos de uma marcha histórica que continua em curso. Nesse sentido, o capítulo final conta com a participação inestimável de intelectuais negros do quilate de Jurema Werneck, Luana Tolentino, Atila Roque, Gabriel Sampaio, Raimundo Bujão e Zulu Araújo, entre outros, com o intuito de elucidar quais são as batalhas da atualidade e amplificar suas vozes.

Assim como atendi ao chamado de ídolos e amigos negros para me juntar a essa missão que busca justiça social e igualdade de condições para todos, espero que este livro contribua em alguma medida para a conscientização dos leitores e leitoras acerca do papel de cada um de nós nesse processo. A célebre frase da filósofa norte-americana Angela Davis, mais do que nunca, soa como uma convocação: "Numa sociedade racista, não basta não ser racista, é preciso ser antirracista!". A evolução civilizatória requer a união das forças progressistas em geral, de todas as cores, com incontáveis graduações dessa diversidade que nos define enquanto nação.

CAPÍTULO I
Terra em transe

A cidade de Salvador despertou com a terra em transe na madrugada de 25 de janeiro de 1835. Por volta de uma hora da manhã, nos primeiros instantes daquele domingo santo, uma confusão jamais vista pelos soteropolitanos se espalhou pela capital da província da Bahia. Dezenas de escravizados africanos amotinados, que ganhavam adesões a cada esquina e logo se tornariam centenas, tomavam as ruas com grande rumor. A maior parte da população, que dormia àquela altura, acordou sobressaltada, sem entender o que se passava lá fora.

Moradores brancos pularam da cama assustados com a gritaria, entrecortada por estampidos de tiros, tinir de ferros, estalar de açoites e palavras de ordem bradadas em iorubá e árabe. Alguns deles se sentiram ainda mais ameaçados por batidas estridentes nas portas e janelas de suas casas, que os punham de prontidão, alarmados com a possibilidade de invasão da propriedade. O pânico rapidamente se instalava.

Muitos cidadãos se armaram como podiam para resistir a um presumido ataque de inimigos ainda obscuros, de cuja ameaça iminente, até então, ninguém suspeitava. À medida que criavam coragem para espiar o que acontecia no lado de fora, começavam a perceber que se tratava de uma revolta escrava – não sem motivo, o pior de seus pesadelos.

Um levante dos escravizados era algo que todos os dominadores de origem europeia temiam ver se concretizar, aos moldes da sangrenta Revolução Haitiana, que durara quase treze anos, entre 1791 e 1804, e culminara com a execução de toda a população branca, estimada entre 3 mil e 5 mil pessoas. Esse fim traumático da colonização francesa em Saint-Domingue – como se chamava o país do Caribe antes da independência e da instauração da primeira república governada por líderes de ascendência africana – persistia como uma ferida aberta no imaginário das demais nações escravocratas.

Imagens de horror passavam pela cabeça dos proprietários naquele momento. Enquanto alguns tomaram a providência de trancar os próprios escravizados em seus cômodos, para prevenir rebeliões domésticas, outros chegaram a fugir para se esconder nos vastos matagais nas cercanias da cidade ou em canoas e barcos ancorados às margens da Baía de Todos-os-Santos. Houve até quem morresse do estresse provocado pela balbúrdia. De acordo com o registro do juiz de paz da freguesia da Vitória, o morador Domingos Pires dos Santos escapou às pressas para a mata e, já debilitado por uma enfermidade preexistente, veio a falecer "pelo susto" ao alvorecer do novo dia. Foi um salve-se quem puder.

A noite sem lua tornava a cena ainda mais assustadora. A escuridão quase absoluta intensificava a sensação de insegurança e vulnerabilidade. Viam-se vultos de homens negros vestidos com abadás brancos e barretes na cabeça – espécie de chapéus ou carapuças – usados por povos islamizados. Os rebeldes com essas peças "exóticas", em desacordo com os padrões europeus vigentes, quase sempre vinham à frente de cada agrupamento e pareciam exercer papel de liderança. Quando eram parcialmente iluminados, por bruxuleantes tochas de fogo, impressionavam ainda mais pelo movimento esvoaçante dos camisolões folgados e pelas escarificações nos rostos – marcas feitas com lâminas cortantes, ainda na infância, para expressar a identidade étnica. Uma tradição africana, notadamente entre os povos de nação nagô, de suma importância cultural. Um símbolo de pertencimento do indivíduo à família e ao seu grupo social, mas que ainda causava espécie à dita civilização ocidental.

O desenrolar dos acontecimentos, no entanto, iria mostrar que tamanho temor não se justificava. As fantasias da imaginação, provavelmente estimuladas pela culpa advinda da exploração do trabalho dos negros e pelos maus-tratos impostos aos subjugados, revelaram-se muito mais violentas do que a realidade. Não aconteceram invasões de residências, tampouco assassinatos de seus proprietários. As batidas em portas e janelas, em algumas das casas, destinavam-se tão somente a convocar os africanos, ali escravizados, para a luta contra as forças militares e demais batalhões oficialmente constituídos. Um chamado para integrantes do movimento já comprometidos com a insurreição, mas que esperavam o início das ações só para o romper da aurora.

Afinal, quando a revolta estourou, ainda não era hora de ela rebentar. Foi precipitada por acontecimentos paralelos e por uma inesperada averiguação policial, como veremos adiante. Por esse motivo, o susto e a apreensão não estavam estampados apenas no semblante de seus senhores. Se houvesse mais luz, e os amedrontados homens e mulheres livres ousassem fitar no fundo dos olhos dos insurgentes, também reconheceriam ali uma boa dose de assombro. Pegos de surpresa, os malês – termo nagô pelo qual eram conhecidos genericamente os africanos muçulmanos na Bahia, ainda que de diferentes procedências – corriam atônitos pelas ruas, tentando organizar as ideias e refazer as estratégias de combate, enquanto se deslocavam pelas freguesias, em meio à crescente repressão policial.

Diante da condição de vida desumana a que eram submetidos, com humilhações cotidianas, castigos físicos algumas vezes dilacerantes e privações diversas, inclusive a do direito de escolher seus pares para constituir família, não se esperava qualquer tipo de escrúpulo por parte dos escravizados. Muito menos no momento em que decidiram ir à "guerra contra os brancos", expressão usada por vários acusados de participar do levante e até por testemunhas em depoimentos prestados às autoridades, posteriormente.

Existem versões, inclusive, de que não apenas os brancos seriam alvo da rebelião. Segundo declaração do escravizado João, por exemplo, pertencente ao comerciante inglês Abraham Crabtree, ele fora convocado por parceiros "para naquela madrugada se reunirem, a fim de matarem todos os brancos, pardos e crioulos". Cabe aqui uma explicação a respeito das nomenclaturas utilizadas na época. O termo "crioulos" referia-se aos negros nascidos no Brasil, enquanto os africanos eram chamados de "pretos".

Como se pode notar, havia uma disputa entre eles, como também com os pardos ou mulatos. Assim, dificilmente misturavam-se ou faziam amizade, com um clima de constante desconfiança a separá-los. O próprio sistema escravagista estimulava essa divisão, graças a uma tênue distinção nas posições ocupadas na base da pirâmide social. Os pretos – como estrangeiros e até pela dificuldade natural com a língua portuguesa

– ocupavam o estrato mais baixo, em geral destinados aos trabalhos mais pesados e insalubres, com os crioulos logo acima. Os chamados mulatos, mesmo os escravizados, gozavam de um pouco mais de consideração, crescente à medida que tinham a cor da pele mais clara, além de serem beneficiados com mais frequência por cartas de alforria. Até mesmo porque muitas vezes eram frutos de relações clandestinas dos senhores com as escravizadas.

Embora haja outras testemunhas que também citaram o propósito de exterminar pardos e crioulos, tal como afirmou o escravizado João, não se pode lhes dar crédito absoluto. Eram atores secundários, que possivelmente expressavam um desejo pessoal ou mesmo transmitiam informação recebida de outros agentes periféricos do movimento. Não se tem nenhuma indicação dos mestres malês a esse respeito, os únicos que podiam estabelecer diretrizes e determinações para o novo modelo de sociedade que se almejava implantar. Tampouco aconteceram ataques coordenados contra essas parcelas da população.

Não resta dúvida, entretanto, de que a Revolta dos Malês mobilizou exclusivamente os africanos, em sua maioria escravizados, com a participação de libertos que compartilhavam do inconformismo com a crueldade das condições de vida vigentes. Assim como está claro que se tratou de um movimento majoritariamente nagô – designação dada na Bahia àqueles que falavam iorubá, trazidos da África Ocidental, sobretudo do antigo Império de Oyó, localizado onde hoje ficam o sudoeste da Nigéria e o sudeste do Benim. Desta feita, houve adesão de uns poucos hauçás, povo de tradição islâmica que organizara uma série de revoltas anteriores – como veremos mais detalhadamente no Capítulo 8. Menos ainda eram jejes, minas, tapas, congos e demais representantes de outras nações africanas levados como cativos à Bahia. Alguns grupos étnicos estiveram completamente ausentes. Já os nagôs representavam mais de 70% dos réus, em um sinal inequívoco de protagonismo, embora nem todos os acusados tenham efetivamente participado, e alguns deles acabassem até inocentados ao final do processo.

Eram esses os indivíduos rebelados que tomavam as ruas de Salvador – ou da Cidade da Bahia, como também se chamava a capital da província na época – com enorme estardalhaço. Corriam armados com um arsenal constituído principalmente por porretes, foices e facas comuns, mais algumas tantas parnaíbas (lâminas compridas e estreitas, providas de ponta), lanças e espadas que haviam conseguido reunir às vésperas do levante, em geral itens subtraídos das casas de seus senhores. Estavam dispostos a matar ou morrer, posto que sabiam não haver perdão possível para tamanha afronta.

Quase não existiam armas de fogo nas mãos dos pretos, exceto por alguns poucos bacamartes – espécie de pistola antiga com cano curto e largo – já desgastados pelo tempo e provavelmente desprezados pelos donos, o que lhes possibilitava apoderarem-se deles mais facilmente sem despertar suspeitas. Para complicar ainda mais, os escravizados não tinham familiaridade com esses instrumentos, nem qualquer prática de manuseio. Fato que pode ser confirmado pela ausência de soldados ou demais integrantes das forças de repressão mortos ou feridos por tais armamentos.

Além da presumível dificuldade de acesso a armas de fogo, pela condição inerente de subjugados, elas também não eram comuns entre os africanos em suas terras de origem. Em meio aos amotinados, havia diversos guerreiros, acostumados a encarniçadas batalhas contra povos rivais em seus territórios, porém, as disputas travavam-se quase sempre no corpo a corpo, com lanças, espadas e facas, ou mesmo à distância, com uso de arcos e flechas envenenadas. Aliás, durante a devassa instalada após a rebelião, foram encontrados dois arcos e cinco flechas na casa do inglês Abraham Crabtree, cujos escravizados participaram da insurreição. No entanto, não existem evidências de que essas peças tenham sido utilizadas na madrugada do dia 25, tampouco restaram sinais do uso de outras armas desse tipo no embate.

Não é difícil imaginar a disparidade de forças entre os escravizados rebeldes e as tropas oficiais. Há estimativas divergentes sobre o número de malês que desafiaram a ordem social e política na Bahia em 1835, mas pode-se estimar que seriam cerca de seiscentos, de acordo com as fontes históricas mais confiáveis. De qualquer forma, em momento algum esse contingente esteve inteiramente reunido em combate. Em primeiro lugar, porque os escravizados partiram de pontos diferentes, distribuídos pelos núcleos muçulmanos que frequentavam. A rebelião também explodiu antes da hora combinada, pelo fato de um desses grupos ter sido descoberto pela polícia, o que precipitou a ação sem que houvesse tempo para avisar os demais, fragmentando a saída dos revoltosos. Para completar, nem todos se dirigiram para um mesmo local de concentração, tanto porque tinham mais de um objetivo a cumprir como também por enfrentarem bloqueios inimigos pelo caminho.

Da mesma maneira, não se tem um número oficial da quantidade de soldados e guardas envolvidos na repressão. Há um relato do chefe de polícia, Francisco Gonçalves Martins, no qual afirmava dispor de 182 homens. Mas existiam ainda as demais forças, como os militares de artilharia posicionados no Forte de São Pedro, a cavalaria e os guardas nacionais. Além de cidadãos que se voluntariaram, inclusive com a convocação de seus escravizados de confiança, para reforçar a resistência articulada pelos juízes de paz e inspetores de quarteirão.

Caso fosse necessário, as tropas oficiais poderiam arregimentar, por baixo, mais de 1.500 homens para intervenção imediata. Algo que não se fez necessário, dada a vantagem imposta pelo uso de armas de fogo. Os principais combates foram travados com os soldados atirando de longe, protegidos pelos muros do quartel ou de suas bases, sem que os africanos conseguissem se aproximar.

À medida que as baixas do lado dos escravizados se acumulavam, entre mortos, feridos e desertores que abandonavam a luta ao constatar a tragédia que se anunciava com os corpos de companheiros estendidos no chão, a convicção dos líderes também esmorecia. Estabelecia-se o conflito entre a fé religiosa de que contariam com a proteção divina de Alá, naquele domingo no final do Ramadã (mês sagrado do calendário islâmico), para lograrem êxito em seu intento de tomar o poder e estabelecer uma nova ordem na Bahia, e a dura realidade que se impunha a ferro e fogo.

Durante as três horas e tanto de combate feroz e deslocamentos pela cidade, no limiar de suas energias, já extenuados e abatidos, os sobreviventes haveriam de questionar a si mesmos se agiram com precipitação ao escolher aquela data para a revolta, planejada ao longo de meses. A ansiedade de libertar um de seus mais respeitados mestres, um nagô idoso que se encontrava preso na cadeia municipal, em condição indigna para um líder de sua importância, pode ter comprometido a capacidade de avaliação e se sobreposto ao pensamento estratégico. Também carregavam a dor do arrependimento por terem deixado a notícia vazar a ponto de ocorrerem denúncias às autoridades. Teria faltado discrição nas conversas ao pé do ouvido, com o intuito de buscar novas adesões às vésperas do grande dia? Muitos pensavam que sim.

Ou talvez não. Afinal, não fosse uma delação em particular, motivada pelo impulso passional de uma mulher abandonada por um dos participantes, será que o desenrolar dos acontecimentos poderia ter sido mais favorável? Eram questões que martelavam sem resposta na cabeça dos malês e que lhes machucavam tanto quanto as feridas no corpo.

CAPÍTULO 2
Gota d'água

Certas ofensas são insuportáveis até para quem vive a humilhação cotidiana de escravizado. A "sociedade malê" – como passou a ser chamada após a revolta ter vindo à tona em 1835 – havia sofrido duros golpes nos últimos meses do ano anterior. O ultraje público de pelo menos dois de seus mestres e a demolição de uma palhoça, que servia como mesquita e ponto de encontro para as celebrações das datas sagradas islâmicas, na freguesia da Vitória, causaram indignação e estimularam a insurreição. O ressentimento era tão grande que os pretos, ao convidar os camaradas para a rebelião contra os seus senhores, referiam-se ao levante como um "folguedo de matar branco" – ou seja, consideravam o momento de ir à forra como uma "festa" ou "brincadeira", conforme definição de "folguedo" no dicionário Houaiss, ou ainda um "divertimento", de acordo com um léxico da época, o *Diccionario da Lingua Portugueza composto pelo padre D. Rafael Bluteau*, de 1789.

Uma canção contemporânea, "Gota d'água", de Chico Buarque de Hollanda, seria a música-tema perfeita para sonorizar essa história e expressar o sentimento malê naquele instante:

"Já lhe dei meu corpo, minha alegria. Já estanquei meu sangue quando fervia. Olha a voz que me resta. Olha a veia que salta. Olha a gota que falta pro desfecho da festa, por favor. Deixe em paz meu coração! Que ele é um pote até aqui de mágoa. E qualquer desatenção, faça não. Pode ser a gota d'água!".

Meses antes da rebelião, veio a primeira gota corrosiva, que cresceu em seus corações como um bolo de rancor e os deixou a ponto de transbordar, explodir a dor em fúria. Para perplexidade geral, o respeitadíssimo mestre Ahuna, admirado por sua sabedoria e um dos principais mentores da comunidade, foi castigado pelo seu dono e exposto a execração pública. Conduzido algemado pelas ruas de Salvador até o porto, a fim de embarcar rumo a Santo Amaro, no Recôncavo Baiano, onde seu proprietário possuía um engenho, sem dúvida passaria a exercer serviços mais rudes e pesados do que os realizados na cidade, possivelmente sob a supervisão – em geral, violenta – de feitores. Não se sabe que falta cometera, certamente alguma indisciplina doméstica sem gravidade suficiente para que causasse assombro e corresse de boca em boca. Talvez o seu "crime" tenha sido exatamente este: gozar da estima de seu povo e exercer papel de liderança.

O depoimento do escravizado nagô Matheos Dadá, durante a investigação que sucedeu ao levante, reforça essa possibilidade. Embora tenha afirmado não conhecer Ahuna, nem sequer saber onde morava, acabou admitindo que muitas vezes ouvira outros negros dizerem que Ahuna tinha sido mandado por seu senhor para o engenho porque "é negro que os outros amam". Em seguida, apressou-se em acrescentar que "menos ele", claro, pois nenhum conhecimento teria sobre o mestre. Uma atitude defensiva, esperada de um investigado nessas circunstâncias. Outros depoimentos preservados no Arquivo Público do Estado da Bahia (APEB) também ressaltam a ascendência de Ahuna sobre os demais malês e a reverência que lhe devotavam por sua sapiência.

Aliás, esse aspecto incomodava bastante a sociedade branca na época, em sua grande maioria analfabeta. Chegava a ser "ofensivo" constatar a superioridade intelectual de alguns escravizados. Até para justificar os horrores da servidão forçada, imposta por métodos cruéis, era imperativo desumanizá-los. Propagava-se a ideia de que os africanos vinham de uma terra bárbara, primitiva, não dispunham de atributos como inteligência sofisticada e valores morais desenvolvidos pela cultura europeia. Tornava-se necessário estigmatizá-los como selvagens para legitimar as próprias barbaridades cometidas por um sistema econômico que sobrevivia às custas da exploração truculenta de outros povos.

Nesse sentido, mestre Ahuna personificava o africano que não se encaixava no figurino que lhe fora destinado. Carismático, letrado em árabe, estudioso do Alcorão e com o dom da palavra, tinha papel de protagonismo no desígnio malê de arregimentar novos fiéis para a fé muçulmana e desenvolvê-los na doutrina religiosa. Uma missão talhada para ele, como alufá nagô, pois conseguia atrair seus pares, cuja maioria ainda cultuava os orixás, seguindo tradições ancestrais. Muitos dos que se iniciavam nos ensinamentos islâmicos, por sinal, continuavam a frequentar terreiros de candomblé. Uma extensão do que já ocorria na África, onde o contato com a cultura muçulmana, imposta pelo avanço de povos rivais islamizados, fazia com que outras nações acabassem por assimilar a fé dos invasores – ou mesmo de reinos próximos – muitas vezes sem abrir mão das práticas religiosas originárias. Não era incomum um mesmo devoto carregar talismãs consagrados a orixás, ou a vodus, juntamente com amuletos islâmicos.

Com quatro cicatrizes de cada lado do rosto, escarificações que remetem à sua provável origem em Oyó, e estatura mediana, segundo descrição no auto de indiciamento por crime de insurreição, Ahuna ostentava uma altivez que o distinguia na multidão. Por todos os seus atributos, que lhe conferiam liderança natural entre os nagôs e até perante africanos de outras identidades étnicas – como os hauçás, por exemplo, nação com maior tradição no islamismo –, alcançara o título de alufá, como eram denominados os mestres religiosos malês. Morava em uma roça na rua das Flores, próxima ao Pelourinho, na qual se vendia água para limpeza doméstica, até o fatídico dia em que acabou punido por seu proprietário e fora enviado para o engenho em Santo Amaro.

A cena em que Ahuna foi conduzido algemado pelas ruas de Salvador provocou comoção por vários motivos. Além da condição vexatória em si, sobretudo para uma figura proeminente da comunidade, ainda havia o incômodo adicional de seus alunos e discípulos, de uma hora para outra, ficarem privados de seu guia espiritual. Para os inúmeros admiradores, não bastasse a infâmia de vê-lo subjugado, em uma situação indigna que poderia vitimar qualquer um deles como escravizados, aquilo ainda soava como um insulto ao próprio Alá. Afinal, tratava-se de um alufá abençoado, que pregava os ensinamentos de Deus.

Os mais impulsivos precisaram se conter para não tomar ali mesmo, no calor do momento, uma atitude intempestiva e desafiadora. Contiveram-se naquela hora com grande esforço. Porém, em sinal de respeito e solidariedade ao líder, não se furtaram a acompanhá-lo em uma espécie de séquito silencioso, com ares quase fúnebres, até o cais do porto. Uma mostra inequívoca de prestígio do mestre Ahuna, que possivelmente tenha sido a figura central da revolta. Afinal, existem referências a ele como "o maioral" em depoimentos colhidos durante o processo de investigação do levante. Há indícios consistentes, também, de que outros mestres malês esperaram a volta dele a Salvador para só então deflagrar o movimento libertário.

Ahuna ainda desempenhava função estratégica porque transitava entre Salvador e Santo Amaro. Mesmo antes de ser mandado ao engenho como castigo, fizera outras viagens até lá, a pretexto de acompanhar seu dono, por períodos em geral mais curtos. Esse intercâmbio era importante para viabilizar o plano de estender a rebelião, que seria iniciada em Salvador, até o Recôncavo – região na qual estavam localizados os engenhos de açúcar e as grandes propriedades rurais, onde se concentrava o maior número de africanos escravizados. Conhecedores das táticas de guerra, pela experiência adquirida durante as frequentes batalhas travadas na África, os malês sabiam que só assim haveria chance de êxito.

A humilhação de Ahuna pode ter acendido o estopim da futura rebelião, mas seguiram-se outros focos de insatisfação que atiçaram o seu povo à luta. Em novembro do mesmo ano, a prisão de outro alufá, Pacífico Licutan, aumentou a disposição para o enfrentamento. Trata-se de outro personagem-chave da insurreição, que concorre com Ahuna ao posto de principal líder malê. Como os rebeldes frequentavam diferentes núcleos muçulmanos, não há como asseverar a proeminência de um sobre o outro. Talvez aqueles que reputaram Ahuna como "o maioral" apenas refletissem a realidade do grupo ao qual pertenciam, e não uma hierarquia geral do movimento.

O fato é que Pacífico Licutan – um nagô alto e magro, com barba rala e escarificações compostas de riscos transversais e perpendiculares no rosto – gozava de evidente prestígio e autoridade na "sociedade malê". Além de também dominar a escrita árabe, ser profundo conhecedor do Alcorão e pregador reconhecido pela capacidade de persuasão, ainda era um homem idoso, uma característica valorizada na cultura africana, notadamente entre os muçulmanos, que lhe devotavam reverência adicional pelo fato de ser mais velho e vivido. Os malês costumavam procurá-lo em busca de conselhos para resolver toda ordem de problemas pessoais, inclusive cura para doenças, e acreditavam em seu poder para conceder bênçãos e proteção divina.

O problema era que esse homem iluminado tinha como dono o médico Antônio Pinto de Mesquita Varella, um senhor com fama de prepotente e arrogante entre os escravizados. Tanto assim que passou a se opor às pequenas reuniões que Licutan fazia no próprio quarto, em dias de folga, na casa em que moravam no Cruzeiro de São Francisco, freguesia da Sé. Os africanos, então, se cotizaram para alugar um quarto nas redondezas, à rua das Laranjeiras, onde poderiam estudar a palavra sagrada e confraternizar com mais privacidade e autonomia, sem precisar se submeter à implicância e aos humores de Varella.

Logo fariam ainda mais. Com o objetivo de pagar pela liberdade do mestre e tirá-lo desse infortúnio, seus seguidores chegaram a recolher doações entre os fiéis libertos e os escravos de ganho – modalidade de servidão em que o cativo trabalhava externamente, no comércio ou na prestação de serviços a terceiros, com o compromisso de pagar uma diária estabelecida pelo proprietário, podendo ficar com o excedente do que conseguisse lucrar. Houve mais de uma tentativa dos discípulos de Licutan de comprar sua alforria, mas Varella recusara as ofertas, ao que parece por puro capricho. A raiva malê alimentava-se dessas desfeitas e crescia a cada dia.

Licutan trabalhava alugado como enrolador de fumo e reforçava a renda mensal de seu senhor com uma quantia modesta. A teimosia do médico em não negociar a alforria logo se revelaria uma péssima decisão, até mesmo do ponto de vista econômico. Sem dar conta de honrar as dívidas contraídas junto aos frades do Carmo, Varella teve bens penhorados, e Licutan foi recolhido à prisão municipal para posteriormente ser levado a leilão, com o propósito de render fundos para pagar os credores. De uma só vez, seu dono perdeu o dinheiro que recebia por seu aluguel e a própria posse do escravizado, sem nenhuma contrapartida.

A notícia da prisão de Licutan deixou a "sociedade malê" alvoroçada. Após a ida de seus discípulos mais próximos à prisão, juntamente com outro mestre, o alufá Luís Sanin – seu melhor amigo e parceiro de trabalho como enrolador de fumo no Cais Dourado, na freguesia do Pilar –, descobriu-se que ele podia receber visitas. Afinal, não cumpria pena por crime algum, apenas se encontrava "depositado" no local à espera do leilão a ser marcado para ocorrer em praça pública. Era permitido até mesmo levar-lhe comida, como Sanin passou a fazer regularmente. Essa informação logo se espalhou de boca em boca, e iniciou-se uma intensa peregrinação de fiéis para encontrar o estimado ancião, quase como se a cadeia tivesse se transformado em templo sagrado.

Os carcereiros se surpreenderam com o grande número de pretos que se dirigiam ao local, alternando-se em um entra e sai de admiradores, desde o primeiro dia de detenção. Chamava-lhes a atenção, em especial, a atitude reverente dos visitantes, que faziam mesuras, inclinavam o tronco e até se ajoelhavam para tomar a bênção do mestre. Todos queriam receber a sua "baraca", o poder espiritual que lhe era atribuído, supostamente capaz de protegê-los contra inimigos, aplacar dores e torná-los mais fortes.

Antônio Pereira de Almeida, carcereiro que mais tarde seria convocado a depor durante o inquérito, revelou ter ouvido a promessa de alguns malês a Licutan de que iriam arrematá-lo no leilão da praça e alforriá-lo em seguida. Eles já dispunham de dinheiro para isso e estavam dispostos a empenhar suas minguadas economias, juntadas com tanto suor, para garantir a liberdade do líder e sua missão religiosa. De fato, naquele momento, essa era a intenção dos companheiros mais fervorosos. Porém, um novo episódio que aconteceria nos próximos dias acirraria ainda mais os ânimos e os levaria a começar a planejar uma rebelião armada, assim como a libertação do mestre pela força.

De uma forma geral, os pretos tinham raras oportunidades de se distrair e poucas opções de lazer. Não só pelo trabalho imposto ao bel-prazer dos proprietários, de dia ou de noite, mas também pela escassez de lugares onde pudessem confraternizar. Qualquer ajuntamento de negros podia ser visto com maus olhos por donos e vizinhos. Quando envolviam instrumentos sonoros e rituais religiosos, então, nem se fala. Sobretudo os cultos a orixás – mas também as orações islâmicas – quase sempre despertavam desconfiança e até insegurança nos brancos, que tachavam de "pagãs" aquelas práticas "estranhas" para os seus costumes e padrões culturais. Temiam, inclusive, ser vítimas de algum tipo de feitiçaria trazida sabe-se lá de que plagas do além-mar. Até mesmo uma simples comemoração, com rumor de conversas, risadas e eventuais cantorias, tinha grande chance de ser reprimida. Nessas circunstâncias, era praticamente certo que a polícia interferisse para dispersar a reunião.

Por isso, quando o inglês Abraham Crabtree deixou que seus escravos Diogo e James levantassem uma cabana no quintal de sua casa, na freguesia da Vitória, a novidade foi recebida com entusiasmo pelos malês. Além de ser um espaço mais amplo do que os quartos em que habitualmente se agrupavam, situava-se em um local cercado por vegetação, afastado do centro da cidade e de vizinhos intransigentes e bisbilhoteiros, o que lhes proporcionava mais liberdade para receber um número maior de visitantes. Sentiam-se contentes por poder conversar à vontade e, principalmente, festejar as datas do calendário islâmico, por vezes adaptadas para coincidir com os finais de semana e feriados locais, quando grande parte dos escravizados ganhava folga, com comemorações em torno de comida farta e devoção a Alá. Costumavam sacrificar um carneiro e servir com inhame, alimento especialmente apreciado pelos africanos.

O movimento ali intensificava-se cada vez mais, com a presença constante dos pretos que pertenciam a outros ingleses residentes na Vitória – então reduto dos estrangeiros estabelecidos em Salvador – e a adesão eventual de participantes vindos de fora. Os senhores britânicos em geral se mostravam mais tolerantes com a socialização de seus cativos, talvez porque viessem de um país que havia abolido a escravidão oficialmente em 1833, mas que desde 1807 já proibira o tráfico negreiro em seu território. Eles também julgavam que essas pequenas liberalidades tinham o efeito de deixar os subjugados mais tranquilos e menos propensos a sublevações. Por todas essas razões, esse era o núcleo malê mais concorrido e agitado. Lá eles não precisavam sussurrar ou ficar em estado de constante apreensão.

Pelo menos era o que pensavam, e de fato foi assim por um certo tempo, o que lhes dava a sensação de dignidade e autonomia, tornando o mundo menos hostil por algumas horas em seus dias de folga. Também podiam aprender as letras árabes naquela mesquita improvisada, sob orientação do alufá Sule, como a ele se referiam seus seguidores – mas também conhecido por Nicobé, nome que ganhara desde a vinda para o Brasil na condição de escravizado.

A alfabetização em árabe era de suma importância religiosa porque, pela ortodoxia islâmica, o Alcorão só pode ser recitado na língua original, para que se preserve a eloquência, a musicalidade e as rimas do texto sagrado, bem como a fim de se evitar distorções de significado na tradução de palavras que podem apresentar variadas acepções. Em decorrência da alta procura de interessados, outros dois mestres atuavam no núcleo da Vitória: Dassalu (também conhecido como Mama Adeluz e cujo nome cristão não se sabe) e Gustard, cujo nome africano era Buremo. O trio pertencia a um mesmo dono, Diogo Stuart, que morava naquela freguesia e, conforme o costume inglês, não consta que se importasse com essa atividade paralela dos seus cativos.

Tudo ia bem até que uma celebração de maiores proporções chamou a atenção externa. No último fim de semana de novembro, além da presença maciça dos escravizados dos ingleses, muita gente veio de outras freguesias para desfrutar da hospitalidade e do relativo isolamento da cada vez mais comentada comunidade muçulmana da Vitória. Nunca se vira tantos malês reunidos até então. A festa estava no auge quando foi interrompida bruscamente pelo temido inspetor de quarteirão André Marques. Como de hábito, ele agiu de forma extremamente autoritária com os pretos, exigiu que dessem fim imediato à comemoração e expulsou os visitantes para as respectivas casas. Houve uma decepção geral, acentuando o sentimento dos africanos de que viviam em uma terra desgraçada, cuja gente não só os explorava e humilhava, mas também não perdia a oportunidade de roubar deles qualquer instante de alegria, por menor que fosse.

Pior ainda: o inspetor não se deu por satisfeito em estragar a festa tão aguardada pelos pretos. No dia seguinte, fez questão de comunicar o fato ao juiz daquela freguesia, Francisco José da Silva Machado, para que tomasse providências a fim de que a "quebra da paz" não voltasse a ocorrer naquele local. Ao tomar conhecimento da existência da singela construção destinada à reunião e ao lazer dos escravizados, o juiz reclamou com o proprietário da casa, Abraham Crabtree, que, embora particularmente não se importasse com os eventos em seu quintal, para não entrar em conflito com autoridades brasileiras, ordenou que seus cativos Diogo e James derrubassem a palhoça.

A frustração tomou conta de toda a "sociedade malê", que se sentiu ainda mais oprimida e perseguida, com a convicção de que não poderia suportar a vida nessas condições desumanas por mais tempo. A ideia de insurreição, que havia sido concebida para ser executada a longo prazo, com base na paciente alfabetização em árabe dos adeptos e nos ensinamentos dos mestres muçulmanos, teria de ser antecipada, concluíram eles. Embora vissem espaço para a expansão da doutrina islâmica, com a conquista de novos fiéis e a propagação do aprendizado para regiões mais profundas do Recôncavo, com o propósito de engrossar o movimento, não era mais possível aguentar as seguidas humilhações. Iniciaram-se discussões a esse respeito e, apesar de uma parte da comunidade considerar precipitada tal decisão, o desejo de buscar a libertação o quanto antes se impôs.

Após várias reuniões, ficou resolvido que não partiriam para o confronto com os brancos imediatamente, de forma intempestiva. Seria necessário um tempo mínimo, por volta de dois meses pelo menos, para juntar armas, traçar a estratégia, já com os papéis que caberiam a cada um, e organizar um plano de ação que incluísse o Recôncavo, em alguma medida. Alá haveria de inspirá-los e protegê-los. E para isso, imaginaram, nada melhor que o final do período do Ramadã, quando Deus aprisiona os espíritos malignos e projeta a vida dos muçulmanos para o próximo ciclo – conforme acreditavam.

Escolheram o dia 25 de janeiro do ano seguinte, que ainda tinha a vantagem de coincidir com a comemoração católica de Nossa Senhora da Guia, na época a mais importante celebração dentro do conjunto de festas realizadas na Colina Sagrada do Senhor do Bonfim. Nessa data, como acontecia todos os anos, ocorreria um deslocamento em massa dos habitantes da cidade para lá, assim como das forças de segurança, empenhadas em policiar a região do Bonfim, reprimir confusões e intervir nas brigas que costumavam pipocar devido à concentração de tanta gente, em grande parte embriagada, na festividade popular.

Dessa forma, calcularam, o centro da cidade estaria mais desguarnecido, e eles teriam tempo para organizar a ofensiva e conquistar apoio de outros pretos que não haviam sido previamente avisados, por uma questão de segurança, posto que não integravam a base do movimento. Apenas às vésperas da deflagração do "folguedo", alguns dos africanos que não faziam parte dos núcleos malês começariam a ser convocados, com a máxima discrição, e uma grande parcela deles ainda continuaria sem qualquer conhecimento do que estava prestes a acontecer. A ideia das lideranças era cooptar mais gente somente ao tomar as ruas, por volta de cinco horas da manhã, quando os cativos estivessem saindo de casa para buscar água na fonte ou trabalhar no ganho. O sigilo era necessário para evitar que a conspiração chegasse aos ouvidos da população branca e, por conseguinte, das autoridades.

Imbuídos da fé religiosa, os líderes combinaram um plano rápido e audacioso, que por si só já trazia risco imenso de não prosperar. Mal sabiam eles que ainda seriam surpreendidos, antes da hora combinada, devido a delações insidiosas que abortariam o fator surpresa e reforçariam o aparato policial naquela noite de desassombro em Salvador.

CAPÍTULO 3
Amor, traição e morte

À s vezes, uma ordinária briga de casal é capaz de entrar para a história, e até mudar o seu rumo. Foi isso o que aconteceu com a crise conjugal dos libertos nagôs Sabina da Cruz e Victório Sule. Logo cedo, às quatro horas da manhã daquele sábado fatídico, 24 de janeiro, véspera da rebelião, os dois tiveram um arranca-rabo dos diabos, daqueles que fazem até tremer as paredes. Gritos, xingamentos, insultos de parte a parte ecoaram pela casa, situada numa esquina da rua da Oração. Não se sabe qual foi o pomo da discórdia, mas pode-se supor que tenha sido exatamente o envolvimento do companheiro dela com os malês, além da revelação de que uma rebelião estava em curso. Levando-se em consideração o horário da briga, informado por ela mesma dois dias depois, em seu depoimento às autoridades, há de se conjecturar que Victório estivesse chegando em casa após ter virado a noite conspirando com os parceiros. Ou então que tivesse aberto o jogo tão logo acordaram para preveni-la do que estava prestes a acontecer. O fato é que Sabina ficou furiosa e, antes que se atracassem, saiu pisando duro para vender comida com seu tabuleiro na Cidade Baixa. Afinal, conspiração não enche barriga de ninguém – pensava ela, irritada. E pior – prosseguia refletindo –, sempre acaba mal, muito mal.

O clima entre os dois iria se deteriorar ainda mais. À noite, ao retornar de um extenuante dia de trabalho, ela chamou o vizinho Belchior da Silva Cunha, outro liberto nagô envolvido na insurreição, para pegar a chave da casa, que ficava em posse dele quando o casal saía simultaneamente. Ao pôr os pés dentro de casa, Sabina a encontrou revirada. Num surto de raiva, Victório havia espalhado as roupas dela e atirado coisas no chão – parecia até que um furacão passara por ali. Em seguida, ele abandonara o lar, levando roupas e alguns pertences de uso compartilhado. Ao se deparar com aquela cena de destruição e desrespeito, Sabina sentiu a dor do abandono, e um misto de ódio, sofrimento e pânico se apoderou dela. Sem pensar duas vezes, saiu a passos largos em busca do "amásio", conforme definiria o escrivão de polícia dias depois, já com o inquérito em andamento.

Transtornada, Sabina passou primeiro em residências de conhecidos, onde sabia que o companheiro costumava ir. Sem encontrá-lo, lhe ocorreu procurá-lo na "casa de uns pretos de Santo Amaro, à rua do Guadalupe, os quais muitas vezes vieram visitar Victório", como relataria posteriormente em depoimento. Ao chegar ao local, Sabina entrou sorrateiramente pelo portão e apurou os ouvidos para verificar se identificava a voz do marido lá dentro. Porém, escutou apenas sussurros em língua nagô, o que lhe gelou a espinha e provocou medo, uma intuição muito ruim, por imaginar o que tramavam para o dia seguinte. A esperança de que tudo não passasse de um arroubo temporário, que murcharia antes mesmo de brotar, desmoronou. Desorientada, tentou ir embora sem ser notada, mas acabou surpreendida pela negra Edum, que ao perceber movimentação do lado de fora, de súbito, abriu a porta.

Flagrada em plena bisbilhotice, Sabina balbuciou um cumprimento ao reconhecer a jovem preta que naquele mesmo dia havia comprado uma porção de inhame de seu tabuleiro na Cidade Baixa com uma moeda de prata de três patacas. Ainda titubeante, tomou coragem e perguntou se Victório estava lá. Em face da confirmação, pediu o favor de que fosse chamá-lo, porque tinha assunto sério a tratar com ele. Mas Edum, percebendo a intenção dela de levar o marido embora, lhe deu de ombros e respondeu insolente:

— Eu não, você que vá se for capaz! Porque ele só há de sair daqui quando for hora de tomar a terra!

Um sobressalto explodiu em seu peito. O batimento cardíaco disparou. Seus piores temores começavam a se concretizar com uma rapidez inesperada. Até então, as ideias rebeldes de Victório lhe pareciam algo distante, soavam como uma quimera no plano dos sonhos, algo enevoado em sua mente, que ela esperava que se desvanecesse como ao acordar de um pesadelo. As palavras cortantes de Edum, ditas com tamanha contundência, romperam o mundo de fantasia no qual Sabina insistia em manter contidos os devaneios libertários de seu homem, para atirá-los diretamente na realidade – na dura, violenta e brutal realidade imposta pelos brancos nessa terra para a qual o seu povo fora degredado.

Muda, enquanto tentava assimilar o golpe e organizar os pensamentos, ainda ouviu Edum completar:

— De madrugada, haveremos de sair ajuntando mais negros pra matar os brancos, crioulos e cabras, deixando os mulatos para escravos e lacaios.

A cabeça de Sabina dava voltas, e o chão faltava sob seus pés. Uma sensação de vertigem, enquanto a outra continuava a falar tudo o que ela não queria ouvir.

— Os inhames que comprei de você, pela manhã, foram para servir ao maioral, que está aqui dentro, bem armado, preparado para a luta com bastante gente.

Em choque, Sabina se esforçou para recobrar as palavras e, num rompante, respondeu com fúria e amargura:

— O maioral e todos, amanhã, hão de ser senhores de surra, isso sim! E não de terra!

Indignada com o prenúncio sombrio e agourento, Edum, que confiava no êxito da rebelião, rebateu com firmeza:

— A resposta, nós lhe daremos amanhã!

A porta se fechou na cara de Sabina, que saiu correndo pelas ruas. Um turbilhão de pensamentos a deixava aflita e confusa, mas ela buscava ordená-los para tomar alguma providência que pudesse evitar um desfecho trágico.

Sabina era presa de sentimentos contraditórios. Ao mesmo tempo que sentia raiva pela atitude agressiva do companheiro, que espalhara seus pertences pela casa e ainda levara consigo alguns deles, também experimentava uma necessidade urgente de protegê-lo. Por instantes, viu-se assombrada pelo desejo de vingança. Se ele não lhe dera ouvidos e ainda a abandonara, então que se danasse – falava para si mesma. Porém, logo em seguida se penitenciava pelos pensamentos malévolos e pedia aos orixás, aos espíritos dos antepassados, a Alá, a Jesus, aos santos católicos... a todas as forças ocultas do universo que poupassem a vida dele. Além de gostar do danado – e no fundo admirar seu idealismo libertário, a fé desmedida que o impulsionava a confiar num futuro melhor, a despeito de todas as evidências em contrário –, Victório ainda era pai dos filhos dela. Se algo de mal lhe acontecesse, teria de assumir sozinha uma responsabilidade árdua e gigantesca.

Enquanto estava envolta por essa torrente de preocupações, sozinha e desamparada, praticamente trombou com a comadre

Guilhermina Rosa de Souza no meio da rua. Convicta de que aquela coincidência fosse um sinal divino – fantasiava, embora tivesse tomado o rumo da casa da amiga exatamente para se encontrar com a confidente –, Sabina desandou a contar tudo o que sabia, num desabafo urgente e incontido. E foi além: pediu ajuda para informar as autoridades o quanto antes sobre o que se tramava naquele porão.

— Comadre, é preciso dar notícia a algum branco que governa, avisar que na rua do Guadalupe tem muita gente pra fazer guerra de madrugada!

Visto assim, quase dois séculos depois, fica a impressão de que Sabina agiu deliberadamente como vilã. Uma reles traidora que, movida por vingança cega contra o homem que a abandonara, não teve escrúpulos em abortar um movimento destinado à libertação de seu povo – e em mandar seus integrantes no mínimo para a prisão, a tortura e o açoite, quiçá para a morte. As letras frias da história, assim como "os idiotas da objetividade", conforme definiria o escritor Nelson Rodrigues, são incapazes de transpor o senso comum e atingir camadas mais profundas da mente e das emoções humanas. Somente colocando-se no lugar dela para compreender a alma atormentada de uma mulher tomada pelo desespero por vislumbrar a carnificina que se sucederia à tentativa de tomada do poder na terra dos brancos.

No limite de suas forças, por um instinto de preservação de seu marido e de sua família, Sabina idealizou a única salvação que lhe parecia possível. Ingenuamente, por certo, supôs que poderia pedir ao "branco que governa", em contrapartida por seu gesto de lealdade aos senhores, o envio de "dois soldados para tirar o pai de seus filhos, Victório Sule, que lá estava metido", como revelaria Guilhermina, ao reconstituir o diálogo entre ambas, no depoimento para o inquérito. Talvez até acreditasse que mais vidas seriam poupadas se os conspiradores fossem descobertos antes de decretada a guerra. Infelizmente, as autoridades não se comoveram com o drama de Sabina, tampouco demonstraram qualquer gratidão. Assim, ela não teve a chance de resgatar seu companheiro, que se tornaria um dos primeiros a serem abatidos, tão logo a polícia localizasse o ponto de encontro dos malês.

A delação de Sabina não foi a primeira a alertar os brancos sobre a revolta, mas sim a que efetivamente chegou até os governantes e produziu efeito. Antes dela, o próprio marido de Guilhermina, Domingos Fortunato, ficara sabendo da insurreição iminente e decidira transmitir a informação ao seu antigo senhor, Fortunato José da Cunha – seja por fidelidade ao homem que o alforriou, seja pelo temor de que a retaliação ao movimento rebelde fosse tão violenta, e ressentida, a ponto de ameaçar sua condição de liberto. Curiosamente, Domingos optou por enviar-lhe um aviso por escrito, pedindo para que alguém o redigisse, em um sinal de que sentia certo receio de encontrar pessoalmente o ex-dono. Tal atitude sugere não haver uma relação próxima ou de confiança. Talvez, por isso, José da Cunha não tenha procurado as autoridades, ao que tudo indica, por não ter dado fé ao comunicado.

Inquieta com os fatos narrados pelo marido, Guilhermina fora ficar à janela, quando, atenta à movimentação na rua, também captou uma conversa de "dois ou três nagôs, dizendo que quando tocasse de madrugada nas guardas [o toque do amanhecer], e os negros saíssem para a fonte [a fim de buscar água, tarefa que cumpriam diariamente], também havia de haver fogo na Cidade Baixa, para o que não faltava gente que tinha vindo de Santo Amaro ajudar". De pronto, ela percebeu a semelhança com os fatos narrados por Domingos, o que a deixou mais apreensiva e a fez tomar coragem para ir, "depois de combinar com seu camarada, avisar também seu patrono Souza Velho", a quem servira como escravizada no passado. Mais uma vez, não houve repercussão ou talvez não tenha tido tempo para que ele mandasse averiguar. Pois assim que ela saiu de lá, deu de cara com Sabina, que trazia novos desdobramentos daquela armação, ainda mais preocupantes.

Até então, Guilhermina sabia apenas o que o marido lhe contara e o pouco que ouvira dos pretos em frente à sua janela. Ao retornar à noite do trabalho, Domingos lhe dera conta dos fortes rumores que corriam no cais do porto. Os negros dos saveiros comentavam, à boca pequena, que uma leva de escravizados viera de Santo Amaro para se juntar ao maioral Ahuna, a fim de promover a rebelião ao amanhecer de domingo. Em seu depoimento, ao narrar o que o companheiro lhe falara, Guilhermina descreveu o plano dos insurgentes com detalhes quase idênticos aos do testemunho de Sabina – este baseado no que teria dito Edum. Eis a transcrição da declaração de Guilhermina: "[...] que tinham vindo a fim de que no dia seguinte, com outros negros desta cidade, tomassem conta da terra, matando os brancos, cabras e crioulos, e também aqueles negros de outras bandas que quisessem se unir a eles [brancos], ficando os mulatos para seus lacaios e escravos". O termo "cabra", utilizado de forma corrente na época, referia-se a filho ou filha de pai mulato e mãe preta, ou vice-versa, de acordo com o já citado dicionário contemporâneo composto pelo padre D. Rafael Bluteau, reformado e acrescentado por Antonio de Moraes Silva, no final do século XVIII.

Causa estranheza a inclusão de "cabras" entre os que seriam mortos, posto que os mulatos – igualmente mestiços – acabariam preservados, de acordo com essa versão, para servirem como escravos. Não faria muito sentido, e valem algumas reflexões. O fato de Sabina ter dado seu depoimento logo em seguida ao de Guilhermina pode tê-la induzido a repetir as mesmas palavras que acabara de escutar da amiga. O estado de tensão e nervosismo no qual se encontrava na noite em que fora em busca de Victório, e se viu flagrada, espionando a casa dos malês, possivelmente também a teria predisposto a não guardar com exatidão as frases ditas por Edum. Por fim, o escrivão ainda pode ter registrado descrições iguais com o intuito de consolidar uma versão consistente para que, posteriormente, o promotor fizesse com mais propriedade a argumentação durante o julgamento no tribunal. Afinal, pela legislação da época, bastavam duas testemunhas para se determinar a culpa de um réu ou a materialidade de um fato.

Os depoimentos de ambas, "por não saberem escrever", como consta dos autos, foram assinados pelo inspetor Joaquim Pereira Arouca, pelo escrivão juramentado José Fernandes d'Oliveira e por duas testemunhas brancas presentes. Se nos dias de hoje, sobretudo em casos que envolvem a prisão ou execução de pessoas de comunidades carentes acusadas de algum crime, por vezes ocorrem fraudes processuais comprovadas, não há razão para dar credibilidade absoluta a um documento oficial das autoridades policiais da época imperial, que investigavam um levante de escravizados, sem direito algum.

Mas voltemos à "trombada" de Guilhermina com Sabina no meio da rua, um instante crucial para o desenrolar da história. Pode-se concluir que foi precisamente esse encontro que mudou o rumo dos acontecimentos e expôs o movimento malê à repressão. Até ali, como se viu, a despeito da iniciativa do casal de libertos de avisar os seus antigos senhores, nenhuma consequência resultara disso. As informações sobre a suposta revolta também estavam mais para um diz que diz, sem nenhum dado palpável que convencesse os patronos a perder tempo e se arriscar a incomodar as autoridades com uma suspeita tão vaga. Partiu de Sabina o primeiro indício concreto de que nagôs islamizados estavam reunidos em uma casa, armados e dispostos à luta, com endereço conhecido e até a identidade de um deles confirmada pela própria mulher. Mudava-se o patamar dos eventos.

Foi essa percepção que encorajou Guilhermina a perseverar e – a pedido de Sabina – fazer chegar ao conhecimento de um cidadão com mais influência as notícias frescas da batalha que se prenunciava para as próximas horas. No caso, como evidentemente não tinham acesso ao presidente da província, a comadre resolveu procurar o comerciante André Pinto da Silveira, um vizinho que naquele sábado à noite recebia a visita dos amigos Antônio de Souza Guimarães e Francisco Antônio Malheiros. Estes, finalmente, lhe deram ouvidos, ao perceberem a gravidade da situação. Após discutirem o que precisava ser feito para impedir o sucesso da insurreição, despediram-se do anfitrião e foram imediatamente comunicar o ocorrido ao juiz de paz do 1º Distrito da Freguesia da Sé, José Mendes da Costa Coelho. Por sua vez, o juiz acionou o comandante da Guarda Municipal Permanente, coronel Manoel Coelho de Almeida Sande, e o comendador José Gonçalves Galião, figura proeminente que gozava de proximidade com o presidente.

Com ar circunspecto, os três chegaram ao palácio para uma reunião de urgência com Francisco de Souza Martins, que recebera a missão de governar a província da Bahia havia apenas um mês e meio e, para seu desgosto, de cara deparou-se com o desafio sem precedentes. Preocupadíssimo, o presidente mandou reforçar a guarda do palácio, supondo que seria um dos primeiros alvos dos rebelados, e determinou na mesma hora que o chefe de polícia fosse avisado do perigo, assim como os demais juízes de paz, orientados a intensificar as patrulhas em suas respectivas jurisdições. O 1º e 2º Distritos da Freguesia da Sé, em particular, receberam instruções explícitas para arregimentar seus homens e promover batidas policiais por toda a região de Guadalupe, onde os malês estavam reunidos, segundo denunciara Sabina.

Convocadas às pressas, as patrulhas passaram a percorrer as ruas, atentas a qualquer movimentação estranha, e a revistar as casas dos negros que julgassem suspeitas. Um dos principais trunfos do plano malê, o de pegar as forças oficiais desprevenidas e envolvidas com o policiamento das festas no Bonfim, caía por terra. Seria questão de tempo localizar o núcleo que se preparava para dar início à revolta. E pior: a situação imaginada pelos conspiradores se inverteria. Eles é que acabariam surpreendidos pelos brancos, ainda sem estarem preparados para iniciar a ação de vida ou morte.

CAPÍTULO 4

A casa caiu!

Cerca de sessenta malês estavam reunidos naquela noite de sábado, na casa do mestre Manoel Calafate, para combinar os últimos detalhes da rebelião marcada para o alvorecer do domingo. Sentados no chão, em torno de uma esteira com comida farta, eles também comemoravam o Lailat al-Qadr, ou a Noite da Glória, que marca o início da revelação dos versos do Alcorão ao profeta Maomé pelo anjo Gabriel. Uma celebração que não tem data fixa, mas que ocorre em uma das últimas dez noites do Ramadã. Àquela altura, os convidados já haviam jurado em frente a um estandarte, constituído por um grande lenço branco com as bordas ornadas de roxo, fixado a uma vara em forma de bandeira, "não morrer na cama, e sim com pai Manoel Calafate". Sentiam-se elevados espiritualmente por sua fé e, com o final do jejum, respeitado até o pôr do sol, fortaleciam-se agora com a refeição preparada pela camarada Edum, à base de inhame e carne de carneiro. Afinal, precisariam de energia para guerrear contra os brancos.

A escolha da Noite da Glória – também conhecida por Noite do Decreto ou Noite do Destino – para a deflagração da revolta tinha um propósito: consagrá-la com a bênção de Alá. Embora em geral seja destinada a orações, a súplicas e ao perdão, com pensamentos puros em busca da paz, eles entediam que também poderia se prestar à conquista da liberdade, dando-lhes força para derrotar os inimigos infiéis, que contrariavam o preceito islâmico de não escravizar muçulmanos, os filhos de Deus. Além disso, haviam tomado o cuidado de marcar o início da luta somente para o amanhecer, de acordo, portanto, com a sura 97 do Alcorão: "Sabei que o revelamos [o Alcorão] na Noite do Decreto. E o que te fará entender o que é a Noite do Decreto? A Noite do Decreto é melhor do que mil meses. Nela descem os anjos e o Espírito [o anjo Gabriel], com a anuência do seu Senhor, para executar todas as Suas ordens. É paz, até ao romper da aurora!". Ou seja, quando o dia clareasse, entrariam em ação.

Disposto a comandar pessoalmente os malês no campo de batalha, apesar da idade já um tanto avançada, o alufá Manoel Calafate era um liberto nagô que, como o próprio nome diz, trabalhava na calafetação dos navios, unindo suas peças para vedar o fluxo de água. Com autonomia para circular livremente, no exercício de seu ofício, se dirigia com frequência a Santo Amaro. Inclusive, voltara de lá apenas três dias antes da explosão da revolta, sendo peça importante na tarefa de expandir o movimento para o Recôncavo. Naquela noite da reunião em sua casa, por sinal, estavam presentes alguns escravizados que vieram a Salvador para participar do estopim da rebelião, como o nagô Pompeu, por exemplo, que fugira horas antes de um engenho em Santo Amaro, trazido de barco pelo remador de saveiro Clóvis, também cativo na vila.

Manoel Calafate morava no porão de um sobrado de dois andares, o imóvel de número 2 na ladeira da Praça, freguesia da Sé. Ocupava a "loja" da residência, como chamavam-se na época esses porões escuros e pouco ventilados, em geral apenas com pequenas janelas gradeadas que davam para a rua, centímetros acima do nível da calçada. Esse tipo de habitação fora idealizado para os senhores trancarem ali seus escravizados, ao final da jornada de trabalho, como uma espécie de senzala adaptada à realidade das cidades. Costumavam ser locais insalubres, com muita gente confinada em um único ambiente, sem divisórias entre os quartos ou privacidade, e também sem móveis. Os cativos dispunham só de esteiras no chão para dormir. Com o aumento do número de libertos e da procura de moradia por parte até de alguns escravos de ganho, que desejavam um lugar para viver longe da vigilância constante de seus donos, as lojas também passaram a ser alugadas por proprietários menos abastados, que não dispunham de muitos cativos, portanto, tinham espaço de sobra e se mostravam ávidos por umas moedas a mais para reforçar os rendimentos.

Era exatamente o caso do sobrado onde Manoel Calafate montara o seu núcleo malê. O dono do imóvel, o major Alexandre José Fernandes, funcionário público lotado no Ministério da Fazenda, vivia com a família no andar mais alto. Ele alugara o térreo para o alfaiate mulato Domingos Marinho de Sá e sua "concubina", Joaquina Rosa de Santana, mãe de um menino que começara a falar havia pouco tempo e ainda demandava colo. O casal de mestiços morava com o nagô Ignácio, escravizado pertencente a um irmão de Domingos. O locatário, por sua vez, sublocara o porão para Manoel Calafate e Aprígio, um liberto nagô, vendedor de pães e carregador de cadeiras de arruar – liteiras ou assentos usados como meios de transporte, sustentados por duas varas para que os serviçais pudessem apoiá-las sobre os ombros.

Dentro dessa concepção de que "sempre cabe mais um", a dupla que se instalara no porão ainda havia alugado um cantinho no fundo da loja para o escravizado Belchior, outro nagô carregador de cadeiras – que não deve ser confundido com Belchior da Silva Cunha, este liberto, igualmente nagô, vizinho de Sabina e Victório, citado no capítulo anterior.

Ao que parece, essa espécie de "república" de africanos, instituída no subsolo, contava com outros moradores eventuais, tendo em vista os pertences lá encontrados e listados no inquérito da devassa que se seguiu ao levante. Além de Belchior, era comum que ali pernoitassem outros escravizados nagôs: Benedito, mais um carregador de cadeiras; Conrado, que exercia o ofício de sapateiro; Joaquim, calafate como Manoel; e Ali, saveirista do Cais Dourado. No rol de objetos achados no porão de Manoel Calafate, com a indicação a quem pertenciam, há menção a diversas "roupetas" – com o significado de abadás ou túnicas – e "carapuças" muçulmanas, que compunham o figurino usado pelo mestre e seus discípulos na noite da rebelião. O alufá ainda possuía "uma cinta branca de pano de algodão", peça que provavelmente lhe conferia autoridade de líder religioso.

Também foram localizadas várias tábuas de escrever, utilizadas no processo de alfabetização dos malês em árabe. Manoel Calafate tinha "duas pretas e uma pequenina amarela", mas, durante a revista, acharam-se outras nove, cujas posses foram atribuídas a Benedito, Conrado, Belchior, Joaquim e Aprígio. Eles também guardavam "quatro livrinhos escritos em arábico e mais papéis escritos da mesma forma". Por fim, seriam confiscados dois carneiros criados para abate e 1.880 réis em dinheiro.

Era nesse cenário que os seguidores do mestre Manoel Calafate se reuniam frequentemente para avançar no aprendizado da língua árabe e do Alcorão, mas também para comer, confraternizar... e conspirar, evidentemente. A diferença é que naquela noite do Lailat al-Qadr, em que se preparavam para partir em busca de um destino melhor, muita gente se concentrou no local, o que não poderia deixar de chamar a atenção da vizinhança, especialmente dos moradores dos outros andares do sobrado.

Por mais que se tentasse não fazer barulho, era impossível que o murmúrio de tantas vozes juntas não chegasse ao andar de cima. Intrigado com o que acontecia na loja e preocupado com a possibilidade de que aquele rebuliço lhe trouxesse problemas, já que cabia a ele a responsabilidade de ter sublocado o porão para os dois nagôs libertos, Domingos resolveu descer até lá para assuntar. Porém, acabou repelido com inesperada violência. Ele havia chamado por Manoel Calafate, a quem pretendia perguntar por Ignácio, com o intuito de inquirir o escravo sobre o que se passava lá dentro, mas outros insurgentes o atenderam, com a porta apenas entreaberta, ameaçando-o com uma faca: "Cala a boca, se não morre!", disse um deles, aparentemente Aprígio, dissuadindo-o de denunciar a conspiração.

Essa versão seria confirmada pela "cabrinha Maria Florinda", como está identificada no inquérito uma amiga que passava o fim de semana com o casal do andar térreo. Ao menos três testemunhas revelaram ter ouvido dela esse relato: Alexandre José Fernandes, dono do sobrado que morava no andar superior; o irmão dele, o cirurgião-mor Custódio Fernandes, que o visitava na noite do incidente; e o vizinho João José Teixeira, presente na casa naquela madrugada, depois que os malês deixaram o local e se espalharam pela cidade.

Ainda segundo Maria Florinda, forra que havia sido escrava de madre Ignez, do Convento do Desterro, ao perceber que algo muito sério estava prestes a acontecer, Domingos correra imediatamente para acordar a sua companheira, Joaquina Rosa, e a própria hóspede. "Vistam-se que hoje temos banzé!", teria dito, muito tenso e preocupado.

Antes disso, um outro acontecimento já havia deixado Domingos em alerta. Um guarda tinha procurado os moradores do andar de cima a fim de convocar um filho do dono da casa, o jovem Marcolino José Fernandes, quartel-mestre do Corpo Municipal Permanente – uma espécie de polícia municipal –, para se apresentar imediatamente ao comandante da tropa. Segundo seu tio, Custódio, diante da curiosidade da família sobre o motivo daquele chamado de emergência, e o desejo de saber se algo grave estava acontecendo na cidade, o guarda respondera que "sim, havia alguma novidade, pois que o Corpo se achava debaixo de armas, mas que não sabia qual era". Porém, em algum momento, possivelmente enquanto esperava Marcolino se aprontar, o emissário deve ter soltado mais alguma informação, pois o próprio Domingos admitiria em seu depoimento ter tomado conhecimento da existência de um levante de africanos exatamente nessa ocasião, ao ouvir o mensageiro "dizendo que [o filho de Alexandre] fosse para o quartel porque havia barulho de pretos".

Foi nesse instante que Domingos, já incomodado com o murmurinho em seu porão, resolveu averiguar, descobrindo então o que acontecia. Com a confirmação de que uma revolta estava prestes a explodir bem embaixo do seu chão, e que tal notícia já chegara às forças de segurança, o alfaiate entrou em pânico. Depois de acordar as mulheres da casa e deixá-las de sobreaviso para a confusão que se seguiria, passou a andar de um lado para o outro em frente ao sobrado, pensando em qual seria o melhor procedimento. A angústia lhe apertava o peito, tomava os seus pensamentos e retesava cada músculo do corpo. O pobre homem sentia-se perdido, encurralado.

De súbito, por volta de meia-noite, num gesto apaixonado para proteger sua amada, Domingos bateu à porta da vizinha da frente, Maria da Encarnação, uma mestiça viúva de cinquenta anos, que mantinha relações de amizade com o casal. "Domingos me pediu para que deixasse a Joaquina vir para a minha casa, porque não queria que ela também fosse presa, acaso ele fosse", ela revelaria. Àquela altura, o alfaiate já imaginava que acabaria implicado no levante do qual não participava. Apesar de a amiga concordar em acolher Joaquina, não houve tempo para isso. Ao que tudo indica, Domingos supunha que teria de responder às autoridades somente no dia seguinte, depois que os malês botassem para quebrar pela cidade e as investigações apontassem o sobrado como o epicentro da conspiração. Não contava que, somente uma hora depois, a polícia já o interpelasse.

Quem conseguiu escapar do flagrante foi Belchior, que sempre considerou prematuro desencadear a rebelião naquele momento, apesar de compartilhar da fé islâmica e dos ideais do movimento. No fim do expediente, após ter carregado nos ombros cadeiras de arruar o dia inteiro, chegou exausto na casa da ladeira da Praça, por volta das oito da noite, e se assustou ao se deparar com dezenas de camaradas armados com espadas, lanças e até algumas pistolas, prontos para a luta. Até aquele momento, ele seguia por inércia as determinações do seu mestre, sabendo que se aproximava a hora de fazer guerra contra os brancos. Porém, ao visualizar a cena no interior do porão, convenceu-se de que não estava pronto para tamanho desafio. Ainda tentou questionar Manoel Calafate, na esperança de adiar o desfecho violento, mas a resposta do alufá não deu chance a qualquer hesitação: "Se você tem medo, Belchior, que vá embora!". Mesmo constrangido, assim ele fez.

Segundo declararia em seu depoimento, diante da iminência de um conflito armado, ele "tirou sua caixa e o que mais tinha ali" – informação confirmada pelo escravizado Ignácio, entre outras testemunhas – e se dirigiu para a casa de seu senhor, o tenente-coronel José Joaquim Xavier, em Santo Antônio de Mouraria, freguesia de Santana. Com isso, evitou se expor à brutalidade da luta armada, mas a deserção na hora H não o livraria de ser preso posteriormente. Nem adiantou a tentativa de se esconder, após o fracasso do levante, na senzala de uma roça em Boa Viagem, onde seu irmão trabalhava como cativo. Tampouco o ajudaria, no julgamento, o fato de não ter denunciado o plano dos companheiros ao voltar para o abrigo de seu dono.

De uma forma ou de outra, Belchior acabaria se dando mal. Inicialmente, foi condenado à morte por enforcamento, o que por si só, antes mesmo da execução, já inflige terrível tortura psicológica. Mais tarde, conseguiria a comutação da pena capital, assim como a maioria dos que a receberam em primeira instância, porém nenhuma reforma de sentença resultou em absolvição. Provavelmente, conforme a tendência das modificações das penas de morte, teve de se submeter a centenas de açoites, que em alguns casos chegaram a ultrapassar mil chibatadas, aplicadas em diversas sessões de suplício. O seu trágico destino vai ao encontro da máxima da escritora Carolina Maria de Jesus, que, com a sabedoria desenvolvida em seu duro dia a dia na favela do Canindé, na zona norte de São Paulo em meados do século XX, advertia: "A vida não é para os covardes".

Também Ignácio renegaria a "sociedade malê" ao se ver diante do campo de batalha. Em vez de vestir o seu camisolão de ganga azul (tecido tosco que se fabricava naquele tempo), ele o deixou dentro de um cesto de vime, achado mais tarde pela polícia na sala da casa. Em um ato de desespero – e também de vergonha, por desapontar seus pares –, implorou para que Joaquina Rosa o trancasse em um quarto, para simular ter sido impedido de participar do levante pelo casal ao qual servia. Mas não teve as súplicas atendidas, como a "concubina" de Domingos revelaria ao ser interrogada cinco dias depois. "Não o fechei por não gostar dele", declarou ela, acrescentando não saber o motivo de tal pedido, o que evidentemente não soou convincente. Por óbvio, se admitisse conhecer a razão de tão esdrúxula solicitação do escravizado, reconheceria estar ciente da rebelião que se armava no porão de sua casa, a qual não havia denunciado.

Já a posição de Domingos continua uma incógnita. Como mulato, ele não tinha motivo para apoiar o movimento dos africanos, do qual possivelmente poderia ser vítima. Fica o mistério das razões de não o ter delatado às autoridades enquanto ainda era tempo de reprimi-lo no nascedouro.

Parece inconsistente a versão de que só descobrira o que se passava no porão no dia do ataque, a poucas horas da eclosão. Afinal, a movimentação de malês fora intensa nos três dias que antecederam a insurreição, desde a volta de Manoel Calafate de Santo Amaro, com o acúmulo de espadas, lanças e outras armas no subsolo da casa, e que necessariamente precisariam entrar pelo portão do imóvel, de uso compartilhado. Teria ele se omitido por respeito a Manoel Calafate? Por de alguma forma ter sido tocado pela fé muçulmana, sem acreditar que um mestre tão espiritualizado fosse capaz de alguma ação violenta? Ou porque precisava do dinheiro do aluguel, o que o levou a fazer vistas grossas, iludindo-se com a hipótese de que aquele arsenal se destinaria a cultos ritualísticos? Difícil justificar o seu silêncio apenas pela suposta ameaça de morte feita pelos insurgentes, posto que ele seguramente sabia as terríveis consequências que uma eventual colaboração com os revoltosos traria para a sua vida e a de sua companheira.

O fato é que quando se iniciou o dia 25 de janeiro, Domingos encontrava-se à beira de um colapso nervoso. Até se decidir o que fazer com a mulher – ora se dispunha a deixá-la abrigada na vizinha Maria da Encarnação, ora sob os cuidados de Alexandre José Fernandes, no andar superior –, o alfaiate sentou-se à janela, enquanto Joaquina Rosa se postou em frente a uma outra, ao seu lado. A essa altura, cerca de três horas depois da denúncia de Sabina e Guilhermina, uma patrulha sob comando dos dois juízes de paz da Sé já fazia diligências nas imediações, invadindo e revistando casas de africanos, até então sem encontrar nada suspeito. Mas a ronda aproximava-se cada vez mais.

A indicação de Sabina de que os rebeldes se concentravam à rua do Guadalupe delimitava o raio de ação das forças de segurança, facilitando em muito a operação. A companheira de Victório não fornecera o endereço com total precisão, dado que o sobrado no qual se encontravam Manoel Calafate e seus asseclas localizava-se, a rigor, na ladeira da Praça – na parte mais baixa dela, ou seja, bem perto do largo da Igreja Nossa Senhora de Guadalupe, atualmente extinta. Além da proximidade, também há indícios de que a ladeira da Praça, a despeito do nome oficial, também era popularmente conhecida como rua ou ladeira de Guadalupe. Pois era dessa maneira que o inspetor Joaquim Pereira Arouca Júnior – um dos integrantes da patrulha que surpreenderia os malês – iria se referir a ela em seu testemunho, dias depois. As buscas não haveriam de demorar, portanto, a localizar o esconderijo.

Dito e feito. Por volta de uma hora da manhã, os juízes de paz e seus homens estavam em frente ao sobrado de número 2, a observar o estranho comportamento do casal postado às janelas. Chamou atenção o evidente nervosismo do homem, assim como o fato de a mulher segurar uma criança no colo, em plena madrugada, e ainda por cima agarrada a uma imagem de Sant'Ana, sua padroeira. Não pareciam estar ali a apreciar a noite ou o luar – que por sinal, não havia.

Aos ser interpelado, Domingos se enrolou todo ao tentar explicar o que faziam acordados, com expressão de pavor em seu semblante. Em seguida, indagado se moravam africanos na casa, com a voz titubeante, o alfaiate respondeu primeiro que em sua residência vivia um único escravo, emprestado por seu irmão. Somente com a insistência do juiz de paz, ao advertir que lhe constava a existência de outros no local, o alfaiate se corrigiu, declarando que alugava o porão para "dois pretos velhos, ambos muito capazes" [no sentido de ordeiros e trabalhadores], e que "um era calafate e o outro, padeiro". Sua hesitação foi a deixa para que os juízes decidissem fazer uma averiguação minuciosa na residência. Todos os receios de Domingos começavam a se concretizar, a se materializar de forma angustiante.

— Abra a porta para procedermos uma revista na casa!

A frase feriu os seus ouvidos, e sua vontade era se recusar a cumprir tal determinação. Por não poder agir assim diante dos homens da lei, passou a procrastinar e a se complicar cada vez mais.

— Não posso, não sei onde está a chave — balbuciou, para a incredulidade de todos os que viam a cena.

— Como assim? Não tem a chave da própria casa? Abra agora mesmo! — ordenou a autoridade.

Domingos insistia na impossibilidade, alegava que o escravo Ignácio não estava ali para abrir a porta, que essa era uma incumbência dele... procurava qualquer desculpa em sua vã tentativa de adiar o inevitável.

— Se não abrir a porta, iremos arrombá-la! — bradou o juiz.

O alfaiate se via encalacrado, até mesmo porque se pegasse a chave, a essa altura dos acontecimentos, seria uma admissão de que mentira anteriormente. Sem saber o que fazer, encontrou uma alternativa absurda:

— Podem entrar pela janela!

O juiz de paz se sentiu ultrajado com a proposta, pasmo com a ousadia e o comportamento que lhe parecia insano.

Nesse instante, Ignácio, que se encontrava fora da casa desde a chegada da patrulha e se fazia "invisível" para não se comprometer, intercedeu com o intuito de contornar o impasse. O escravizado pediu a Joaquina que passasse o menino para o colo dele, pela janela, a fim de que ela pudesse cumprir a ordem de abrir a porta. Mas a mulher se recusou. Cinco dias depois, durante o interrogatório, a "concubina" justificaria que "não entregara a criança porque esse preto nunca tivera o costume de a carregar".

Diante dessa situação inverossímil, enquanto policiais já se preparavam para pular a janela, as autoridades deram o ultimato: se a porta não fosse aberta imediatamente, ela seria derrubada. Só então Domingos resolveu destrancá-la, e o fez com as mãos trêmulas e ruído excessivo, com "muitas voltas no ferrolho ou chave da referida porta, que bem inculcava estar se dando algum sinal de que fora aberta", conforme descreveria o comendador José Gonçalves Galião, que havia se juntado aos juízes de paz e à guarda municipal para efetuar as buscas.

Assim que a porta finalmente se abriu, o primeiro a entrar foi o tenente Lázaro Vieira do Amaral, seguido por quatro guardas permanentes e um ordenança do juiz, com um archote aceso para iluminar o caminho para os demais integrantes da patrulha. Não demorou para que um dos guardas avisasse ao seu superior que não conseguira descer ao porão porque encontrara mais uma porta trancada. Todos então se dirigiram para lá, e o juiz de paz ordenou:

— Que se bata à porta! E, no caso de não abrirem, que seja arrombada!

Com os ouvidos alertas, do lado de dentro da loja do mestre Manoel Calafate, os malês sabiam que a "casa havia caído".

CAPÍTULO 5

Mata soldado!

A tensão chegara ao ápice, o ar se tornara denso, quase irrespirável, dentro do porão lotado por dezenas de malês escondidos naquele sobrado da ladeira da Praça. A noite acalorada de Salvador, potencializada pela falta de ventilação do cômodo, fazia-os suar em bicas. A própria apreensão, os batimentos cardíacos acelerados, o pânico por estarem prestes a serem flagrados aumentavam a sudorese. Por mais destemidos que fossem os revoltosos, alguns deles guerreiros experientes em sua terra natal, diante do momento fatal, da possibilidade de morte iminente, não havia como se manter impassível. Desde que se deram conta da presença de uma patrulha do lado de fora da casa, o tempo parecia ter parado por um instante, com todos em silêncio, apurando os ouvidos para identificar as vozes e, se possível, estimar o número de inimigos. Eles se entreolhavam, concluindo que não tinham mais escapatória, e mentalmente oravam para pedir proteção a Alá.

Do outro lado da porta, aparentemente sem imaginar o tamanho do grupo ali concentrado, o juiz de paz do 2º Distrito da Sé, Caetano Vicente de Almeida Galião, já ordenava aos seus comandados que a derrubassem. Antes que se procedesse o arrombamento, no entanto, a tranca foi aberta de forma abrupta, dando passagem a um batalhão de pretos – sob a liderança de Manoel Calafate – dispostos a dar a vida pelo ideal de liberdade. Aos gritos de "mata soldado!" e "viva malê!", saíram em disparada, atropelando quem estivesse à frente.

Surpreendidos pelo arrastão, os integrantes da patrulha recuaram em direção à rua, aos tropeções, apavorados com os estampidos dos tiros disparados pelos africanos para abrir caminho. Pelo que consta, nenhum branco, crioulo, mestiço ou escravizado convocado pelos senhores para compor o grupo de repressão foi alvejado. Sem prática com armas de fogo, a mira dos insurgentes não era o seu maior trunfo.

Do lado dos policiais, embora dispusessem de um número maior de armamentos, de peças mais novas e de treinamento específico, a eficácia também esteve longe de ser alcançada. Apenas dois soldados tinham tomado a precaução elementar de carregar as suas espingardas, em um sinal inequívoco de que subestimaram seus oponentes. Provavelmente, imaginaram tratar-se de um pequeno grupo de escravizados indisciplinados, sem qualquer organização, que se renderiam com resignação ao serem confrontados em seu covil. Isso, se a denúncia viesse de fato a se confirmar – pensavam eles. Tal displicência lhes custaria caro.

Munidos de espadas, lanças, parnaíbas e lâminas variadas, os malês partiram para o ataque, de peito aberto, contra os seus opressores. O tenente Lázaro Vieira do Amaral foi o primeiro branco a tombar, vítima de repetidos golpes desferidos com objetos cortantes, que o deixariam deformado, com cicatrizes profundas pelo resto da vida. O soldado permanente Fortunato José Braga teve sorte ainda pior: viu-se cercado pelos revoltosos e acabou morto com múltiplos ferimentos.

Um guarda nacional levou cortes profundos no rosto e na cabeça, enquanto o paisano Rufino de Souza Campos, que se voluntariara a participar da força de resistência, ficou com o corpo retalhado e quase sofreu um escalpelamento. No dia seguinte, acamado em sua casa, Rufino submeteu-se a exame de corpo de delito, que apontou lesões em cinco locais: na parte superior da cabeça, com descobrimento do crânio; nos dois lados do osso temporal, que sustenta a parede lateral da base craniana; na orelha esquerda; e na articulação da mão esquerda – embora nenhuma delas tenha tido gravidade suficiente para colocar sua vida em risco.

O comendador José Gonçalves Galião, além de ferido, deixou o campo de batalha com o orgulho aviltado. Acostumado a receber rapapés e mesuras por ser um poderoso proprietário de terras e negociante condecorado pela Corte, levou uma "espadeirada que o lançou por terra, onde se deixara deitado, fingindo-se morto", conforme relataria em depoimento.

Já o inspetor de quarteirão Joaquim Pereira de Arouca Júnior se salvou por um triz. Ao dar sua declaração na devassa, ele reclamou do comportamento de parte dos soldados, afirmando que sua existência foi posta em risco "porque correndo os tais guardas permanentes, por não terem as armas carregadas, viu-se ele obrigado a se defender muito atentamente de um daqueles negros, que o queria matar". Acuado diante do oponente, por ironia do destino, só se livrou do rival graças à intervenção providencial de dois escravizados: o nagô Duarte, chamado a reforçar a patrulha por seu proprietário, o juiz de paz do 1º Distrito, José Mendes da Costa Coelho, e "um moleque crioulo, escravo de Pedro José de Santana, inspetor do 2º Distrito". Segundo Arouca, os cativos fiéis derrubaram o insurgente, "dando cacetadas, e conseguiram depois tirar um estoque (espada reta e pontiaguda, com fio não cortante) e muitos papéis de letras arábicas que ele tinha na algibeira".

Cerca de vinte anos depois, em novo depoimento a favor de Duarte, àquela altura já liberto, Arouca repetiria a história, desta vez acrescentando um toque de heroísmo para si mesmo. Na nova versão, após o nagô ter tirado de ação o malê, "atirando-lhe fortíssima cacetada na cabeça, com que o derrubou, deu lugar a ele, testemunha, a meter o florete no coração, salvando-se assim do espadagão com que habilmente o mesmo negro queria matá-lo". Outras testemunhas referendaram a prova de lealdade de Duarte na defesa dos interesses de seu senhor e da sociedade escravocrata, o que o levara, inclusive, a ficar longo tempo recolhido, principalmente à noite, temeroso de que fosse alvo de vingança de outros revoltosos que ainda não tivessem sido capturados. A traição dele a seu povo acabaria recompensada com a concessão da alforria.

Essa não foi a única baixa entre os malês no confronto inicial na ladeira da Praça. Um outro africano acabou morto por um dos soldados permanentes, com um tiro certeiro na cabeça. Uma dessas duas vítimas, ao que tudo indica, seria Victório Sule, justamente o companheiro de Sabina, a quem ela pretendia salvar com a sua vã tentativa de "delação premiada". De acordo com o depoimento do liberto Gaspar da Silva Cunha, Victório "morreu fazendo a guerra em Guadalupe", informação reiterada pelo escravizado Agostinho, do Convento das Mercês. Como os corpos dos pretos não precisavam ser identificados nem recebiam cerimônias de sepultamento, com enterros precários em covas rasas e coletivas, ele simplesmente desapareceu após o primeiro ato dos rebeldes.

Outro personagem importante que sumiu de cena logo depois do início do movimento foi Manoel Calafate. O mestre teria sido alvejado, segundo depoimento do comerciante pardo João José Teixeira, vizinho do sobrado no qual se reuniram os revoltosos e que para lá se dirigiu ao término da confusão, a fim de melhor se informar sobre os fatos com os moradores dos andares de cima. De acordo com seu relato ao escrivão de polícia, "Alexandre José Fernandes lhe dissera que vira o preto Manoel Calafate subindo pela ladeira da Praça a cutilar um soldado, e depois tornara a entrar ferido para a mesma casa dos insurgentes". Essa descrição dos acontecimentos indica a possibilidade de que o alufá tenha morrido posteriormente, em decorrência dos ferimentos, ou fugido para o Recôncavo, apesar de debilitado, já que estabelecera uma rede de contatos com outros conspiradores da região. O fato é que seu nome não consta das listas de presos ou mortos elaboradas pelas autoridades ao longo do inquérito oficial.

Assim como Manoel Calafate, outros combatentes sofreram lesões logo de saída, algo praticamente inevitável em lutas corpo a corpo. E, ainda que tenham persistido na revolta, o fizeram com limitações. O mesmo vale para diversos integrantes da patrulha da Sé.

A situação dos homens da lei poderia ser bem mais dramática se todos os cerca de sessenta malês reunidos no porão tivessem corrido para a rua, no encalço de seus algozes. Porém, uma parte deles dirigiu-se para o quintal, pulando o muro de separação entre o sobrado da alameda da Praça e a casa de dois libertos nagôs, Joaquim de Matos e Ignácio de Limeira, situada na rua das Verônicas. Eles deixaram ali onze bainhas de espadas e de parnaíbas vazias, dentro de uma caixa – conforme constatou uma diligência policial na manhã seguinte. Em seguida, partiram em direção aos demais alvos previamente determinados pelos líderes, tentando chamar pelo caminho outros companheiros que ainda dormiam, aguardando o início da revolta só para o início da manhã.

Além disso, mesmo os malês que entraram em combate com a patrulha, aparentemente, não tinham o objetivo de permanecer naquele confronto até que o último adversário fosse eliminado. Estavam ansiosos para se desvencilhar desse embate inicial e deixar o quanto antes aquele local para também avisar os camaradas dos demais núcleos sobre a antecipação forçada do plano, bem como alcançar os pontos estratégicos combinados na véspera.

Assim que puderam bater em retirada, ignoraram os inimigos feridos, sem se preocupar em dizimá-los, o que facilitou o intento do comendador José Gonçalves Galião de se fingir de morto, por exemplo. A prioridade absoluta – e um dos principais motivos da rebelião – era tirar mestre Pacífico Licutan da prisão. Diante dessa premência, no momento de se dispersar, o grupo mais numeroso subiu diretamente a ladeira rumo à praça do Palácio (atualmente conhecida como praça Municipal, mas cujo nome oficial é Tomé de Sousa), localizada a poucos metros dali, onde ficava também a cadeia da cidade, no subsolo da Câmara Municipal (prédio preservado até hoje, ainda destinado aos vereadores de Salvador).

Nesse curto trajeto, foram fazendo barulho para causar efeito e intimidar possíveis reações dos vizinhos – como, por exemplo, do guarda nacional Luís Tavares de Macedo, que saiu à janela para conferir o que se passava na rua e, no mesmo instante, precisou recuar para preservar a cabeça. "Ouvira tiros e vozerios, pelo que correndo à janela para ver de onde era o rumor, vira um grupo de pretos africanos de barretes brancos e camisas grandes por cima das calças que, armados de espadas, se encaminhavam em direção à praça do Palácio", descreveria ele em seu depoimento. "E um pouco atrás desse grupo, vira um outro, também armado de espadas, que percebendo abrir ele, testemunha, a sua vidraça, pulou sobre ela lançando um golpe de espada sobre a cabeça dele, que felizmente evitou o golpe, recuando para dentro e largando a janela ou vidraça que tinha suspensa."

Depois do sobressalto, Luís Tavares não se atreveu a pôr os pés para fora de casa até que a situação se acalmasse – assim como ele próprio, pois tomara um susto tremendo. Tal como o padre Bernardino de Sena do Sacramento, "presbítero secular do hábito de São Pedro", conforme o escrivão o qualificaria na documentação do levante, que entrou em pânico ao ser despertado no início da madrugada. O pároco contou que pernoitava em uma residência ao lado do sobrado dos insurgidos, "quando acordara com os estampidos dos tiros que se deram, muito aproximados à casa em que se achava e, abrindo a janela para reconhecer o lugar em que eles haviam sido dados, vira então sair da casa de Domingos Marinho de Sá um grande grupo de africanos armados, que gritavam à maneira de sua terra e feriam desapiedadamente a tropa e paisanos que haviam acompanhado o juiz de paz na diligência, cujos gritos e lamentações o compungiam porque uns pediam as armas, outros queixavam-se das feridas recebidas". O padre não fez a menor questão de disfarçar a sua preocupação exclusiva com o bem-estar dos brancos que formavam as forças de repressão, sem se apiedar de pretos mortos e feridos.

Somente quando percebeu que os rumores e tiros já estavam distantes, e que os inimigos não lhe ofereciam perigo, Luís Tavares se arriscou a sair de casa para se incorporar à Guarda Nacional e reforçar a resistência aos africanos rebelados. Àquela altura, além dos malês que tentavam tomar a praça do Palácio, outros se espalhavam pela cidade. Do núcleo que se reunira na casa de Manoel Calafate, uma parte seguira pela rua dos

Capitães, outra pela rua da Ajuda, e uma terceira pela Pão de Ló. Sempre recebendo adesões ao longo dos percursos.

A libertação de Pacífico Licutan era peça-chave no plano. Não só para cumprir um dos propósitos centrais da rebelião e restituir a dignidade ao venerado mestre, mas também como prova de força que funcionaria como peça de propaganda para sinalizar o poder do movimento e atrair adeptos de última hora. Para aqueles que desejavam desafiar o sistema escravocrata e a sociedade branca, mas tinham dúvidas acerca da capacidade de mobilização dos mestres malês, com o temor de que na hora H poucos seguidores se dispusessem a tomar parte da insurreição e se tornassem presa fácil para as forças de repressão, o êxito na invasão da cadeia daria uma injeção de energia.

Outro trunfo para o êxito da rebelião seria a própria figura carismática do alufá, reconhecido como detentor de grande poder espiritual, a quem tanta gente recorria, até mesmo indo à sua procura na prisão, com a esperança de ser abençoada pela "baraca milagrosa" do líder religioso. A figura mística de Licutan, ainda mais se em liberdade, haveria de inspirar centenas de seguidores, fortalecer a fé dos que já sofriam as dores da árdua batalha e dar coragem aos indecisos. Era com isso que sonhavam os combatentes malês que se dirigiram à praça do Palácio, destemidamente, dispostos a enfrentar soldados, arrombar as portas da cadeia municipal e libertar o herói idealizado. Sem saber bem o que lhes aguardava.

CAPÍTULO 6

O cerco se fecha

Terminada a primeira batalha, em frente ao sobrado em que se concentravam os seguidores de Manoel Calafate, poucos passos separavam os guerreiros malês do seu destino imediato: a praça do Palácio. Lá se localizava o prédio da Câmara Municipal, em cujo subsolo ficavam as celas da cadeia da cidade, onde Pacífico Licutan encontrava-se preso. Os africanos chegaram ofegantes ao topo da ladeira, tanto pela luta encarniçada que haviam acabado de travar, como pelo esforço da subida até o centro do poder na Cidade Alta. Embora o trajeto fosse de duzentos metros, mais ou menos, era bastante íngreme para ser percorrido em uma corrida de alta intensidade, como fizeram. Ao desembocarem no largo, a brisa fresca vinda do mar, diretamente da Baía de Todos-os-Santos, que compunha o cenário na escuridão do horizonte, lhes trouxe uma lufada revigorante e os encheu de esperança.

Ao longo das semanas anteriores, integrantes da insurreição haviam circulado em frente ao casarão imponente que abriga até hoje a Câmara Municipal – atualmente, diante do famoso Elevador Lacerda, inaugurado em 1873, na sua versão original – a fim de observar o movimento local. Em suas disfarçadas passagens por ali, eles tinham avaliado o tamanho da guarda e a sua dinâmica de funcionamento em diversos horários, concluindo que encontrariam as sentinelas desmobilizadas ao amanhecer, quando pretendiam desencadear a rebelião. A rotina sem sobressaltos ao raiar de cada dia provocaria um relaxamento natural da vigilância e, dessa forma, seria possível surpreendê-la mais facilmente e invadir as dependências do edifício. Sobretudo durante a festa de Nossa Senhora da Guia, na Colina do Bonfim, que ajudaria a desviar as atenções – assim conjecturavam os rebeldes.

Só não contavam com a mudança brusca do horário combinado para o ataque, o que levou à diminuição considerável do número de rebelados inicialmente imaginado. De acordo com os seus planos, um enorme contingente de pretos, que já teriam sido arregimentados ao alvorecer, partiria em massa para tomar de assalto a cadeia e resgatar o mestre Pacífico Licutan. Durante a ação, os demais africanos ali detidos seriam igualmente libertados, o que engrossaria ainda mais a revolta. Porém, os últimos acontecimentos tinham alterado significativamente as condições idealizadas, e não restava outra alternativa a não ser se adaptar, com a cara e a coragem, mesmo contando com um agrupamento bem menor.

Os malês presentes se uniram, rogaram mais uma vez pela bênção de Alá e foram juntos em direção à porta de entrada, a fim de derrubá-la. Não se tratava de uma tarefa fácil. Evidentemente, era bem grossa e reforçada, afinal, tinha como objetivo proteger não só a entrada da Câmara, mas sobretudo o acesso à carceragem em seus porões. Com as primeiras batidas, iniciou-se uma correria do lado de dentro do prédio. As sentinelas de plantão, alvoroçadas, clamavam pela ajuda dos colegas que dormiam naquele momento. A algazarra acordou o carcereiro

Antônio Pereira de Almeida, que ali residia com a família. Ele se assustou com o intenso vaivém de guardas, afobados e apressados em pegar armas e munição para carregá-las. Segundo contaria em seu depoimento, ao indagar os guardas sobre o que acontecia àquela hora da madrugada, "estes lhe disseram que estavam carregando porque da parte da rua se tinha dado grandes empurrões no portão como para ser arrombado".

Enquanto os revoltosos se esforçavam para pôr o portão abaixo, expondo-se aos tiros que começavam a ser disparados lá de dentro pelos guardas da prisão, que se posicionavam nas janelas, do outro lado da praça os soldados que protegiam o Palácio do Governo também se mobilizavam. Estes, inclusive, já se encontravam de sobreaviso para uma possível investida dos africanos, pois tão logo a denúncia de Sabina e Guilhermina chegara às autoridades, o presidente da província, Francisco de Souza Martins, determinara que se reforçasse a segurança do palácio, temendo, inclusive, pela própria vida. Assim, o destacamento habitual se multiplicara, para infortúnio dos malês, cuja estratégia desmoronava a cada etapa da luta.

Logo os amotinados se viram no meio do fogo cruzado. Com dificuldade para arrombar a porta de entrada da Câmara, eles partiram para cima dos guardas do palácio, que se alinhavam em frente ao edifício formando um escudo humano. Apesar do combate desigual, em face de as forças oficiais usarem armas de fogo contra espadas e facas, os africanos conseguiram se aproximar e ferir alguns dos oponentes, em um enfrentamento corpo a corpo. Até mataram um deles, cuja carabina deve ter falhado, ficando no meio dos insurgentes.

A despeito da bravura dos guerreiros, não era mais possível resistir a tantos disparos de pistolas e espingardas. Não consta que tenha havido mortos entre os malês durante esse confronto, mas muitos deles se feriram gravemente e necessitaram da ajuda dos companheiros para fugir dali antes que acabassem liquidados pelos guardas. Arrastando-se pelo chão ou manquitolando com grande esforço, fragilizados por sangramentos abundantes, seriam alvo fácil para os inimigos se não batessem em retirada. Solidários, vários rebeldes se arriscaram ao voltar para socorrer as vítimas caídas e lhes dar apoio, às vezes até carregando-as, na impreterível debandada.

Alguns abandonaram o campo de batalha por conta própria, embora com muita dor e esforço. É o caso do hauçá Joaquim, remador de saveiro e escravo de Antônio Falcão. Ele levou um tiro na perna e, mesmo sem poder correr, conseguiu buscar esconderijo nos estaleiros da Preguiça, freguesia da Conceição da Praia, na região portuária de Salvador. Porém, deixou um rastro de sangue e acabou preso em poucas horas. Em seu depoimento, viu-se obrigado a confessar a participação no levante, pois não tinha explicação plausível para justificar o ferimento sofrido na noite fatídica.

Cada vez mais enfraquecidos, com tantas baixas e deserções, esses primeiros combatentes malês partiram em busca de reforços. Uma parte se dirigiu ao Terreiro de Jesus – hoje um dos principais pontos turísticos do Pelourinho –, de acordo com o relato do presidente da província. Porém, o maior grupo seguiu pela rua da Ajuda para se reunir no antigo largo do Teatro, atual praça Castro Alves, de frente mais uma vez para a Baía de Todos-os-Santos. Ali receberam novos adeptos, à medida que os demais parceiros, muitos deles já comprometidos com a rebelião, davam-se conta da antecipação do início da revolta. Dezenas de malês se apresentavam, na plenitude de suas forças, para revigorar o movimento e dar suporte aos camaradas feridos ou já um tanto desgastados. Eles despontavam pelas ruas estreitas que ali desembocavam, em diversos grupos, observados com preocupação por uma pequena companhia posicionada em frente ao teatro.

Assim que os rebelados voltaram a se organizar em número considerável e retomaram a luta, os oito integrantes da patrulha, que os vigiava de perto, foram os primeiros a ser atacados. Em menor número, os representantes da lei tiveram suas armas tomadas pelos malês e, com cinco deles feridos, fugiram para evitar o pior. Um detalhe digno de nota: os revoltosos poderiam facilmente ter massacrado esses inimigos, matando-os sem piedade, mas preferiram poupar a vida deles e deixá-los ir embora. Uma atitude que parece contrastar com a pretensa disposição deles de executar todos os brancos – sem falar nos criolos e cabras –, conforme consta de alguns depoimentos. Por tratar-se de homens que compunham as forças de repressão, fora algo incompreensível.

Reanimados por esse modesto triunfo, os rebeldes rumaram para o Quartel dos Guardas Permanentes, que ficava nas proximidades, e ali receberam mais companheiros. Houve tentativa de invasão do quartel, mas eles acabaram rechaçados a tiros pelo batalhão que montava guarda em frente ao prédio. O confronto, no entanto, foi acirrado, gerando tensão para os militares. Após a primeira descarga da artilharia, até que as armas fossem recarregadas, os policiais ficaram expostos e chegaram a ser atingidos por golpes dos africanos. Obrigados a recuar, apressaram-se em fechar o portão e buscar refúgio na fortificação para "resistir à fúria dos brutais invasores", de acordo com o relato do presidente da província. "Houve um combate aturado pelas janelas dos quartéis, do qual resultou a morte de alguns pretos, e o ferimento de alguns soldados", acrescentaria Francisco de Souza Martins, em sua descrição dos acontecimentos ao ministro da Justiça.

Diante das novas baixas, com mais malês mortos e outros que, feridos gravemente, viram-se incapacitados a continuar na batalha, era cada vez mais nítido que o enfrentamento das forças oficiais, munidas de armas de fogo, seria uma missão inglória. Impactados pelo drama dos colegas caídos e já descrentes na possibilidade de êxito, alguns rebeldes desertaram ali mesmo, às portas do Mosteiro de São Bento, que era vizinho ao quartel, e decidiram se esconder até que a situação se acalmasse – ou retornar para a casa de seus senhores, com o desafio adicional de disfarçar o envolvimento no levante.

Em número reduzido novamente, os remanescentes seguiram para a freguesia da Vitória, onde havia um grande núcleo malê comprometido com a revolta. A participação dos escravizados da comunidade britânica – talvez estimulados pelos comentários que ouviam na casa de seus próprios donos sobre a abolição da escravatura já consolidada na Inglaterra – foi maciça. Convictos de que seria fundamental reunir todos os insurgentes para se contrapor aos batalhões constituídos pelos brancos, aqueles pretos que se mantinham dispostos a prosseguir na luta até o final, custasse o que custasse, viam nessa manobra uma tábua de salvação. Porém, com a cidade já conflagrada, não seria tranquilo atravessá-la em direção ao sul.

Durante o percurso, eles resolveram fazer uma parada diante do Convento das Mercês para tomar fôlego, discutir estratégias e se reorganizar dentro da realidade cada vez mais dura que se apresentava. Alguns deles se sentiam em casa naquele local. Era o caso dos nagôs Francisco e Agostinho, escravizados das freiras ursulinas. Eles não só moravam no convento, como ainda abrigavam reuniões malês na sacristia, com jantares, confraternizações e cultos islâmicos em plena congregação católica. Francisco prestava serviços de pedreiro, além de capinar o terreno, enquanto Agostinho atuava como sacristão, com a incumbência de limpar e cuidar da igreja. Por dormir na sacristia, tinha livre trânsito, o que lhe permitia receber ali os amigos muçulmanos, principalmente da Vitória. Futuramente, no julgamento, tal sacrilégio se tornaria agravante para a definição das penas. Por isso, mesmo sem serem apontados como líderes do levante, ambos receberiam a punição de quinhentas chibatadas cada um.

Mas voltemos para a parada providencial nas Mercês, que seria interrompida antes do previsto. Os combatentes mal tiveram tempo para repor as energias, muito menos para encontrar soluções que pudessem trazer perspectivas melhores. Não demorou para que uma patrulha cruzasse com eles pelo caminho e desse início a mais uma batalha. Sem mais nada a perder nem como voltar atrás, os malês foram ao encontro dos inimigos com fúria redobrada. O sargento Tito Joaquim da Silva Machado, da Guarda Nacional, tombou morto após ser atacado a golpes de faca e espada. Assim como foram feridos outros soldados de artilharia, um deles com profundas lesões, o que impeliu o restante da tropa a correr em direção ao Forte de São Pedro, a apenas um quarteirão dali, em busca de abrigo.

Os pretos correram atrás dos oponentes, mas, após os policiais alcançarem o portão de entrada, a perseguição cessou. Escaldados pela experiência malsucedida na tentativa de invasão do Quartel dos Guardas Permanentes, já sabiam que uma nova investida estaria fadada ao fracasso. Assim, os guerreiros voltaram para o ponto de encontro em frente ao Convento das Mercês, para socorrer os feridos e esperar pela chegada dos camaradas da Vitória que, àquela altura, já tinham se reunido e rumavam para lá, guiados pelo barulho e por notícias levadas por companheiros que, sem condições físicas, haviam abandonado a luta.

No caminho até as Mercês, já próximos de se reunirem aos companheiros que iniciaram antes a revolta, os escravizados dos ingleses passaram em frente ao Forte de São Pedro com grande alvoroço, "aos gritos e imprecações", conforme definiria o cônsul britânico John Parkinson. Em alerta máximo pela aproximação anterior do outro grupo malê, que perseguira a patrulha da qual fazia parte o sargento Tito Joaquim até os seus portões, os soldados do Batalhão de Infantaria não perderam a chance de disparar contra os recém-chegados à batalha. Houve mais algumas baixas, como o nagô Pedro, escravo do médico inglês Robert Dundas, que sofreu fratura na perna ao ser alvejado. Mas o núcleo da Vitória era numeroso, e os rebeldes ganharam corpo e ânimo.

Com a reunião dos rebelados nas Mercês, pela primeira vez eles dispunham de centenas de guerreiros num mesmo lugar. Sentiam-se mais confiantes, e o rufar de um tambor, com batidas de ritmos ancestrais usados em guerras na África, encorajava-os a seguir adiante. Assim eles se dirigiram para o largo da Lapa, a fim de atacar o quartel de polícia. Os 32 guardas que se encontravam de plantão, perfilados diante do posto, foram surpreendidos pela quantidade de negros que partiram para cima deles. Mesmo munidos de armas de fogo, não puderam impedir a aproximação dos inimigos, que mataram dois policiais e feriram tantos outros. A muito custo, os homens da lei conseguiram recuar para o quartel e resistir a tiros à tentativa de invasão dos revoltosos.

Pelas vivências anteriores, com seus inimigos já protegidos pelos muros da edificação, os malês concluíram que não valia a pena insistir naquele alvo e bateram em retirada. Desceram a ladeira da Barroquinha – hoje ponto turístico, com a igreja de mesmo nome restaurada e o funcionamento de um centro cultural –, acessaram a rua da Ajuda e chegaram ao Terreiro de Jesus. Ali depararam-se com vinte guardas defronte ao antigo Colégio dos Jesuítas, dando origem a mais um combate, no qual morreram dois homens de cada lado. Uma das vítimas foi o soldado de artilharia Simpliciano Antônio de Oliveira, que, após ter executado dois africanos, segundo depoimento de sua mãe, viu-se atacado "por uma chusma de pretos", que "o massacraram e seviciaram, deixando-o, para bem dizer, todo picado". O crioulo Geraldo das Mercês, paisano que integrava a patrulha, também acabou abatido. Em menor número, os guardas restantes desistiram do enfrentamento e correram para se salvar.

Ao que tudo indica, naquele momento, os malês puseram em prática o plano de cruzar o centro da cidade, produzindo a maior desordem possível para provocar pânico na população e confundir as forças policiais. O objetivo era deixar a cidade rumo ao Cabrito, onde pretendiam se reunir com escravizados de engenhos próximos a Salvador. Nesse movimento errante, às voltas com as forças de repressão e novamente divididos em diferentes rotas, um desses grupos, com cerca de trinta rebelados, cruzou na Baixa dos Sapateiros com dois pardos, que foram mortos por uma dupla de rebeldes a golpes de espadas. Sem tempo a perder, eles só pensavam em se deslocar o mais rapidamente possível para se reforçar com as adesões esperadas entre os numerosos africanos da zona rural.

Mais uma vez, no entanto, a vida real iria se contrapor à estratégia imaginada pelos líderes malês. O próximo obstáculo seria o mais difícil e cruel de todos os enfrentados até então.

CAPÍTULO 7
Fim da linha

Como quase sempre acontece com os sonhos de liberdade vividos ao longo da história, no meio do caminho dos malês também tinha uma pedra. Ou muitas: um Quartel da Cavalaria inteiro, repleto de soldados fortemente armados, que ficava no percurso para a saída da cidade. Os rebelados não tinham a menor intenção de confrontá-los, inclusive já haviam encerrado a etapa de desafiar as forças policiais e provocar caos urbano. O objetivo agora era migrar para o campo e alcançar o Recôncavo, a fim de sublevar os cativos dos engenhos de cana-de-açúcar e das plantações de fumo, onde se encontrava a maior parte da mão de obra africana na Bahia – um número muito maior que os escravizados em Salvador. Só assim seria possível continuar a guerra contra os brancos, até então em vantagem graças à superioridade de seu arsenal bélico, e o plano de tomar o poder teria alguma chance de prosperar. Mas não existia rota alternativa para se chegar ao Cabrito, que seria o ponto de partida para as localidades rurais, sem passar diante da fortificação em Água de Meninos.

O chefe de polícia, Francisco Gonçalves Martins, havia chegado a esse quartel por volta das três da madrugada. Antes, ele estivera no Bonfim, o que o tornaria alvo de críticas de algumas figuras proeminentes, como o advogado mestiço Antônio Pereira Rebouças – um dos heróis da Independência e pai do célebre abolicionista André Rebouças. Pesava sobre Martins o fato de ter se ausentado da cidade em uma situação crítica, mesmo sabendo que uma rebelião estava prestes a estourar. Na visão dos detratores, como comandante das forças policiais, sua obrigação teria sido liderar de perto as ações, em vez de procrastinar o envolvimento direto na repressão. Devido à sua ausência, quando os revoltosos tomaram as ruas de Salvador, o comandante da Cavalaria, Francisco Teles Carvalhal, precisou enviar três emissários ao Bonfim para avisar Gonçalves Martins sobre a situação conturbada e fazê-lo retornar imediatamente.

Pouco depois da chegada do chefe de polícia ao quartel, o primeiro grupo de malês que para lá se dirigia foi avistado pelas sentinelas. Como tática de combate, os soldados e guardas nacionais se aquartelaram, fecharam os portões e assumiram posições estratégicas para atirar nos inimigos a uma distância segura, protegidos pelas muralhas. Ao mesmo tempo, formou-se uma linha de cavaleiros à frente da edificação, prontos para o ataque com montarias.

De acordo com o cálculo de Gonçalves Martins, entre cinquenta e sessenta africanos despontaram inicialmente em Água de Meninos – outros grupos ainda estavam a caminho, posto que eles haviam se dividido em diferentes trajetos. Os guerreiros pretendiam evitar o confronto, tentando esgueirar-se pela trilha ao pé do morro, na fronteira com o mar, para seguir pela estrada do Noviciado, em direção à Calçada, de onde rumariam para o Cabrito. Porém, as forças policiais tinham ordens de impedir sua passagem a qualquer custo. Desta vez, já mobilizadas, armadas e reforçadas por diversas divisões, o propósito era terminar com aquela aventura ali mesmo.

Antes que os malês pudessem se dar conta do tamanho do perigo, a artilharia apresentou suas armas com uma saraivada de tiros, que abateu alguns deles e colocou os demais para correr. Na sequência, a cavalaria entrou em ação, partindo para cima dos rebelados, atropelando-os com os cavalos, enquanto disparavam suas pistolas e os atingiam com golpes de espada. Muitos dos que eram alvejados, e caíam ao chão, acabavam pisoteados pelos cascos dos animais. Um verdadeiro massacre.

Em nítida vantagem, poucos policiais se feriram. Mas um deles foi o comandante Carvalhal, que se arriscou a sair do quartel para liderar os seus homens de perto. A pé na frente de batalha, entre uma palavra de ordem e outra, acabou golpeado pelos revoltosos e precisou se retirar da luta precocemente.

A essa altura, um novo grupo malê surgia em Água de Meninos e aderia à luta com o intuito de tentar equilibrar a disputa. Em vão. A superioridade bélica e numérica dos inimigos mostrava-se indiscutível. Mesmo assim, sem alternativa, muitos dos recém-chegados foram para o tudo ou nada, partindo para cima dos soldados montados, em uma atitude quase suicida. Já sabiam que não teriam escapatória e se dispunham a morrer com dignidade.

À medida que viam os companheiros serem dizimados, sem chance de sequer travar um combate, outra parte dos revoltosos buscava a fuga desesperadamente. Impedidos pela cavalaria de alcançar qualquer caminho de fuga, começaram a correr em direção aos matagais ou até mesmo a se lançar ao mar. Uma opção também arriscada. Vários deles acabaram por morrer afogados, em meio a ondas revoltas. Ou então foram liquidados por tiros disparados por marinheiros da fragata *Baiana*, que se encontrava nas proximidades, de prontidão, pois havia sido alertada, por ordem do presidente, desde o recebimento da denúncia de que ocorreria uma rebelião. O navio de guerra recebera a missão expressa de vigiar a costa para impedir que os revoltosos se apoderassem de embarcações ali ancoradas.

O alvorecer revelaria um cenário devastador para o sonho de liberdade dos malês. Quem percorresse o trajeto da Fonte do Xixi até o Quartel da Cavalaria iria se deparar com dezenove corpos de africanos, deixados no chão após o final do combate. Sem contar os que sucumbiram no mar e desapareceram levados pelas águas. O chefe de polícia contabilizaria cinquenta no total, mas seguramente esse número ficou acima de setenta, posto que alguns não resistiriam mais tarde aos graves ferimentos sofridos. Quanto aos sobreviventes, com base nos documentos produzidos durante a devassa, havia treze pretos feridos que foram presos em flagrante, durante a batalha final, e levados posteriormente a julgamento.

Com tantos corpos espalhados pela cidade, sobreveio uma espécie de pane funerária. Tanto por não darem conta de providenciar essa quantidade extraordinária de sepultamentos simultâneos, como pelo pouco caso e rancor em relação aos pretos revoltosos, os funcionários municipais os descartaram sem os devidos cuidados. Foram jogados em covas coletivas e rasas, em um cemitério improvisado no Campo da Pólvora, onde enterravam-se escravizados rejeitados por seus senhores. O serviço foi tão mal feito que provocou mau cheiro e incômodo entre os frequentadores da região, o que fez com que um vereador pedisse providências para que se evitassem problemas de saúde pública.

Um dos mortos foi enterrado sem a cabeça, que acabaria em posse da Universidade de Harvard, nos Estados Unidos, como peça do *Peabody Museu de Arqueologia e Etnologia*. Essa história veio à tona somente em 2022, quando um comitê da universidade recomendou a devolução dos restos humanos de indígenas e africanos escravizados, que integram seus acervos, aos descendentes ou às comunidades étnicas originárias. Tal ação faz parte das providências tomadas pela tradicional instituição de ensino como forma de se redimir e mitigar o desgaste provocado por acusações de posturas racistas e colonialistas no passado. Em 1836, o advogado norte-americano Gideon T. Snow, então em Salvador, enviou a cabeça "lindamente preparada", conforme sua própria avaliação, ao médico J. C. Howard, da Sociedade para o Aperfeiçoamento Médico de Boston, a fim de servir para pesquisas raciais. Onze anos mais tarde, ela chegaria a Harvard, após Howard ter vendido toda a sua coleção pessoal ao professor John Collins Warren. Essas informações foram publicadas em uma reportagem da jornalista Clarissa Pacheco no *Estadão*, em setembro de 2022, na qual a comunidade muçulmana e nigeriana na Bahia pleiteia o recebimento do crânio desse rebelde malê para que o ancestral possa ser contemplado, ainda que tardiamente, com os ritos fúnebres apropriados, segundo os preceitos da religião islâmica.

Centenas de malês foram sepultados em desacordo com as normas muçulmanas, algo grave para os seguidores da fé. No entanto, tantos outros fugiram do cerco policial, apesar da artilharia pesada dos guardas e soldados do quartel, além do ataque avassalador da cavalaria. É o caso do escravizado Domingos, que escapuliu a nado até o Pilar, assim como muitos companheiros dele que optaram por se embrenhar no mato e lograram escapar da persistente perseguição. Um dos raros representantes da nação bariba que participaram da rebelião, Domingos também acabaria preso, mas, segundo assegurou em seu depoimento, a maior parte de seus parceiros teria batido em retirada e conseguido deixar com vida Água de Meninos. Ainda mais difícil, no entanto, seria passarem ilesos pelas buscas e investigações policiais que se seguiram, com uma verdadeira caçada humana nos dias posteriores à revolta.

Há um relato do cônsul francês, Armand Jean-Baptiste Louis Marcescheau, de que uma parcela dos malês sobreviventes de Água de Meninos se dirigiu ao Engenho Conceição, a cerca de seis quilômetros. Depois de descansar no domingo, para recuperar forças e provavelmente amealhar mais alguns adeptos locais, eles partiram na noite do dia seguinte para o Engenho Novo, na mesma região, a apenas três quilômetros de distância. Tratava-se, talvez, de uma última tentativa de fazer o movimento prosperar com a paulatina adesão dos escravizados no campo. Porém, outra vez, a ação não seria bem-sucedida. Na versão do cônsul, eles não teriam avançado por sofrerem novo ataque das forças de repressão, que continuavam de prontidão, e após um combate acirrado, no qual vários patrulheiros também se feriram, o confronto terminaria com cerca de quarenta revoltosos mortos. Segundo essa narrativa, alguns malês novamente fugiram pelos vastos matagais – mas ficavam cada vez mais fragilizados, tanto pelo número reduzido como por suas precárias condições físicas.

O fato de essa batalha citada pelo cônsul francês, em um comunicado a seu governo, não dispor de registro em relatórios oficiais das autoridades baianas suscita dúvidas sobre sua existência. O historiador João José Reis, estudioso do assunto e autor da obra *Rebelião escrava no Brasil – A história do levante dos malês em 1835*, uma das principais fontes consultadas para este livro, faz tal ressalva. Ao mesmo tempo, ele levanta a hipótese de que essa informação tenha sido deliberadamente escondida para não provocar ainda mais pânico na população de Salvador, já bastante traumatizada com os acontecimentos da madrugada do dia 25 de janeiro. De qualquer forma, por carecer de comprovação documental e pela possibilidade de Marcescheau ter tomado como verdadeiro um dos tantos boatos que circulavam por Salvador na ocasião, Reis prefere considerar a batalha de Água de Meninos como a definitiva.

Depois disso, ainda pipocaram dois ataques malês em Salvador ao amanhecer de domingo, entre cinco e seis horas, ou seja, no horário inicialmente previsto. É difícil acreditar que esses remanescentes ignorassem por completo a antecipação forçada do levante e seu trágico desfecho àquela altura, tendo acordado crentes de que estariam a iniciar as ações e, em breve, encontrariam os seus pares para surpreender o povo soteropolitano ao raiar do sol – conforme combinado na véspera. Com toda a confusão que se instaurara na cidade, horas antes, e os rumores que circulavam em cada esquina, parece impossível que tivessem o sono tão pesado e ainda fossem distraídos a ponto de não perceber que havia algo errado. Muito mais factível é que se tratasse de sobreviventes dispostos a se lançar no "folguedo" derradeiro, ainda inconformados com o fracasso e já sem nada a perder por saberem que as punições viriam irremediavelmente com violência. Uma típica ação camicase.

Dessa forma, seis escravizados do comerciante João Francisco Ratis incendiaram a casa do proprietário e seguiram para Água de Meninos. Acabaram executados sumariamente, sem que se possa considerar tal ato de desatino como mais uma batalha. Um desses africanos, que carregava faca, punhal, espada e um caderno com escrituras em árabe, seria posteriormente apontado como um dos cabeças da rebelião. Algo bastante discutível, posto que a simples posse desse material, no entender das autoridades, já configurava prova cabal de liderança.

Também há o relato de um incidente ocorrido no Julião, na Cidade Baixa, por volta das seis da manhã, feito pelo inspetor do 11º Quarteirão da Conceição da Praia. Ele escreveu que um "grupo de oito a dez negros com não usadas vestimentas, e armados, lançando-se furiosos sobre uns guardas, que ali se achavam, foram repelidos e desse resultado ficou um morto e os mais correram, perseguidos pelos guardas e mais pessoas". Não se sabe se esses escravizados eram os mesmos de Ratis ou se formavam uma outra frente.

Decerto, a rebelião malê dava os seus últimos suspiros. Nos dias que se seguiram, surgiram vários boatos de que rebeldes fugidos de Salvador organizavam novas investidas em diversas localidades do Recôncavo. Nenhuma delas se confirmou. Talvez tenham sido abortadas em face das precauções tomadas pelas guardas locais, em geral dotadas de parcos recursos, com armas precárias e pouca munição, mas por isso mesmo apoiadas pela população branca – às vezes ainda com o reforço de crioulos e mulatos, que também se sentiam ameaçados pela nova ordem tramada pelos africanos. O mais provável, contudo, é que essas denúncias não passassem de "fantasmas" criados pela imaginação fértil de um povo aterrorizado pelo risco de uma revolução racial, como a do Haiti. Porquanto não deveria ser tarefa fácil arregimentar novos rebeldes com as notícias das derrotas sangrentas sofridas em Salvador e dos castigos cruéis que se sucederam.

Sem dúvida, a grandeza do movimento dependia sobremaneira do sucesso de sua explosão inicial. Quanto mais impacto tivesse essa primeira impressão deixada pelos insurgentes, maior seria a possibilidade de contagiar os demais africanos com o ideal libertário e encorajá-los a entrar na luta, ainda que não fizessem parte dos restritos núcleos malês. Nesse sentido, um tempo mais amplo para estender os círculos sociais – por meio de celebrações e reuniões para passar os ensinamentos islâmicos – resultaria em um importante efeito multiplicador. Afinal, o estudo da língua árabe e o processo de alfabetização já atraíam, por si só, o interesse dos africanos, uma vez que lhes conferiam respeitabilidade e um status superior entre os seus pares. Uma indicação disso pode ser encontrada no depoimento do carregador de cadeira Carlos, que negou envolvimento no levante, embora Conrado, um outro escravizado pelo mesmo senhor, tivesse participado: "Os nagôs que sabem ler e sócios da insurreição nem davam a mão a apertar, nem tratavam bem aos que não o eram, chamando-os por desprezo gaveré". O vocábulo "gaveré" não consta dos dicionários, tendo sido possivelmente fruto do mau entendimento por parte do escrivão de algum termo iorubá, com certeza depreciativo. O historiador João José Reis considera a hipótese de que se trate de uma corruptela de "kaferi", que significa pagão.

Independentemente da denúncia que pôs os inimigos em alerta, antecipou as ações e desmontou logo de saída a estratégia planejada, mais uma vez vale ressaltar que o curto espaço de tempo para organizar uma insurreição tão arriscada sugere precipitação. Talvez provocada pela fé cega de que Alá lhes daria proteção durante a celebração sagrada do Lailat al-Qadr, a Noite da Glória. Bem como pelas insuportáveis humilhações a que vinham sendo submetidos, especialmente as impostas a seus mestres Ahuna e Pacífico Licutan, como já descrito. Mas também outros ultrajes pessoais, no cotidiano de cada um, podem ter contribuído para esse açodamento que se revelaria fatal.

Em 1835, de acordo com projeções feitas a partir de um censo realizado em 1807, viviam na capital baiana cerca de 65.500 pessoas – portanto, levando-se em conta a participação de 600 revoltosos, conclui-se que houve o envolvimento de 0,91% dos soteropolitanos. Não é pouca coisa. Só para se ter uma ideia, a título de comparação, a população de Salvador estimada pelo IBGE, em 2022, gira em torno de 2,418 milhões de pessoas. Então, proporcionalmente, se a revolta ocorresse nos tempos atuais, haveria a mobilização de uma multidão de mais de 22 mil rebelados. Por essa medida, pode-se imaginar o nível de apreensão dos habitantes da província. Porém, a despeito de a quantidade de insurgentes ter sido considerável, suficiente para colocar Salvador de pernas para o ar, seria necessário bem mais do que isso para viabilizar a tomada de poder na Bahia e sustentar a nova ordem por, pelo menos, um período de tempo que valesse a pena arriscar tantas vidas.

O número de potenciais revoltosos era muito maior que o daqueles que efetivamente aderiram ao movimento. Pelos cálculos do historiador João José Reis, haveria cerca de 27.500 escravizados na Salvador de 1835, ou seja, mais de 40% da população. Os africanos somavam cerca de 22 mil, representando 33,6% dos habitantes. Entre eles, mais de 17 mil estavam em condição de escravidão – os demais eram libertos, porém a maioria vivia em situação econômica precária, além de continuar a enfrentar discriminações e humilhações diárias. Tanto assim que ficou comprovada a participação de alforriados no levante, embora em menor número do que os cativos, submetidos aos horrores da servidão.

Nesse caldo social propício a insatisfações e conspirações, os nagôs – nação que, comprovadamente, protagonizou a revolta, respondendo por 76% dos presos – já se impunham como majoritários entre os africanos. Naquele momento, representavam de 32% a 35%, e nos anos seguintes aumentariam ainda mais essa proporção, chegando a alcançar, em meados do século XIX, a marca de 80% dos escravizados na Bahia vindos da África.

O tráfico de escravizados negros seguia a pleno vapor, e os recém-chegados mostravam-se ainda mais resistentes à escravidão. Haviam sobrevivido a uma viagem transatlântica cruel e insalubre, que anualmente produzia milhares de mortos, atirados ao mar para ser devorados por tubarões, à vista de seus companheiros acorrentados e cada vez mais tomados pelo desespero. Submetidos a maus-tratos, alimentação repugnante e insuficiente, péssimas condições de higiene e expostos a doenças infectocontagiosas, muitos tentavam o suicídio antes de chegar a seu destino. Após suportar tudo isso, ao desembarcar no Brasil, os africanos estavam fracos e traumatizados, além de inconformados com uma vida de trabalhos forçados sob a chibata, sem perspectiva de experimentar qualquer prazer ou felicidade.

Em sua maior parte, ao descer dos navios negreiros, esses cativos eram enviados para suprir a demanda dos engenhos de cana-de-açúcar, que também apresentavam alta taxa de mortalidade e precisavam repor constantemente a mão de obra. Eles não faziam, portanto, parte do universo da "sociedade malê", composta por africanos de Salvador, que exerciam serviços urbanos, moravam havia mais tempo na nova terra e já tinham desenvolvido alguma relação social com seus pares – mesmo que tênue, em consequência das limitações impostas pela falta de liberdade. Uma condição importante, é certo, para a existência de certa cumplicidade entre os participantes. No entanto, para que o plano de se contrapor ao sistema escravocrata dos brancos tivesse alguma possibilidade de sucesso, seria necessário incluir, mais cedo ou mais tarde, os escravizados no Recôncavo.

As conexões dos mestres Ahuna, Manoel Calafate e Elesbão do Carmo (ou Dandará) com escravizados de Santo Amaro e outras vilas rurais, bem como a vinda de cativos de lá para engrossar o início da rebelião em Salvador, sugerem que um projeto nesse sentido já estava em andamento. Resta saber qual a sua abrangência. Se incluísse apenas muçulmanos já solidamente convertidos, não surtiria o efeito esperado de ampliar, de maneira significativa, o número de guerreiros a ponto de fazer frente aos dominadores. Por todas as evidências deixadas, a despeito de os líderes serem alufás malês, a natureza da rebelião foi bem mais ampla. Dispunha-se a contemplar a identidade africana, acima de tudo, conforme pode-se verificar a partir do perfil de alguns dos envolvidos que tinham pouca ou nenhuma intimidade com o islamismo.

A fé religiosa destinava-se a ser um dos pontos de convergência dos expatriados e um instrumento de conforto espiritual aos escravizados, em sua vida rude e solitária em terra estranha. Uma forma também de desenvolver laços e construir uma rede capaz de ampliar os limites da "sociedade malê", mas sem uma imposição fanática que levasse à divisão. Uma questão intrincada que merece ser aprofundada. Até que ponto a devoção muçulmana pode definir os contornos dessa revolta escrava?

CAPÍTULO 8

Jihad ou não, eis a questão

As raízes islâmicas da revolta de 1835, liderada por mestres muçulmanos, levam muita gente a interpretá-la como um jihad – como são chamadas as "guerras santas" contra os infiéis e inimigos do Islã. A escolha de uma data com significado religioso, o Lailat al-Qadr, no final do Ramadã, assim como o uso de abadás brancos e barretes na cabeça por grande parte dos revoltosos, reforça essa impressão. Junte-se a isso o extenso histórico de povos seguidores do Alcorão de conquistar territórios para imposição de sua fé e conversão forçada dos integrantes dessas outras nações – inclusive na África, de onde muitos negros vieram na condição de escravizados em decorrência exatamente desses conflitos – e tem-se um quadro sugestivo para dar sustentação a essa tese. Por tal raciocínio, os malês teriam reproduzido, na Bahia, uma tradição bélico-religiosa amplamente difundida em seu continente de origem. Mas há outros aspectos a se considerar.

Em primeiro lugar, os malês que já tinham se aprofundado na prática do islamismo eram relativamente poucos. Mesmo entre aqueles que frequentavam com assiduidade as reuniões e cultos professados pelos mestres, havia muitos ainda em período de iniciação, dando os primeiros passos no aprendizado da língua árabe e no estudo do Alcorão. Portanto, não dominavam todos os dogmas, tampouco seguiam com rigidez seus princípios, a ponto de se lançarem em uma guerra – de consequências presumivelmente trágicas – movidos pela determinação de impor sua crença sobre os demais.

Especialmente os nagôs, cuja maioria tinha o candomblé de orixás como religião originária, não pareciam afeitos a uma ação de fanatismo desse tipo. Os seus representantes islamizados se dedicavam, ainda, a um trabalho de conversão dos indivíduos de seu próprio povo, o que tornaria despropositada a ideia de um jihad. Em outras palavras, seria um salto maior do que as próprias pernas.

Por ser um dos precursores dos estudos da cultura negra no Brasil, tido por muitos como fundador da antropologia brasileira, o médico e escritor Raimundo Nina Rodrigues (1862-1906) é responsável pela difusão da ideia de que se tratasse de um movimento, acima de tudo, religioso. Apesar de não ter empregado especificamente a palavra "jihad" em seus textos, ele vai nesse sentido ao ressaltar a suposta intenção dos malês de combater os católicos brancos e crioulos, assim como os africanos fetichistas. Acabou, assim, por influenciar outros especialistas, como Pierre Verger e Arthur Ramos, por exemplo, que ajudaram a propagar essa mesma visão. Uma hipótese que não encontra respaldo nos documentos da devassa tornados públicos e nos acontecimentos em si.

Vale ressaltar que os nagôs convertidos comumente eram vistos com certa desconfiança – para não dizer desprezo – pelos hauçás, grupo étnico com tradição muçulmana muito mais consolidada. Tanto assim que poucos hauçás participaram da rebelião. De fato, eles nem gostavam de ser chamados de "malês", um termo iorubá que passou a ser empregado no Brasil para designar africanos muçulmanos em geral, apesar de os hauçás se autodenominarem "mussulmis". Durante a devassa, 32 deles chegaram a ser detidos, o que corresponde a 11% dos presos. Quase todos eram libertos, e a maioria acabou inocentada ao final das investigações. Somente dois foram indiciados no processo, e apenas um deles confessou ter tomado parte da revolta. "Uma das razões para ter sido assim é que os hauçás se consideravam vindos de uma sociedade muçulmana mais robusta, onde o islamismo era mais antigo, e praticado de maneira mais ortodoxa", explica o historiador João José Reis, que proferiu uma palestra virtual no dia 25 de janeiro de 2021, aniversário de 186 anos da Revolta dos Malês, a convite do Movimento Negro Unificado (MNU).

Curiosamente, muitos desses hauçás haviam chegado como escravizados em decorrência de um jihad em suas terras. Vinham do norte da atual Nigéria, vítimas da "guerra santa" decretada em 1804 pelo xeque fulani Usman dan Fodio contra reinos hauçás que ele também julgava negligentes em relação à ortodoxia islâmica. Dan Fodio não admitia que governantes muçulmanos fossem lenientes com seus súditos em relação a rituais considerados "pagãos", relativos ao *bori*, com cultos sincréticos de possessão espiritual e curandeirismo, que misturavam a religião hauçá original com o islamismo. Não tolerava ainda uma outra prática corrente na região: a escravização de outros povos muçulmanos – o que é proibido pelos ditames do Alcorão. O conflito estourou em Gobir, onde Dan Fodio liderava uma rígida comunidade fundamentalista, na vila de Degel. Ele era visto como uma ameaça ao governo do rei Yunfa, que chegara a mandar matar – sem sucesso – o oponente, já prevendo que teria problemas com as pregações cada vez mais radicais e contestadoras do xeque.

Outros grupos fulanis aderiram ao jihad, além de diversas tribos da região, assim como uma parte dos próprios hauçás – aqueles que seguiam mais estritamente os preceitos do islamismo ou então que estavam insatisfeitos com suas condições de vida e o autoritarismo do *sarkin*, denominação dada ao rei. Seguiram-se cerca de quatro anos de combates até o triunfo absoluto de Dan Fodio sobre os inimigos iniciais, quando então ele já havia estendido seus domínios para outros reinos vizinhos, dando origem ao Califado de Sokoto. Com esse poderoso Estado islâmico em expansão, a "guerra santa" se alastraria ainda para outras nações, chegando inclusive a Borno e Oyó. Mesmo após a morte de Dan Fodio, em 1817, as batalhas continuaram sob o comando de seu filho, Muhammad Bello, produzindo uma enorme quantidade de combatentes capturados e escravizados, de ambos os lados, que em parte eram vendidos para os traficantes que os traziam para o Brasil.

Em território baiano, sob novas circunstâncias e sujeitos à escravidão comum, a despeito da existência pontual de algumas inimizades inconciliáveis, verificou-se a união de hauçás que na África lutavam em lados opostos. Guerreiros experientes que iriam inaugurar uma longa série de rebeliões na Bahia do século XIX – o que às vezes gera certa confusão, induzindo à ideia equivocada de que foram eles também os maiores responsáveis pela Revolta dos Malês. Nesse caso específico, como já dito, verifica-se a predominância nagô. Embora existam pesquisadores que atribuem relevância hauçá inclusive à concepção desse levante, sobretudo pela atuação do mestre Dandará, ou Elesbão do Carmo.

"Essa diversidade dos escravizados na Bahia proporciona conexões que em África não seriam possíveis entre grupos rivais.

Alguns estudiosos colocam que é a condição social do sujeito que vai permitir alianças, em um entendimento que vem da escola de Thompson", explica o historiador Clissio Santana, coordenador da Biblioteca Virtual Consuelo Pondé, da Fundação Pedro Calmon, na Bahia, referindo-se ao britânico Edward Palmer Thompson, autor de *A formação da classe operária inglesa* e *A miséria da teoria*, entre outras obras. Os escritos de Thompson influenciaram a historiografia da escravidão no Brasil, que, a partir da década de 1980, passou a observar a experiência e o protagonismo dos africanos e seus descendentes na História Social Brasileira.

A persistente sequência de revoltas e conspirações escravas baianas, com mais de trinta eventos de maior ou menor magnitude na primeira metade do século XIX, demonstra um inconformismo latente, sempre prestes a explodir. O arquiteto e pesquisador Zulu Araújo, ex-presidente da Fundação Cultural Palmares e diretor-geral da Fundação Pedro Calmon, chama a atenção para essa tendência e aponta uma origem mais remota. "A Revolta dos Malês não está solta no ar, não é um episódio pitoresco, inusitado, na história da Bahia e do Brasil. Do ponto de vista histórico, a principal influência vem da Revolução do Haiti, ainda no final do século XVIII, na qual se apresenta pela primeira vez a possibilidade de os escravizados derrotarem os seus senhores", destaca.

Zulu Araújo estabelece, ainda, uma ligação direta dessas notícias que chegavam ao porto de Salvador com a Revolta dos Búzios (também chamada de Conjuração Baiana ou Revolta dos Alfaiates), que, embora não tenha sido uma rebelião de escravizados, pregava a abolição da escravatura, além de outras ideias trazidas pela Revolução Francesa, de 1789, como a igualdade de todos perante a lei. "É tão forte essa manifestação, que em

1798, aqui na Bahia, a Revolta dos Búzios acontece tendo como premissa os três elementos que continham os princípios do Iluminismo: liberdade, igualdade e fraternidade", pontua. Aliás, ironicamente, os próprios rebeldes haitianos também haviam se inspirado nos lemas da Revolução Francesa, que os colonizadores se recusavam a estender para os negros escravizados da colônia.

Quando cidadãos baianos são tocados por esses novos ventos e começam a conspirar para a Revolta dos Búzios, com propostas que incluíam ainda a independência da Bahia, a proclamação da República, a liberdade de comércio e a redução de impostos, a Coroa portuguesa percebe o risco de uma ruptura irreversível, caso o movimento ganhasse terreno. Assim, 49 pessoas tiveram a prisão decretada, com 33 delas encarceradas até o final do processo. Há relatos de tortura, além da execução de quatro líderes pardos, que foram enforcados e esquartejados: os soldados Lucas Dantas de Amorim Torres e Luís Gonzaga das Virgens e Veiga, o alfaiate João de Deus do Nascimento e o aprendiz de alfaiate Manoel Faustino dos Santos Lira. "A Revolta dos Búzios é dizimada com uma violência inaudita na história do Brasil, o que revela o receio que a elite portuguesa escravocrata tinha da chamada onda negra, com as rebeliões que estavam ocorrendo, a partir do Haiti, nos espaços onde a escravidão se fazia presente", afirma Zulu Araújo.

Segundo o pesquisador baiano, essa ebulição vai desembocar nas revoltas escravas do século XIX. Vale, portanto, oferecer aqui uma visão panorâmica de algumas dessas insurreições que antecederam a dos malês, para se compreender o contexto em que a de 1835 foi produzida.

Em 1807, em seu primeiro levante significativo, os hauçás arquitetaram uma organização complexa e ambiciosa, que, se não tivesse sido prejudicada por uma delação, certamente acarretaria sérios problemas para o então governador da capitania da Bahia, o austero João de Saldanha da Gama Mello e Torres Guedes de Brito, mais conhecido pelo título de conde da Ponte do que pelo pomposo e extenso sobrenome.

Concebido para ser posto em prática no dia 28 de maio, em meio aos cultos de Corpus Christi em Salvador, o plano consistia inicialmente em colocar fogo na Casa da Alfândega, local de transição dos escravizados na chegada ao Brasil e que lhes provocava, portanto, lembranças traumáticas. O mesmo seria feito com uma igreja no bairro de Nazaré, o que pode sinalizar a intenção de um jihad. Sem dúvida, havia forte componente religioso e muito rancor envolvido, pois, assim que desembarcavam no "novo mundo", desconhecido e hostil, eram rebatizados com um nome cristão, uma prática que visava a lhes tirar a identidade, sacramentando a transformação de homens livres em escravizados. Da mesma forma, viam-se obrigados a renegar a religião de origem – no caso desses hauçás revoltosos, o islamismo – para se converter ao catolicismo. Ou seja, abraçar a crença dos senhores brancos, uma religião que não lhes oferecia qualquer conforto espiritual e ainda se mostrava conivente com a escravidão, inclusive fazendo uso de cativos e dando legitimidade divina às perversões e horrores da servidão.

Além do efeito "terapêutico" e libertador de destruir dois símbolos de sua desventura na terra inóspita, essas ações tinham como objetivo provocar correria na cidade, que se mobilizaria para apagar os incêndios, e distrair as forças policiais. Se conseguissem concretizá-las, os revoltosos iriam se juntar a outros escravizados no Recôncavo e iniciar a batalha em si. Esperavam contar com reforços de africanos de outras nações para voltar a Salvador e tomar o poder, com o apoio inclusive de crioulos e mulatos, pretensamente aliados nesse primeiro momento, para cumprir o intento de executar os brancos por envenenamento. Em mais um acerto de contas, as imagens santas das igrejas seriam destinadas à fogueira, e o líder deles assumiria, então, como governante e chefe religioso.

Ainda de acordo com o roteiro idealizado, após dominar Salvador e boa extensão do Recôncavo, eles rumariam para Pernambuco, a fim de libertar outros hauçás lá escravizados e fundar um novo reino. A partir daí, crioulos e mestiços, que até então haviam lutado lado a lado, passariam à condição de escravizados. Há também uma versão sustentada por Eduardo de Caldas Britto, autor de *Levantes de pretos na Bahia*, publicado em 1903, de que os hauçás pretendiam se apoderar de navios ancorados no porto baiano e retornar para o continente africano. Talvez esse fosse o objetivo de alguns dos rebelados, não de todos.

Com o intuito de viabilizar o plano de sublevação, havia-se articulado uma extensa rede de contatos, com a designação de um representante – tratado como "capitão", dentro da hierarquia revolucionária – em cada freguesia da cidade. Eles teriam a incumbência de se relacionar com os demais escravizados, conquistar sua confiança e recrutá-los para a luta que se avizinhava. Nessa sofisticada estrutura, ainda fora nomeado um "embaixador", Antônio José Ricardo, o único liberto entre os conspiradores. Em posição proeminente, tinha a função de receber os cabeças do movimento em sua casa para discutir estratégias e depois compartilhar as resoluções com os camaradas cativos nas vilas do Recôncavo, valendo-se de sua liberdade para circular e do ofício de vendedor ambulante.

Essa meticulosa engenharia insurrecional acabaria implodida pela fidelidade de um escravizado a seu senhor, que, ao ser avisado sobre o que estava sendo tramado, seis dias antes da data prevista para eclodir a rebelião, tratou de repassar a informação ao conde da Ponte. Em um comunicado à Corte portuguesa, posteriormente, o governador se regozijaria por ter dissimulado as providências tomadas para prender os rebeldes, enquanto assistia calmamente à procissão do Corpo de Deus, "sem que transpirasse, nem desse a conhecer a menor sombra do que ideava". Ao final daquela tarde, a repressão seria deflagrada. Ao invadir a casa em que se reuniam os líderes, as forças policiais apreenderam centenas de flechas, varas para arcos, facas, pistolas e espingardas, dando início à busca dos envolvidos.

As penas mais duras couberam ao "embaixador" Antônio José Ricardo e ao escravizado Balthazar, apontados como as principais figuras do movimento. Entretanto, há a suspeita da existência de um líder máximo cuja identidade teria sido preservada, tanto pela fidelidade dos seguidores mais próximos, que não o denunciaram, como pela precaução dele de não se expor ao contato e até mesmo ao conhecimento de participantes de menor expressão que pudessem em algum momento delatá-lo. Primeiramente condenada à morte, a dupla teve em seguida a pena abrandada. Mas apenas Balthazar acabaria cumprindo a condenação de mil chibatadas em praça pública e o subsequente desterro para Angola, onde ficaria preso e submetido a trabalhos forçados. Já Antônio, poupado da sentença de açoites por ser liberto, deveria receber a mesma punição imposta ao companheiro no exílio, além do pagamento de 600 mil-réis. Porém, ele nunca seria capturado. A despeito dos esforços empenhados pelo conde da Ponte, que determinou inúmeras diligências para encontrá-lo, tanto na capital como em diversas vilas do Recôncavo, o "embaixador" se embrenhou pelos rincões baianos e sumiu de vista.

Outros escravizados condenados não tiveram a mesma sorte. Quatro deles receberam quinhentos açoites, sendo vendidos ao final das sessões de tortura e enviados para longe da Bahia. Assim como sete rebeldes levaram trezentas chibatadas cada um. O governo ainda tomaria medidas duras para prevenir futuras rebeliões, como a proibição de qualquer reunião de africanos em Salvador e a limitação das viagens de libertos para o Recôncavo. A partir dali, constantemente, os alforriados passariam a ser abordados por policiais para justificar os seus deslocamentos pela região.

Os decretos repressivos do conde da Ponte logo se mostrariam inúteis para dissuadir os africanos de se rebelarem. Um ano e sete meses mais tarde, uma nova revolta surgiu, em 4 de janeiro de 1809, quando verificou-se uma fuga em massa de escravizados em Salvador. Pela documentação oficial deixada, não é possível quantificar o número de rebelados que abandonaram a capital para se encontrar com uma outra leva de fugitivos, que em 26 de dezembro do ano anterior escapara de engenhos nas proximidades da capital. Eles se reuniram às margens do rio da Prata, a cerca de 54 quilômetros da cidade, e foram combatidos por uma tropa de soldados enviada pelo conde da Ponte.

De acordo com o relatório do governador, entre mortos em combate e presos, havia 83 homens e doze mulheres, totalizando 95 rebeldes – quantidade que seria recalculada para 89 em um documento posterior, desta vez sem menção ao sexo dos acusados. A despeito da imprecisão dos números oficiais, pode-se ter uma ideia do contingente considerável de revoltosos, que ainda contava com tantos outros que se sublevaram, simultaneamente, nas cercanias da vila de Nazaré das Farinhas. Nessa localidade, após embate com as forças policiais, foram registradas 23 prisões de escravizados. Porém, boa parte deles escapou do cerco e debandou-se pelos matagais ao redor. Em seguida, dividiram-se em bandos menores, para passar mais facilmente despercebidos e, já em março, teriam promovido uma série de saques, ataques e assassinatos em propriedades rurais de algumas vilas, como Feira de Santana, por exemplo. Esses casos isolados, ocorridos cerca de dois meses após a rebelião, seriam tratados como acontecimentos à parte e, por isso, os presos receberiam sentenças particulares, desvinculadas do processo que julgaria os participantes do movimento de janeiro.

Em retaliação, mais uma vez, o conde da Ponte lançou mão dos mesmos remédios amargos usados anteriormente, aumentando ainda mais a dose, que já era bastante elevada. Além da manutenção da proibição de reuniões e celebrações religiosas dos africanos, houve decretação do toque de recolher ao anoitecer para os escravizados, que só poderiam circular no período noturno em posse de uma autorização assinada por seu proprietário. Nessa mesma linha repressiva estimulada pelo governante, um juiz de Maragogipe cerceou especialmente os escravos de ganho, obrigados a voltar a morar na casa de seus senhores – caso contrário, poderiam ser presos e chicoteados. Para reforçar a decisão, o magistrado impôs multa aos locatários e hospedarias que continuassem a alugar quartos para os cativos.

No entanto, essa política de mão de ferro imposta pelo conde da Ponte estava prestes a terminar. Ele morreria em 24 de maio de 1809, menos de cinco meses depois da rebelião, sem sequer concluir o processo de investigação e punição dos insurgentes. Com a sua ausência, o inquérito e o julgamento se tornaram morosos e, somente em agosto de 1810, saiu a decisão judicial, que surpreendentemente não condenou os envolvidos pelo crime de conspiração – pelo fato de não terem sido apreendidas armas, tampouco mensagens que comprovassem a disposição de formar uma organização para guerrear contra os brancos e tomar o poder. Com base nas provas colhidas, houve o entendimento de que os escravizados somente haviam tentado escapar da servidão.

Nem por isso os castigos foram brandos para os que se rebelaram em Salvador, condenados a levar duzentas chibatadas no Pelourinho e ter a pele marcada com a letra "F", de fugitivo, a ferro quente. Depois de torturados, seriam vendidos para outra capitania a fim de acabar com as conexões já estabelecidas com os demais companheiros de cativeiro e afastar o risco de futuras mobilizações conspiratórias. Os presos em Nazaré tiveram melhor sorte: foram simplesmente vendidos para fora, livrando-se da violência dos açoites e das terríveis queimaduras no corpo.

Começaria, então, uma nova era na Bahia sob o governo de dom Marcos de Noronha e Brito, o conde dos Arcos, que permaneceria oito anos no poder. Suas ideias em relação ao tratamento que deveria ser dispensado aos escravizados, em grande medida, eram opostas às de seu antecessor. Ao invés de cobrar dos senhores maior rigidez no controle dos cativos e de reprimir qualquer agrupamento social ou manifestação religiosa dos africanos, ele entendia ser melhor lhes fazer algumas concessões. Em sua avaliação, as condições sub-humanas de moradia e de alimentação, o excesso de carga de trabalho, a ausência de convívio social e de diversão nos momentos de folga, bem como a proibição de seus cultos, tornavam a vida deles insuportável e fomentavam as contínuas revoltas. Uma mudança e tanto de pensamento.

O relaxamento na repressão oficial à cultura africana, com a possibilidade da realização de celebrações eventuais e de cerimônias religiosas, deu um respiro aos pretos, até então sufocados pelas autoridades baianas, mas não mudou substancialmente a vida dos cativos. Em primeiro lugar, porque eles continuavam submetidos à disciplina e aos humores de seus proprietários, com tratamentos ainda muito desiguais. Havia senhores mais perversos, que faziam uso de castigos brutais e mantinham seus escravizados em rotinas de trabalho extenuantes, nas mesmas condições sub-humanas de higiene e de alimentação que eram criticadas pelo conde dos Arcos. Como governador, ele não tinha o poder de transformar a realidade particular de cada um. Além disso, mesmo aqueles servos cujos donos eram mais benevolentes prosseguiam sob regime de escravidão, o que por si só já configurava uma indignidade, com o qual nenhum povo haveria de se conformar. Portanto, esperar que as rebeliões simplesmente deixassem de existir seria ingenuidade.

Sobreveio, no entanto, uma "trégua", com relativa calmaria nos primeiros quatro anos de governo do conde dos Arcos. Beneficiado pelos efeitos positivos da vinda da família real portuguesa para o Brasil, em 1808, e a consequente abertura dos portos às nações amigas, o que quebrou o monopólio do comércio, até então feito exclusivamente com Portugal, o governador da Bahia teve sua administração marcada pelo desenvolvimento econômico. Ele aproveitou para entregar obras de impacto, como o Passeio Público, em 1810, e a Biblioteca Pública, inaugurada em 13 de maio de 1811 – um dia antes da circulação do primeiro número do jornal *Idade d'Ouro do Brazil*, que, embora fosse fruto da iniciativa privada, de propriedade do português Manuel Antônio da Silva Serva, só pôde se concretizar graças ao apoio do governante. Dois meses depois, houve a fundação da Casa do Comércio, atual Associação Comercial da Bahia, para incrementar os negócios.

A paz do conde dos Arcos só seria quebrada em 1814, logo no início do ano, e de forma dramática. Em um período no qual gozava de prestígio popular em consequência de suas obras, teve de enfrentar uma fuga em massa de escravizados na capital, com duração de vários dias, pois os primeiros a escapar com êxito estimulavam os demais a fazer o mesmo, em um movimento crescente que colocava em xeque o futuro da sociedade escravocrata.

Os fugitivos reuniram-se em um quilombo nas cercanias da cidade e, no dia 28 de fevereiro, cerca de duzentos deles atacaram armações de pesca de baleia no litoral norte de Salvador, onde ganharam adesões de pescadores cativos, já cooptados em contatos estabelecidos anteriormente. Nesse arrastão, que também atingiu o vilarejo de Itapuã, várias pessoas foram mortas – não só brancos e mulatos, mas também outros escravizados que saíram em defesa dos senhores ou se negaram a aderir à revolta.

Rumo ao Recôncavo, os insurgentes atearam fogo em casas, depósitos e plantações pelos quais passaram ao longo do percurso. Porém, não conseguiram chegar a seu destino e cumprir o plano de incorporar os africanos dos engenhos – sempre peças fundamentais no tabuleiro de uma guerra contra o sistema escravista. Nas proximidades de Santo Amaro de Ipitanga, às margens do rio Joanes, depararam-se com uma milícia enviada pela Casa da Torre, propriedade da tradicional família Pires de Carvalho e Albuquerque, que dispunha de uma poderosa guarda particular, frequentemente acionada para apoiar as ações da Coroa e do governo baiano, posto que os interesses quase sempre coincidiam. Com o providencial reforço de moradores da região, igualmente armados, os milicianos foram liderados pelo major Manoel da Rocha Lima. Eles também receberam apoio de uma tropa comandada pelo cabo Domingos Gomes da Costa, da polícia de Itapuã, para fechar o cerco aos revoltosos, em sua maioria hauçás, como nas vezes anteriores.

O conde dos Arcos enviara ainda trinta soldados da cavalaria e infantaria, que nem precisaram entrar em combate, em face de as milícias terem tomado a dianteira. Em uma batalha novamente desigual, armados apenas de instrumentos usados nos trabalhos no campo, como facas, foices e machados, além de alguns arcos e flechas produzidos por eles mesmos, às pressas para a rebelião, os africanos resistiram por menos de uma hora à saraivada de tiros disparada pelos oponentes.

Não há dados precisos sobre o número de insurgentes que tombaram às margens do rio Joanes, até porque alguns deles se afogaram e foram levados pela correnteza, na tentativa desesperada de escapar. De acordo com a estimativa do governador, cinquenta negros morreram no local, o que ele classificou como "grande carnagem", tendo inclusive advertido o major Manoel da Rocha Lima pelo exagero no uso de armas de fogo e pela violência empregada contra inimigos que não poderiam oferecer resistência à altura.

Tal postura levou um grupo de fazendeiros e negociantes baianos a enviar uma petição à Corte no Rio de Janeiro para reclamar da brandura e permissividade do conde dos Arcos em relação aos escravizados. Nessa correspondência, fala-se em mais de cinquenta pessoas mortas pelos rebelados, entre as quais mulheres e crianças, além de mais de 150 casas incendiadas. Porém, esses números podem ter sido inflados com o intuito de causar maior impacto no príncipe regente Dom João e seus conselheiros mais próximos. Segundo o acórdão judicial – peça que detalha os acontecimentos, a participação de cada envolvido e as respectivas penas –, os rebeldes assassinaram quatorze pessoas, além de outras que ficaram feridas e faleceram tempos depois em decorrência das lesões, mas que não foram quantificadas. Da mesma forma, o documento oficial contabiliza oitenta casas incendiadas, entre as quais barracões nas armações de pesca de baleias e outros depósitos comerciais.

De acordo com as investigações, o principal líder da revolta teria sido João Malomi, que comandava um quilombo no Sangradouro, então uma região afastada, nos arredores de Salvador, atualmente o bairro do Matatu de Brotas. O termo "malomi", incorporado a seu nome pelo escrivão, parece ser uma derivação baiana de "malami", que significa sacerdote muçulmano na língua hauçá. A missão de pregador islâmico e sua indiscutível ascendência sobre os demais integrantes, assim como o fato de ter morrido em combate às margens do rio Joanes, ressaltam o componente religioso do movimento, mas não excluem os demais fatores para a revolta. Sobretudo a insatisfação com as precárias condições de vida, motivo suficiente para atrair representantes de outras nações, embora em menor número, como nagôs, tapas e baribas, que provavelmente professavam cultos diversos ou ainda engatinhavam no processo de conversão ao islamismo.

Outro personagem proeminente, que servia como elo entre os aquilombados de João Malomi e os escravizados que trabalhavam em Salvador, no Recôncavo e nas ilhas da Baía de Todos-os-Santos, foi identificado no acórdão como Francisco Cidade. Era um escravo de ganho – condição que lhe conferia maior amplitude de circulação – responsável por levantar recursos e amealhar mantimentos para abastecer o quilombo. Figura carismática, ele organizava celebrações com coreografias africanas e outorgava títulos de nobreza a seus pares, como "Duque da Ilha", por exemplo, atribuído a um certo David durante uma visita a Itaparica. Por isso, ele recebeu a designação de "presidente das danças de sua Nação, seu protetor e agente" na documentação oficial. Durante os ataques às armações de pesca de baleias, os rebeldes também gritavam vivas a seu "rei", talvez em referência ao próprio Francisco Cidade, que ficou na retaguarda e não esteve presente durante os combates.

Já fazia parte da cultura africana na Bahia a realização de cerimônias de coroação de reis e rainhas negros, com a indicação dos nobres que integrariam a corte. Às vezes, elas aconteciam até em liturgias afrocatólicas verificadas em irmandades como a da Igreja Nossa Senhora do Rosário dos Pretos. Uma encenação tolerada por uma parte dos senhores, que a encaravam como uma fantasia sem consequências, mas que havia sido proibida pelo conde da Ponte durante seu governo, entre 1805 e 1809. Após a morte dele, no entanto, com a ascensão do conde dos Arcos ao poder, festas desse tipo voltaram a ser permitidas e, aparentemente, os hauçás fizeram uso delas para estabelecer a hierarquia de uma corte paralela, acalentando o sonho de transformar a ilusão em realidade. Diante disso, a parcela dos proprietários de escravos que se incomodavam com essas coroações não perdeu a oportunidade de reclamar de sua liberação pelo governador, na petição endereçada à Corte portuguesa no Rio de Janeiro.

Na revolta de 1814, nota-se também a participação de algumas mulheres, algo pouco habitual nesse tipo de levante. Inclusive, uma das condenadas, a liberta Francisca, apontada como "amásia" de Francisco Cidade, ostentava o título de "rainha". Além de viajar ao lado do "rei" para as vilas do Recôncavo e ilhas próximas, onde eram feitas celebrações e concessões de títulos de nobreza entre os africanos, ela guardava, em sua casa, armas e outros instrumentos que seriam usados na luta. Por sua relevância e evidente protagonismo, ela seria condenada à morte, assim como Francisco e outros cinco indivíduos considerados líderes. A pena inicial determinava que eles deveriam ser enforcados na praça da Piedade e, na sequência, ter a cabeça decepada e exibida em locais públicos onde haviam cometido seus crimes, até que a ação natural do tempo lhes desse cabo.

O "rei" e a "rainha", ironicamente, acabariam salvos por uma carta régia, que sugeria comedimento no derramamento de sangue. Ambos tiveram as penas comutadas para a de açoites seguidos por desterro – ele com prisão perpétua em Benguela; ela enviada para Angola. Embora ambos fossem apontados como líderes do movimento, pesou a favor deles o fato de não terem participado diretamente dos ataques.

Um outro condenado à morte, João Alasam – vendido por seu senhor para o Maranhão tão logo começara a devassa, a fim de evitar o prejuízo de ter o escravizado tomado pela Justiça –, também conseguiu que a sentença fosse modificada para açoites e degredo para as galés de Moçambique, onde ficaria obrigado a servir até o final dos seus dias. Não há informação a respeito do seu destino, se teria sido localizado no Maranhão para o cumprimento da punição.

Os outros quatro sentenciados à pena capital não tiveram perdão, diante de provas incontestáveis de que haviam matado pessoas durante o levante. Os hauçás Antônio e Sebastião, o nagô Vitorino e um certo Caio, de nação não especificada, foram enforcados na praça da Piedade no dia 21 de novembro de 1814. Coube a eles servir de exemplo aos demais africanos, da pior maneira possível, para lhes incutir o terror e dissuadi-los de se envolver em futuras conspirações.

No total, foram julgadas 52 pessoas, com 39 condenações a penas diversas e treze absolvições. Nos castigos de açoite, determinavam-se centenas de chicotadas, em geral entre cem e quinhentas, quase sempre seguidas de desterro. A aplicação das chibatadas se dava em uma solenidade tétrica, na qual os condenados eram conduzidos pelas ruas amarrados com o baraço – a corda com laço usada nos enforcamentos – até a praça da Piedade, onde davam três voltas ao redor da forca para sentir o quanto estiveram próximos da execução. Dali seguiam para receber a surra no Pelourinho, com um pregoeiro proclamando os crimes cometidos e os castigos de cada um, ao som das batidas graves e compassadas de um tambor.

Mais uma vez, a severidade das penas e todos os aparatos destinados a espalhar medo na população escravizada não foram capazes de mantê-la submissa e conformada com a sua condição de servidão. Tanto assim que logo no mês seguinte houve outra rebelião hauçá, desta vez no Iguape, no Recôncavo. Há relatos de incêndios na região e de um plano para tomar Maragogipe, a partir de um núcleo rebelde instalado no Engenho da Ponta. No entanto, a pronta reação das forças oficiais e das milícias, que cercaram a região e prenderam três libertos acusados de articular o movimento em cumplicidade com escravizados dos engenhos, inibiu a iniciativa antes que ela pudesse se alastrar e tomar vulto.

As conspirações continuavam a se suceder, de qualquer modo, em um perigoso cenário para os senhores e o governo baianos. Em maio de 1814, mais uma delação causou apreensão entre as autoridades, fazendeiros e negociantes. A informação era de que sobreviventes da rebelião de fevereiro haviam se juntado em um quilombo nos arredores de Salvador e se preparavam para retomar a guerra, com apoio de escravos de ganho da cidade, que lhes forneciam alimentos, armas e até dinheiro, conseguido com o trabalho urbano. Surgiram rumores de que a liderança estaria a cargo novamente de João Malomi, até então dado como morto durante a batalha de fevereiro. O seu reaparecimento jamais foi confirmado.

Para se apurar a real extensão do perigo, infiltraram-se escravizados comprometidos com seus senhores para espionar as ações dos rebeldes. Segundo o relato deles, estavam sendo preparados arcos e flechas, com a colaboração de um ferreiro, que vinha produzindo pontas de metal para torná-las mais mortais. Cientes da desigualdade de forças, que ficou evidente no embate anterior, desta vez eles já teriam até pólvora armazenada, reserva que ainda seria abastecida no dia da revolta, marcada para a noite de São João, com a invasão da própria Casa da Pólvora. As informações trazidas pelos espiões eram recebidas com certa desconfiança, pois eles poderiam inventar fatos para ressaltar sua importância e assim fazer por merecer a esperada recompensa, a principal delas, a alforria prometida. Porém, foram achadas varas para confecção de arcos e pontas de flecha de ferro escondidas nos matagais, o que reforçava a veracidade das delações – ou pelo menos de parte delas.

Uma das questões mais preocupantes trazidas pelos infiltrados referia-se a uma composição dos hauçás com outros grupos étnicos africanos, em uma escala inédita, inclusive com a adesão de crioulos, mulatos e até mesmo indígenas. Uma unificação de forças que, caso se concretizasse, poderia tornar o sistema escravocrata insustentável. Mas nada disso aconteceu. Talvez por terem percebido que as autoridades tinham tomado conhecimento do seu plano, os escravizados não o colocaram em prática. Como não houve rebelião, apenas a suposta intenção, o conde dos Arcos minimizou a questão e não foram feitas prisões. Nem era de seu interesse deixar a população apreensiva inutilmente, muito menos dar munição a seus críticos, que o acusavam de propiciar o surgimento de revoltas com a liberalidade de sua administração.

Dois anos mais tarde, os hauçás voltariam a aterrorizar a sociedade branca na Bahia. No dia 12 de fevereiro de 1816, ao final de uma festa popular, escravizados de Santo Amaro e São

Francisco do Conde decidiram estender a "diversão" pelas ruas e propriedades rurais mais próximas. Ao longo de quatro dias, eles incendiaram casas, engenhos e canaviais. Saquearam e mataram quem quer que cruzasse o seu caminho. Foram mais de noventa horas de pavor para os senhores e suas famílias, recolhidas nas casas-grandes, sob vigilância de improvisadas guardas particulares, com medo de uma invasão iminente.

Os africanos seriam barrados, mais uma vez, por milícias – incluindo algumas formadas por escravizados fiéis a seus donos. O comando da operação esteve a cargo do coronel de milícia Jerônimo Fiúza Barreto, ele mesmo vítima da revolta, como proprietário do Engenho Quibaca, um dos que haviam sido incendiados. Com o triunfo sobre os rebelados, cerca de trinta presos foram levados a julgamento em Salvador.

Traumatizados com a experiência de sentirem-se vulneráveis dentro dos próprios domínios, os senhores de engenho mantiveram em alerta as suas guardas pessoais, que passariam a cometer frequentes abusos em patrulhas preventivas pelo Recôncavo. Mesmo sem autoridade constituída, interpelavam de forma violenta negros libertos que por ali circulavam, muitos dos quais nada tinham a ver com a rebelião e eram brutalmente agredidos, às vezes assassinados, em ações clandestinas e fora da lei – um componente a mais para provocar revolta entre os africanos.

Como de costume, medidas drásticas sobrevieram, desta vez por iniciativa direta dos donos de engenhos, que se reuniram no dia 27 de fevereiro em São Francisco do Conde para discutir a situação. As propostas mais radicais, como o enforcamento imediato de todo escravizado que se mostrasse rebelde, acabaram descartadas por ferirem os interesses econômicos da maioria. Mas dali saíram outras sugestões para serem apresentadas ao governador, como a que obrigava os senhores a castigar com 150 chibatadas os seus escravos que fossem flagrados nas ruas sem autorização por escrito. O rancor e o desejo de vingança eram tamanhos que uma das ideias aprovadas determinava que todos os negros – inclusive livres – ficariam proibidos de sentar-se na presença de um branco.

A rebelião de 1816 foi o último levante significativo antes do movimento pela Independência, que no princípio deixaria dividida a elite baiana, com o dilema de preservar as relações já estabelecidas com a Corte portuguesa ou aventurar-se no projeto de uma monarquia própria. A partir do momento em que os grandes proprietários se decidiram pelo apoio à coroação de dom Pedro como rei do Brasil e à ruptura com os colonizadores, destinando recursos para a guerra contra os lusitanos, que duraria de fevereiro de 1822 a junho de 1823, houve o despertar de um forte sentimento de nacionalismo no país e o florescimento crescente de ideais de liberdade. Uma expectativa que abarcaria também os escravizados, esperançosos de que a união contra o inimigo externo comum, bem como a nova ordem política a ser implantada, resultasse em uma sociedade mais igualitária e na extinção da escravidão. Algo que não estava nem remotamente nos planos dos senhores de engenho e demais detentores do poder econômico, nem sequer no horizonte de uma sociedade profundamente estruturada no trabalho cativo. Uma nova fonte de insatisfação e conflito começava a surgir.

CAPÍTULO 9

Escravos donos de escravos

As bases da produção e da economia brasileiras estavam tão assentadas na exploração do trabalho cativo que surgiam situações aparentemente contraditórias, incongruentes, como a existência de alguns escravizados que se tornavam proprietários de outros escravizados. Isso pode parecer um disparate, causar estranhamento nos dias de hoje e levar a um juízo de valor que condene moralmente esses negros que infligiam a seus semelhantes a mesma indignidade da qual eram vítimas. Porém, essa seria uma visão deformada, por se debruçar sobre o passado com olhos do presente. A escravidão estruturava a sociedade colonial no século XIX – tendo continuado assim mesmo após a Independência –, e os indivíduos que faziam parte dela eram impelidos a se adaptar ao sistema vigente e seguir as regras do jogo que lhes eram impostas.

Vale lembrar que a escravidão acompanha a humanidade desde os seus primórdios. Uma rápida passagem pela História revela a sua existência nas mais remotas e diversas civilizações, podendo ser encontrada nas cidades-estados da Mesopotâmia, passando pelo Antigo Egito, Império Romano, Grécia Antiga,

China Imperial, assim como esteve presente na América pré-colombiana, entre maias, astecas e incas. Os vikings europeus faziam do comércio escravo uma de suas principais atividades econômicas. Também aparece na Bíblia, no livro do Gênesis, com o relato da venda de José, filho de Jacó, pelos seus próprios irmãos. A depender das circunstâncias e da cultura de cada povo, os escravizados podiam ser prisioneiros de guerra, criminosos transformados em cativos como castigo ou mesmo alguém que não conseguia pagar uma dívida e se submetia à servidão como forma de saldá-la. Seja como for, o fato é que a escravidão aparece como uma cicatriz cravada na trajetória humana por todo o planeta.

A noção de que essa seria uma prática inadmissível só começaria a ganhar relevância no final do século XVIII, com o surgimento do movimento abolicionista inglês e a sua repercussão internacional – embora o primeiro país a proibir a servidão tenha sido a Dinamarca, por meio de lei promulgada em 1792, mas que entraria em vigor somente em 1803. A abolição da escravatura acabou aprovada pelo Parlamento britânico apenas em 1833 e demoraria décadas para se espalhar por outras nações – a despeito da pressão da Inglaterra nesse sentido, preocupada em não ficar em desvantagem em relação a concorrentes comerciais que ainda usavam mão de obra escrava e, em tese, poderiam se beneficiar de um custo de produção menor. O Brasil resistiu o máximo que pôde e carrega o estigma de ter sido o último país das Américas a fazer a abolição, em 1888.

Pelo longo período em que vicejou e por ser recorrente entre diversos povos, a exploração do trabalho escravo já atingiu indivíduos de todas as raças e variados grupos étnicos, muito antes de ser diretamente associada aos negros africanos. A própria palavra "escravo" provém de "eslavo", povo indo-europeu de tez branca, olhos predominantemente azuis e cabelos louros, subjugado em grande número por germanos e bizantinos na Europa Central durante a Idade Média. Seus descendentes atuais são russos, bielo-russos, ucranianos, búlgaros, sérvios, croatas, macedônios, eslovenos, tchecos, eslovacos, poloneses e lusácios (da região oriental da Alemanha).

Nada se compara, entretanto, à tragédia vivida pelos africanos a partir da ocupação de partes de seu continente pelos europeus no final do século xv e início do xvi. Vistos como mão de obra farta e lucrativa para impulsionar o desenvolvimento das principais potências da Europa – notadamente Inglaterra, Portugal, Espanha, França e Holanda –, então com projetos de colonização expansionistas em curso, acabaram sendo brutalmente tirados de suas terras. Apartados de sua gente, foram enviados acorrentados em porões de navios nauseabundos, durante viagens que duravam, em média, de quarenta a setenta dias, para a exploração de sua força de trabalho da maneira mais cruel possível. Mesmo outros povos europeus que não estavam envolvidos diretamente na colonização das Américas, como alemães, italianos, dinamarqueses e suecos, também tiveram participação no tráfico negreiro, encarando-o como uma oportunidade comercial como outra qualquer.

Com a insaciável demanda europeia e a pressão para que se aumentasse a oferta de homens e mulheres à venda, a escravidão alcançou uma dimensão nunca vista. As experiências anteriores nesse sentido tinham abrangência muito menor, destinando-se principalmente a prisioneiros de guerra em embates localizados – ou então em consequência de punições individuais. A partir da instituição do tráfico sistemático e ultramarino de escravizados negros, que durou mais de três séculos, milhões de seres humanos foram subjugados em condições às vezes piores que a de animais. Só o Brasil recebeu quase 5 milhões de africanos, de um total de 12,5 milhões remetidos para as Américas. A sedução de chefes de nações africanas, que recebiam tecidos, vinho, tabaco, cavalos, ferro para a confecção de armas, entre outros produtos a que normalmente não teriam acesso, em troca de cativos, estimulou a busca incessante por novos prisioneiros. A escravização deixaria de ser circunstancial, decorrente de conflitos regionais, para se tornar um negócio de exportação, um objetivo em si mesmo.

Um novo componente foi acrescentado ao drama da escravidão: a questão racial. Por suas características étnicas particulares, tão diferentes do padrão europeu – desde aspectos físicos, como a textura do cabelo e a cor da pele, até as religiões e os costumes –, os negros sofreram um processo de desumanização. Um toque de perversidade em uma condição já degradante, o que aumentou a violência, a carga de trabalho e os horrores da servidão. Esse olhar de superioridade e arrogância dos dominadores, com requintes de crueldade ao menosprezar os atributos físicos e intelectuais dos africanos, não raramente alvos de deboches preconceituosos, deixou marcas indeléveis na sociedade brasileira, que até hoje tem o racismo como uma de suas marcas estruturais.

Se o cativeiro não se apresentava como uma novidade para os povos africanos, posto que as frequentes guerras tribais produziam não só escravizados provenientes das nações vencidas, mas também indivíduos capturados por rivais durante deslocamentos pelos territórios, eles descobriram nas Américas uma forma de martírio jamais experimentada. Os escravos na África tinham semelhanças físicas e culturais com seus senhores e muitas vezes eram assimilados por suas famílias, em relações que com o tempo podiam proporcionar alguma ascensão social.

Embora a maioria desempenhasse funções subalternas, há casos de cativos que tiveram suas aptidões reconhecidas e se tornaram capatazes de fazendas, comandantes de guardas e até conselheiros de soberanos.

Nesse aspecto, a escravidão no Brasil oferecia muito menos chances de mobilidade e transformação. Fora os raríssimos casos de alforrias concedidas por indulgência dos senhores, quase sempre em benefício de mulheres ou crianças nascidas de relações clandestinas, restava aos cativos a possibilidade de comprar sua liberdade com os rendimentos obtidos como escravos de ganho. E ainda assim a vida dos libertos, de uma maneira geral, continuava duríssima. Nem era fácil alcançar essa condição. Havia grandes variações em relação ao valor das diárias que deveriam ser pagas aos senhores. A fixação dessa quantia dependia do tipo de serviço executado, pois algumas atividades tinham remuneração maior que outras, além dos demais fatores que podiam influenciar a produtividade, como a idade e o vigor físico do escravizado. Até mesmo a ganância ou a benevolência do proprietário, ao instituir a féria obrigatória, precisam ser levadas em conta. Porém, uma coisa é certa: a necessidade de se trabalhar exaustivamente durante anos para juntar dinheiro suficiente para a libertação.

Para se ter uma ideia, segundo levantamento da historiadora Maria José de Souza Andrade, autora de *A mão de obra escrava em Salvador*, um carregador de cadeiras, em 1847, tinha que pagar 400 réis por dia a seu senhor. Como o rendimento diário desse tipo de profissional girava em torno de 640 réis, ao final do expediente, lhe restaria como lucro pessoal apenas 240 réis, do qual ainda precisava descontar todas as suas despesas, incluindo alimentação e moradia, pois normalmente deixavam a casa de seus donos para gozar de alguma autonomia. Os proprietários também costumavam propor esse tipo de arranjo para se livrarem do custo de manutenção do escravizado e assim embolsarem a diária sem qualquer gasto para sustentá-lo. Muitos deles, inclusive, viviam na região rural do Recôncavo e enviavam seus cativos para a capital, onde o comércio de rua se desenvolvia.

Nessas circunstâncias, um escravo de ganho demorava, em média, de nove a dez anos para reunir dinheiro para a compra da alforria, enquanto o senhor reavia o investimento feito na aquisição do cativo em pouco mais de três anos. Ou seja, teria entre seis e sete anos para usufruir do retorno financeiro. Era um negócio tão disseminado entre a população que se transformara em um sonho de consumo compartilhado por praticamente todos os cidadãos livres, inclusive pobres, ansiosos por uma fonte de renda relativamente segura.

De acordo com uma amostragem de 395 inventários de mortos em Salvador na primeira metade do século XIX, reunidos pela historiadora Kátia Mattoso em pesquisa no Arquivo Público da Bahia (APEB) – e mais tarde repassada ao colega João José Reis –, em apenas 13% dos inventários não constava a posse de ao menos um escravizado. Vale ressaltar que esse universo se refere a cidadãos que deixaram algum bem a herdeiros, desde ricos negociantes e poderosos donos de engenho até gente mais humilde, como artesãos, lavradores, taverneiros, funcionários públicos e militares, por exemplo. A maior parte, 65%, possuía até dez escravizados, ou seja, era formada por pequenos proprietários. Observa-se que todos os artesãos dessa lista dispunham de pelo menos um cativo, sendo que dois deles, mais bem-sucedidos, registraram a posse de mais de dez.

Chama a atenção que, entre os 25 africanos libertos que integram essa amostragem, só quatro não possuíssem escravos. Isso reflete a engrenagem econômica da época, na qual a exploração do trabalho dos cativos se destacava como uma das mais importantes fontes de renda. Muitos baianos se sustentavam exclusivamente com as diárias que seus escravizados lhes pagavam no ganho ou com o aluguel dos seus serviços a terceiros. Por isso, quanto maior o número deles, mais confortável o padrão de vida. Quem dependesse dos recursos proporcionados por apenas um escravizado teria que subsistir com o estritamente essencial.

Nesse contexto, não é de se estranhar que um escravizado, assim que conseguisse comprar a alforria, passasse a economizar para adquirir o seu próprio escravo. Assim girava a roda que todos queriam pôr em movimento. Mais raro era ver negros ainda na condição de cativos possuírem, eles mesmos, outro escravizado. Porém, até isso acontecia. Alguns pretos que viviam do ganho e não haviam ainda juntado dinheiro suficiente para se libertar – mas tinham reservas com as quais podiam pagar por um jovem africano recém-chegado, ainda sem habilidades específicas – viam nessa transação uma oportunidade de abreviar o tempo de espera. Eles treinavam o aprendiz para executar o serviço que desempenhavam e depois o ofereciam ao senhor em troca da liberdade.

Foi o que fez o hauçá Luís Raimundo Nunes de Barros, que chegou a ser preso em 1835. Depois de ter trabalhado treze anos como balconista, cuidando da contabilidade de tabernas para três donos distintos, conseguiu comprar a alforria em 1828, pelo valor total de 340 mil-réis. Pagou apenas 40 mil-réis em dinheiro e deu "seu moleque", um jovem escravizado que ensinara como aprendiz, para completar a quantia pedida por seu último proprietário. Quando estourou a Revolta dos Malês, já livre, Raimundo se sustentava como vendedor de tecidos. Pegava as peças em consignação com negociantes brancos, que lhe confiavam os produtos sob a condição de receberem o pagamento após as vendas serem efetuadas, e viajava para o Recôncavo em busca de clientes. Talvez os constantes deslocamentos tenham levantado suspeita das autoridades, embora não haja indícios de sua participação no levante.

A casa na qual Raimundo morava com outros dois comerciantes hauçás, os também libertos Rufino João Portugal e Miguel, foi invadida em 26 de janeiro, um dia depois da rebelião, pelo inspetor Gonçalo Thomas d'Aquino e um grupo de guardas. Nada que os incriminasse pôde ser encontrado após uma revista minuciosa no humilde imóvel localizado na rua de Baixo, na freguesia de São Pedro. Na ausência de armas, amuletos malês ou papéis escritos em árabe, o inspetor pretendia liberar os três moradores, mas os guardas, talvez ainda tomados pela emoção dos acontecimentos da véspera e sedentos por vingança contra os africanos, decidiram levá-los para a prisão no Forte do Mar. Assim como seus parceiros, Raimundo acabaria inocentado ao final dos interrogatórios, o que não impediria que fosse posteriormente deportado para a África, junto com os demais.

Entre aqueles que efetivamente participaram do levante de 1835, existe somente um registro de ex-escravizado proprietário de um cativo. Dono do congo José, o liberto nagô Gaspar da Silva Cunha recebia em sua residência reuniões malês presididas pelo mestre Luís Sanin, na rua da Oração, bem perto do sobrado de Manoel Calafate. Gaspar dividia a casa com o amigo Belchior da Silva Cunha, que apresentava o mesmo sobrenome herdado do antigo proprietário de ambos, Manoel da Silva Cunha, um procedimento comum na época. Os dois viviam com suas companheiras, Teresa e Agostinha, além de José e da escravizada Marcelina, locatária de um quarto no imóvel. Todos foram presos pelas forças policiais, que chegaram no momento em que

Gaspar, carinhosamente, preparava mingau para Teresa, acamada por enfermidade.

Pelos depoimentos, conclui-se que Gaspar e Belchior eram recém-convertidos ao islamismo, embora seja recomendável analisar com cautela as declarações dadas nos interrogatórios, já que a maioria procurava mostrar-se inocente ou, pelo menos, distanciar-se do núcleo central do movimento. De qualquer forma, assim como afirmou que "não entrava na reza por ser principiante", Gaspar também disse que o parceiro Belchior não sabia ler em árabe porque começara a aprender a nova língua havia apenas dois meses. Da mesma maneira, eles só teriam sido informados da rebelião na véspera, o que os afastava de um eventual papel de liderança. Pode realmente ter sido assim, já que as versões dos envolvidos convergem, e interessava aos mestres malês manter em sigilo a data exata da insurreição para evitar vazamentos indesejáveis.

Por sua vez, José sustentou que não tomava parte das reuniões organizadas na casa devido à sua condição de escravizado. Algo que por si só não seria um impeditivo, posto que até mesmo o mestre Luís Sanin, que comandava celebrações e pregações, seguia na condição de cativo, tal qual outros alufás. Mas talvez não houvesse essa integração, de fato, por Gaspar e o próprio José não se sentirem confortáveis em abrir mão da hierarquia que se impunha naturalmente entre senhor e escravizado. Seria estranho conspirarem juntos por uma nova ordem destinada a acabar com o cativeiro dos rebeldes. O fato de José pertencer a outra nação – a dos congos – e possivelmente professar uma religião diferente constitui um fator adicional que poderia levar Gaspar a mantê-lo apartado da "sociedade malê" e não se constranger em lhe impor a servidão, uma instituição amplamente difundida.

Permanece aqui, no entanto, uma boa margem de dúvida. Gaspar e José trabalhavam como alfaiates e, apesar de o dono tirar proveito econômico do trabalho do aprendiz, até mesmo pela natureza meticulosa do serviço em comum, abre-se a perspectiva de que a relação entre os dois não fosse tão tensa como a que costumeiramente se verificava em situações de escravidão, sobretudo em ocupações mais rudes, insalubres ou humilhantes. Não parece que havia violência nesse convívio.

Durante o interrogatório, José revelou que seu senhor vestia o "saiote branco" apenas durante as reuniões no sótão e o apontou como malê, sem fazer nenhuma menção a supostas práticas católicas do proprietário. Já Gaspar declarou que sofria pressão dos muçulmanos veteranos para que deixasse de frequentar a missa, hábito que desenvolvera em função de seu antigo dono – ou patrono, como se chamava então – ter assim lhe ensinado. Essa contradição de versões, porém, não significa que houvesse disposição do escravizado de prejudicar o senhor, delatando-o. Mas apenas de não negar o óbvio, já que seria impossível contradizer todas as evidências, como a posse de abadás e a própria admissão de envolvimento dos acusados, bem como, em alguma medida, de suas companheiras. Estava comprovado que a casa se tornara um núcleo malê dos mais ativos, com reuniões e cultos constantes, e tentar rebater isso se mostrava claramente inútil. Àquela altura, só serviria para complicar o escravizado ainda mais.

O inquérito concluiu que José não fazia parte da "sociedade malê", mesmo assim, ele não sairia impune. Por não ter denunciado a insurreição às autoridades, acabou condenado à pena duríssima de seiscentos açoites. Uma prova do apreço que Gaspar nutria por José foi o seu esforço para tentar modificar a sentença e buscar a absolvição – até porque a punição trazia uma evidente contradição, ao sugerir que o escravizado deveria ter traído o seu senhor, enquanto o sistema escravocrata pregava exatamente o oposto, a lealdade.

No primeiro recurso, em um novo julgamento em agosto de 1835, na comarca de Santo Amaro, houve a redução da pena para duzentas chicotadas. Ainda insatisfeito, Gaspar recorreu novamente, desta vez ao Tribunal da Relação, entretanto, enquanto esperava a decisão judicial, aceitou vender o escravo para o rigoroso promotor João Alexandre de Andrade Silva e Freitas, que se aproveitou da situação adversa dos réus para comprar o cativo por 150 mil-réis, metade do preço de mercado. O negócio se concretizou após o promotor comprometer-se a esperar o resultado da apelação que poderia beneficiar José. Mas ele não cumpriria a palavra.

Em janeiro do ano seguinte, ávido por usufruir do trabalho do congo ou revendê-lo e obter lucro, Freitas tentou abrir mão do recurso e propôs a aplicação imediata da pena. Porém, o presidente do tribunal manifestou-se em sentido contrário, ao defender "o direito que tem o escravo de melhoramento da pena a que fora condenado". Como responsável pela apelação, Gaspar recebeu a correspondente notificação judicial em março, no presídio da Fortaleza do Mar, e reagiu com entusiasmo. Mas a alegria duraria pouco. Em uma demonstração cabal de que um escravizado não gozava de direito algum, ao contrário do que havia disposto o magistrado, prevaleceu o desejo do promotor e novo proprietário: José receberia as duzentas chibatadas no mês seguinte, aparentemente sem que seu recurso tivesse sido apreciado.

Inicialmente condenados à morte, Gaspar e Belchior tiveram as penas comutadas para seiscentas chicotadas cada um, com a posterior deportação para a África. Algo fora do comum, pois açoites eram um tipo de punição que não se aplicava a libertos. Naqueles dias, entretanto, os ritos processuais comumente se viam atropelados, no afã de se castigar os pretos e aterrorizá-los com o propósito de dissuadir futuras rebeliões.

Se Gaspar passou para a História como o único rebelde malê que possuía um escravizado, em contrapartida, entre os indiciados, havia oito participantes da revolta que eram cativos de africanos libertos. Uma amostra contundente de como o sistema escravagista se impunha a toda a sociedade e criava divisões entre a população preta. Afinal, aqueles ex-escravos que conseguiam reunir algum dinheiro e se tornavam senhores haveriam de defender suas posses e, muito frequentemente, se opor a movimentos de libertação. Um nó difícil de desatar.

CAPÍTULO 10
Sem ela, não há paz

Um dos principais focos de insatisfação dos escravizados dizia respeito à dificuldade – muitas vezes, à impossibilidade – de vivenciar relações amorosas e constituir família. Esse frustrante cerceamento das mais básicas e legítimas aspirações humanas, no campo sexual e afetivo, ocorria por vários motivos, a começar por não terem o direito de determinar o próprio destino. O excesso de trabalho, a escassez de tempo livre, a limitação de circulação e os empecilhos para conhecer outros indivíduos da população negra, subjugados por diferentes donos, já reduziam drasticamente a chance de haver estreitamentos dos laços sociais, bem como interações de amizade e experiências sentimentais. Some-se a isso o risco constante que pairava sobre os eventuais casais, aqueles formados após a superação de tantas adversidades, de a qualquer momento serem separados pela decisão do proprietário de vender um deles. A mesma ameaça que afligia as escravizadas que davam à luz uma criança nascida em cativeiro e, por isso mesmo, sujeita a ser negociada e apartada dos pais.

Mas havia uma outra causa, ainda mais instransponível, que condenava muitos escravizados a uma vida solitária: faltavam mulheres africanas, em comparação ao número de homens. A maioria dos cativos trazidos para a Bahia destinava-se ao trabalho braçal nos engenhos de açúcar, daí a preferência pelo sexo masculino, a fim de explorar a força física. Esse problema não passou despercebido por José da Silva Lisboa, influente intelectual, economista, historiador, jurista e político brasileiro, que escreveu em 1781: "[...] porque pela vantagem mais decidida do serviço dos negros sobre os das negras, sempre o número dos escravos é triplicado a respeito das escravas; coisa esta que perpetua o inconveniente de não se propagarem, nem se aumentarem as gerações nascentes".

Nessa carta dirigida ao naturalista italiano Domingos Vandelli, na qual analisava fatores que poderiam melhorar a produção agrícola no Brasil, José da Silva Lisboa advertia que a fome e as crueldades infligidas aos escravizados abreviavam o seu tempo de vida e os tornavam mais propensos a fugas e rebeliões. Em contrapartida, "os senhores moderados, mas não inertes, costumam ter melhores negros e mais duráveis", salientava. Nesse contexto, ele chegou a defender que se desse autorização aos cativos para constituírem família: "Alguns senhores de terra facilitam hoje os casamentos de seus escravos. É este um excelente meio de lhes suavizar o jugo e os ter com resignação sujeitos ao domínio, em razão da mulher e filhos, seus caros penhores, que os retêm e os consolam".

Nota-se que a preocupação de Silva Lisboa, o visconde de Cairu, era a de manter os escravizados submissos e aptos à reprodução, "em benefício do senhor, que vê renascer uma prole viçosa para substituir o lugar dos que forem perecendo". Por isso, lamentava que a desproporção entre mulheres e homens cativos impedisse a proliferação da mão de obra nascida no próprio país. Uma perspectiva estritamente econômica, sem qualquer humanidade que o levasse a se pronunciar em prol do bem-estar dos pretos. Algo esperado de um personagem tão próximo à Corte – primeiro de dom João VI e depois de dom Pedro – e visto como uma espécie de porta-voz do sistema vigente. Não à toa, seria escolhido para vários cargos oficiais, como conselheiro imperial, deputado, senador, desembargador e até censor da Imprensa Régia, na qual, além de escrever artigos, tinha a missão de impedir a publicação de ideias que pudessem contestar a ordem estabelecida.

A despeito do cálculo de Silva Lisboa, é impossível ilustrar a discrepância quantitativa entre os gêneros com números definitivos. Censos populacionais eram bissextos, e os poucos realizados naquele período traziam vícios de origem, como o truque utilizado por muitos senhores de ocultar a posse de escravizados para burlar o Fisco. A partir de 1831, com a proibição oficial do tráfico negreiro no país, mas com sua continuidade na prática, de forma ilegal, os compradores passaram a esconder a posse de africanos recém-chegados com ainda mais cuidado. Embora as autoridades comumente fizessem vista grossa para esse comércio criminoso, que alimentava a produção agrícola e movimentava muito dinheiro, tornava-se forçoso manter a discrição.

Como a lei que teoricamente iria extinguir o tráfico humano fora promulgada em consequência das crescentes pressões da Inglaterra, principal parceira comercial do Brasil, em decorrência de tamanha desfaçatez, teria surgido nesse contexto a expressão "pra inglês ver", com o sentido de medida adotada para efeito apenas de aparência. Pelo menos essa é a explicação dada pelo filólogo João Ribeiro em seu livro *A língua nacional*, entre outros autores que chancelam a versão.

Talvez a estimativa de Silva Lisboa tenha sido exagerada ao sugerir a existência de três homens escravizados para cada mulher. Mas não está muito distante do resultado encontrado pelo historiador norte-americano Stuart Schwartz, um dos mais respeitados estudiosos do Brasil colonial e das relações escravagistas, que constatou a proporção de 275 homens para cada grupo de cem mulheres, a partir de um levantamento referente a seis engenhos da Bahia no ano de 1816. Outras pesquisas indicam uma diferença menos acentuada, porém, em geral, todas apontam para o predomínio masculino.

Não resta dúvida de que as africanas eram disputadíssimas e que, além de serem em número insuficiente para a demanda de seus pares, as amarras impostas pela escravidão constituíam um elemento complicador adicional. Nesse aspecto, a insatisfação gerada pela abstinência sexual e a melancolia causada pela ausência de uma parceira com a qual pudessem compartilhar sentimentos, dores, anseios e decepções, como um porto seguro em meio às tormentas, são ingredientes a se considerar em uma análise dos gatilhos que os impulsionavam a se rebelar, apesar dos riscos tão elevados.

É preciso levar em consideração ainda que uma parte das escravizadas era usada sexualmente pelos senhores, e mesmo aquelas que eventualmente fossem recompensadas com a alforria continuavam, com frequência, a ser visitadas para encontros sexuais. Dessa forma, viviam vigiadas pelos "patronos", sem disposição de dividi-las com os africanos, e sob ameaça sempre presente de que a carta de alforria acabasse revogada como retaliação à "infidelidade".

Outro aspecto relevante é o tempo médio de dez anos para um escravo de ganho juntar dinheiro suficiente para comprar a própria liberdade. Um período considerável, sobretudo tendo-se em vista a baixa expectativa de vida numa época em que não havia antibióticos e qualquer infecção poderia levar à morte. Uma parcela significativa dessas escravizadas trabalhava em serviços domésticos, como o de lavadeira, com remuneração menor em relação a outras atividades, como a de carregador de cadeiras, por exemplo, que eram mais bem pagas. Em tese, elas demorariam mais a reunir economias para se tornarem forras e, quando o fizessem, possivelmente já estariam no fim da idade reprodutiva.

Todos esses fatores explicam a baixa taxa de natalidade de afro-brasileiros que se verificava tanto na Bahia como em todo o país, algo considerado "inconveniente" na avaliação do visconde de Cairu, interessado na produção de mão de obra nacional que pudesse abastecer os engenhos e plantações sem o custo das importações marítimas da África.

Entre os implicados no inquérito da Revolta dos Malês, essa realidade fica evidente. Pela documentação oficial, percebe-se que a grande maioria dos investigados não tinha filhos. Pouquíssimas crianças fazem parte dos autos e relatórios produzidos pelas autoridades, que especificavam todos os moradores e, quando fosse o caso, a constituição das famílias que viviam nas casas devassadas pelas patrulhas policiais nos dias que se sucederam ao levante. Entre as mais de trezentas pessoas arroladas no processo, há referência a pouco mais de uma dezena de descendentes.

De tão incomuns, é possível listar brevemente as citações relativas à paternidade ou maternidade. A nagô liberta Edum – conspiradora que atendera Sabina na porta do sobrado em que morava Manoel Calafate – tinha uma criança de colo. Por sua vez, em seu depoimento, a própria Sabina refere-se a Victório Sule como pai de seus filhos, sem declarar quantos, tal qual a mulher do escravizado Joaquim é apontada como mãe de seus filhos. Além delas, registram-se três crianças do casal de libertos nagôs Ajadi Luís Daupele e Felicidade Maria da Paixão, assim como vivia nessa mesma casa, situada na ladeira da Palma, a menina Maria, filha de Efigênia, outra liberta nagô. Havia ainda mais um casal com três filhos, o liberto nagô Ignácio de Santana e sua esposa, Felicidade do Sacramento.

Um dos raros casos de presos que possuíam algum bem, Ajadi, como dono de saveiro, pode ter se encorajado a ter filhos por dispor de alguma renda, reforçada pelos ganhos da mulher, que trabalhava no comércio ambulante de tecidos. Além das três crianças já nascidas à época do levante, Felicidade Maria estava grávida de uma quarta. Porém, de maneira geral, a crise econômica que se abatia sobre o país em 1835 desestimulava os libertos a ter uma prole numerosa. Muito menos os escravizados se animavam, em face de o rebento já vir ao mundo como propriedade do dono da mãe. A Lei do Ventre Livre, que concederia liberdade para os recém-nascidos, só seria aprovada em 28 de setembro de 1871.

Por óbvio, as rebeliões aconteciam também em períodos de prosperidade, afinal, a escravidão em si já era motivo suficiente para que os subjugados tentassem romper com essa condição ultrajante. Porém, a miséria insere-se entre os diversos fatores que podiam concorrer para criar um ambiente propício para uma revolta. As fases de recessão econômica traziam, inclusive, o potencial explosivo de atrair mais libertos para movimentos conspiratórios contra a ordem escravocrata. Afinal, em um cenário adverso, os forros enfrentavam extrema dificuldade para se sustentar, com pouco dinheiro em circulação a impulsionar o comércio de rua e para contratação de serviços como os de marceneiro, pedreiro, alfaiate e outros encarados como não essenciais.

Aliás, um fenômeno ocorrido na primeira metade da década de 1830 foi o aumento das concessões de cartas de alforria, como reflexo da desvantagem para alguns senhores em fornecer alimentação e vestuário para os escravizados durante a carestia. Em uma conjuntura desfavorável, diminuía-se o número de cativos no serviço doméstico, por exemplo, com o acúmulo da carga de trabalho para os que permaneciam na casa. Da mesma forma, tornavam-se mais escassas as oportunidades de alugar escravos que exerciam algum ofício para terceiros. Nessas circunstâncias, viravam fonte apenas de despesas para os proprietários, que comumente lhes ofereciam a alforria por preços módicos, caso dispusessem de algum dinheiro, ou mesmo de graça, com o único propósito de se livrar do custo de manutenção. Em geral, os idosos ou aqueles com problemas de saúde eram os mais "beneficiados" por esses gestos de conveniência. De acordo com a historiadora greco-francesa Kátia Mattoso, de 1829 a 1836, a concessão de alforrias na capital baiana aumentou em 26%.

Um enorme contingente de libertos se via de uma hora para outra atirado nas ruas. Em geral, os senhores abriam mão dos cativos desprovidos de habilidades específicas que os distinguissem a ponto de despertar interesse pelos seus préstimos. Sem perspectiva de emprego ou recursos para pagar por moradia, engrossavam a horda de miseráveis que perambulava sem rumo, na mendicância ou vivendo de bicos esporádicos. Alguns deles aventuravam-se até como assaltantes de estrada, empurrados pela fome e o desespero – mas estes eram poucos entre a massa de desvalidos que não tinha, em sua grande maioria, propensão para o crime ou então padecia de doenças incapacitantes. Conforme constatou Kátia Mattoso, no século XIX, cerca de 90% da população de Salvador era composta por indivíduos pobres ou no limiar da pobreza.

Nem as crianças escapavam do destino perverso nas ruas. Havia muitos órfãos abandonados à própria sorte, às vezes encaminhados pelas autoridades para instituições religiosas de acolhimento, onde aprendiam alguma profissão para exercer no futuro. Porém, suas chances de sucesso eram ínfimas, já que teriam de concorrer com uma legião de desempregados, uma profusão de artesãos em busca de trocados, além de competir com o trabalho escravo, a base do sistema produtivo da época.

Mas nem sempre foi assim, com a pobreza assolando a Bahia. Muitos desses escravizados dispensados por seus senhores durante os anos de recessão haviam sido adquiridos em tempos de desenvolvimento e abundância. O crescimento econômico batera à porta dos senhores de engenho principalmente a partir de 1791, com o início da revolução escrava em Saint-Domingue, atual Haiti, então principal fornecedor de açúcar para o mercado internacional. As lutas, incêndios e pilhagens na ilha de colonização francesa, ao longo de treze anos de conflitos, tiraram de cena o principal exportador açucareiro, o que obrigou os compradores a buscar alternativas. Com a queda da oferta e o aumento da procura, os preços dispararam, e os produtores baianos se beneficiaram da situação. Uma riqueza que aos poucos alcançaria outras camadas da população, com o aquecimento da economia.

Deu-se início a um período pródigo, com a multiplicação de engenhos no Recôncavo e a consequente intensificação do tráfico de escravizados para assegurar a expansão das plantações de cana-de-açúcar e o funcionamento das moendas e das demais etapas de produção em ritmo acelerado. Como efeito colateral desse processo, propagaram-se também as plantações de tabaco, utilizado como moeda de troca no comércio com os africanos. Assim como as de algodão, para suprir as necessidades da

Inglaterra, em plena Revolução Industrial. Os ventos a favor ainda iriam contar com a vinda da família real portuguesa para o Brasil, em 1808, o que levaria à abertura dos portos às nações amigas – leia-se Inglaterra – e à expansão dos negócios, que até então só podiam ser feitos com Portugal. Experimentava-se a euforia de um ciclo virtuoso.

Porém, como os donos de engenho já deveriam saber, esses sopros de fartura proporcionados por eventos aleatórios externos, como foi o caso da revolução de Saint-Domingue, estavam fadados a variações bruscas e inversões de expectativas. Quando existe uma dependência vital das divisas trazidas por uma cultura tão preponderante, como era o caso do açúcar no Nordeste brasileiro, o sonho pode acabar a qualquer momento. Os antepassados desses donos de engenho já haviam sofrido com essa gangorra em meados do século XVII, quando os holandeses passaram a abastecer os principais mercados consumidores ocidentais com o açúcar trazido de suas colônias nas Antilhas, mais barato e de melhor qualidade, deixando portugueses e brasileiros em segundo plano. Algo semelhante estava prestes a se repetir.

A fase de bonança iniciada no final do século XVIII se estenderia até o início da década de 1820, quando uma conjunção de fatores impactou a ascensão dos engenhos baianos. A essa altura, Cuba tornara-se um importante concorrente na disputa pelo mercado internacional, enquanto a crescente oferta de açúcar de beterraba no continente europeu provocava queda vertiginosa da procura pelo principal produto de exportação nacional. Mas a principal causa, talvez, tenha sido o início dos conflitos da Guerra da Independência, com efeitos nefastos para a economia do país.

Desde 1821, acirravam-se os ânimos entre portugueses e brasileiros, estes inconformados com a volta de dom João VI para

Portugal e o retorno do Brasil à condição de colônia – ambas imposições da Revolução Liberal do Porto, movimento militar deflagrado no ano anterior na cidade lusitana. Passaram a ocorrer rixas cada vez mais frequentes, inclusive com saques organizados contra comerciantes oriundos da metrópole, vistos como exploradores estrangeiros e inimigos. Diante dessa antipatia generalizada e da escassez de víveres, até negros libertos e escravizados ousavam participar de pilhagens, sabedores de que não haveria grande disposição dos policiais brasileiros em coibir tais ações – ao contrário, os próprios guardas e soldados aderiam, às vezes, aos ataques.

Em fevereiro de 1822, tropas portuguesas se instalaram em Salvador com o propósito de dar respaldo a seus patrícios e manter a posse da província, sob o comando do brigadeiro Ignácio Madeira de Mello, então nomeado comandante militar. Cada vez mais hostil aos colonizadores, a população baiana se mostrava refratária à presença dos soldados recém-chegados, que a tratavam com arrogância e autoritarismo. Os integrantes das forças lusitanas, com ares de superioridade, usavam termos depreciativos para se dirigir aos nativos, como "crioulos" ou "cabras", por exemplo, mesmo quando se referiam a pessoas brancas. Uma afronta aos cidadãos criados com enraizados princípios racistas, que de repente se viam equiparados a indivíduos da classe mais baixa do estrato social.

Em paralelo, o comandante destituído, o brasileiro Manuel Pedro de Freitas Guimarães, resistia à mudança e articulava a reação para se manter no posto, com apoio expressivo dos batalhões locais. Em 19 de fevereiro de 1822, houve um conflito entre tropas portuguesas e brasileiras nas ruas de Salvador, com a vitória dos europeus e a prisão de Guimarães, então encastelado no Forte de São Pedro. Durante a perseguição a soldados baianos, os lusitanos invadiram o Convento de Nossa Senhora da Conceição da Lapa, em busca de inimigos que supostamente estariam escondidos ali. Porém, por se tratar de uma clausura, onde a entrada de homens era proibida, a abadessa Joana Angélica tentou impedir a violação do prédio católico e acabou morta a golpes de baioneta. O assassinato da madre superiora, transformada em heroína e mártir, provocou enorme comoção na província e instigou ainda mais a rejeição aos colonizadores. A partir daí, sentindo-se inseguros em sua própria terra, os habitantes de Salvador iniciaram uma migração massiva para as vilas do Recôncavo, sobretudo São Francisco do Conde, Santo Amaro e Cachoeira.

Com a cidade esvaziada sob o domínio das tropas portuguesas, seguiu-se uma intensa mobilização nas áreas rurais para reunir combatentes, assim como para armazenar mantimentos e munição a fim de fazer frente aos lusitanos. Como importante estratégia da guerra que se prenunciava, a região agrícola – da qual dependia o abastecimento da capital – deixou de enviar sua produção a Salvador. Assim como a ilha de Itaparica estava guarnecida pelas tropas baianas para evitar o desembarque dos inimigos sitiados e cada vez mais carentes de suprimentos. O plano era vencê-los pela fome.

Essa ebulição na região do Recôncavo levou a uma celebração em Cachoeira, no dia 25 de junho, destinada a aclamar dom Pedro "regente e defensor perpétuo" do Brasil. A solenidade, que contou com missa e procissão, terminou interrompida por tiros que partiram de uma escuna portuguesa atracada no rio Paraguaçu, provocando a morte do soldado-tambor Manoel da Silva Soledade. O ataque foi o estopim para uma batalha com duração de três dias, ao final da qual os baianos tomaram a embarcação e prenderam seus ocupantes. Estava oficialmente iniciada a guerra, que se estenderia até 2 de julho de 1823, ou seja, só se encerraria dez meses depois da proclamação oficial da Independência por dom Pedro, em setembro do ano anterior, no Sudeste do país.

Ao longo desse período, instalou-se um Conselho Interino de Governo, com sede em Cachoeira, composto por representantes das vilas do Recôncavo que haviam se sublevado, para se contrapor à administração nomeada pela Corte portuguesa em Salvador. Além de Cachoeira, Santo Amaro, São Francisco do Conde, Maragogipe e Nazaré das Farinhas, houve adesão de Itapicuru, Jaguaripe, Valença, Jacobina, Barcelos, Caetité, Santarém, Camamu, Urubu, Mirandela, Cairu, Jussiape, Vila Nova, Geremoabo, Maraú, Caravelas, Belmonte, entre outras.

Durante esse extenso período de confrontos, a pobreza se alastrou pelo território baiano. Enquanto Salvador esteve tomada pelos portugueses, cessaram as exportações dos senhores de engenho e de outros produtores rurais, que ainda despendiam recursos para manter as forças revolucionárias, constituídas por mais de 10 mil homens, segundo o historiador Braz do Amaral. Além das milícias particulares e dos militares nativos, o autodenominado "Exército Pacificador" contava com voluntários que não dispunham de formação ou experiência com armas, em grande parte trabalhadores das lavouras e até mesmo escravizados, com a promessa recorrente de obterem alforria ao final dos conflitos.

Acrescentava-se, assim, mais um ingrediente para alimentar os sonhos de liberdade e igualdade da população negra e parda, que, ao aderir à luta pela Independência, sentia-se parte integrante do novo país que dali nasceria. "Apesar dos compromissos que foram assumidos por lideranças na Bahia de que a abolição se daria como prêmio àqueles que participassem das tropas de libertação, não se cumpre essa promessa", observa o pesquisador Zulu Araújo

Ao mesmo tempo, entre os pretos que continuavam a trabalhar normalmente nos engenhos e plantações, espalhavam-se rumores de que a Coroa já havia declarado a extinção da escravidão e, se permaneciam no cativeiro, era porque os senhores desobedeciam a ordem régia. Curiosamente, as duas partes – os portugueses fiéis a dom João VI, assim como os brasileiros seguidores de dom Pedro – culpavam uns aos outros por esses boatos inverídicos, destinados a causar caos e desordem. Mas faz mais sentido que partissem dos colonizadores.

Pelo menos uma revolta escrava, ocorrida em 19 de dezembro de 1822, aparentemente teve as digitais lusitanas em sua concepção. Atiçados pelos portugueses, cerca de duzentos cativos atacaram tropas brasileiras posicionadas em Pirajá, nos arredores de Salvador. Depois de um embate renhido, que vitimou vários soldados, os negros foram vencidos e muitos deles aprisionados. Para desestimular outros levantes, o general Pierre Labatut, mercenário francês enviado por dom Pedro para organizar o "Exército Pacificador" na Bahia, promoveu um massacre sem precedentes. Extremamente disciplinador e temido por seus castigos cruéis, infligidos inclusive a combatentes livres, o comandante "Pedro" Labatut, como ficara conhecido, determinou a execução de 52 escravizados e o açoitamento de muitos outros.

Essa matança em escala nunca antes vista acabaria por indispor o mercenário francês com os senhores que formavam o Conselho Interino, desgostosos com as vultosas perdas financeiras acarretadas por tantas mortes de cativos. Assim como se irritavam com a insistência de Labatut para que os proprietários concedessem alforrias a seus escravizados pardos para que se formassem dois batalhões com esses libertos. O que incomodava os donos do capital e do poder não era só a perda da posse da mão de obra, mas principalmente o risco de que essa parcela dos combatentes, após obtida a Independência, se avultasse com sentimentos de heroísmo e se juntasse ao restante da população escrava, com a qual tinha laços de parentesco, para uma temida revolução racial.

Nesse ambiente conflagrado, aproveitando-se da desordem trazida pela disputa entre brancos, as rebeliões escravas encontravam terreno fértil para prosperar. Ainda em maio de 1822, cerca de 250 cativos do Engenho Boa Vista, em Itaparica, rejeitaram a escolha de um novo feitor – este também escravizado, mas tido como desleal e traidor pelos demais. Sem que fossem ouvidos pelo senhor, o rico e influente José Ignácio Acciavoli Brandão e Vasconcelos, após quatro dias de tensão, os revoltosos mataram o feitor e se amotinaram. As milícias da região tiveram que entrar em ação, o que resultou na morte de dezenas de negros, por volta de trinta, com algumas variações do número informado de vítimas, a depender dos diferentes relatos. Quanto aos feridos, giraram em torno de oitenta.

Apesar das preocupações da classe senhorial, tudo indica que o conflito no Engenho Boa Vista não tivesse objetivos maiores, como o de contestar o sistema escravagista em geral, mas tão somente o de resolver uma insatisfação pontual relativa ao feitor. Porém, apenas quatro meses mais tarde, em setembro, estourou uma nova revolta na vila de São Mateus, esta sim, conforme detalhou o relatório policial, com o intuito dos pretos de se oporem ao domínio dos brancos. A insurreição foi logo controlada com a prisão de dois africanos. Um deles havia sido proclamado "rei" pelos seus "súditos".

Nem todos os movimentos eram tão facilmente contidos. Com a cisão do poder, decorrente da disputa entre portugueses e brasileiros, tornava-se mais difícil organizar as forças de repressão. Um caso emblemático remete a 1821, portanto anterior à deflagração da guerra em si, mas já com o impasse estabelecido e na iminência do conflito. Nessa ocasião, os escravizados do Engenho Santana, em Ilhéus, se rebelaram e tomaram posse da propriedade. Apesar de o dono ser Felisberto Caldeira, um ex-comandante militar, não foi possível articular a resistência para retomar imediatamente o controle do engenho, com a complicação adicional da grande distância que o separava de Salvador e do Recôncavo.

Somente em 1824, encerrada a Guerra da Independência, pôde ser montada uma operação para restabelecer o domínio do Engenho Santana. No entanto, ao perceberem a aproximação dos inimigos, em vez de partirem para o confronto direto, os rebelados preferiram fugir para os vastos matagais da propriedade, onde permaneceram aquilombados. Com o passar do tempo, muitos deles decidiram regressar ao trabalho, de forma espontânea, em face da precariedade das condições de vida e do perigo constante de serem localizados por capitães do mato – como chamavam-se os encarregados de caçar cativos fugidos, comumente, eles mesmos ex-escravizados. Os líderes da insurreição, porém, continuaram escondidos com seus seguidores mais fiéis.

Esse quilombo logo se transformaria em um convidativo destino para outros escravizados que viviam nas proximidades, aumentando consideravelmente de tamanho durante os quatro anos posteriores. As fugas frequentes atormentavam os senhores, mas estes só conseguiram se articular em junho de 1828, para enviar quarenta milicianos com a missão de pôr fim ao agrupamento rebelde. O ataque se deu à noite, com o intuito de surpreender os quilombolas, que, entretanto, já haviam abandonado o acampamento. Os preparativos para a ação não tinham passado despercebidos pelos cativos recém-retornados ao engenho, que trataram de avisar os companheiros a tempo de evitar uma tragédia.

Desde o início da rebelião, em 1821, haviam se passado sete anos. O resultado desse longo período em que os negros viveram por conta própria, à margem da escravidão, pôde ser constatado na extensa área em que ficava o quilombo. Os rebeldes deixaram para trás mais de 60 mil pés de mandioca, 6 mil de café e 4 mil de algodão, além de grande quantidade de farinha, sal, um pomar com árvores carregadas de frutas e até teares para produção de tecidos. Ou seja, toda a infraestrutura necessária para a subsistência da comunidade.

Com a maioria dos quilombolas já em lugar seguro, seus líderes reuniram alguns dos guerreiros mais experientes para emboscar a expedição que seguia seus rastros pela mata. Três integrantes da milícia foram feridos a tiros, assim como o administrador do engenho. Em contrapartida, conseguiram aprisionar seis escravizados: dois homens, que foram apresentados como chefes, juntamente com duas mulheres e duas crianças. Um desfecho pífio diante dos objetivos esperados para uma operação que demorou tanto a acontecer.

Os milicianos voltariam três dias depois, mais bem armados, na tentativa de localizar e exterminar o núcleo rebelde que se espalhara por regiões mais afastadas da propriedade. Porém, não obtiveram êxito mais uma vez. O máximo que acharam foram sinais de acampamentos menores, que também já se encontravam desativados, no trajeto de fuga dos escravizados para paragens mais remotas.

Há ainda o registro de um outro levante no dia 25 de agosto de 1826, em Cachoeira, onde novamente teria sido coroado um "rei" dos negros e uma "rainha". Restaram poucas informações a respeito desse movimento, talvez por decisão das autoridades de abafar o ocorrido para não estimular outros africanos a aderir à onda revolucionária, que sinalizava as aspirações dos pretos de instituir sua própria monarquia, bem como para não disseminar o medo na população baiana. Consta que essa revolta teria sido debelada com presteza pelas forças locais, com a morte da "rainha", que não aceitara se render, e a prisão de seu companheiro, após sofrer diversos ferimentos durante a batalha.

Entre as várias rebeliões de maior ou menor envergadura que estouraram naquela época – algumas nem sequer chegaram a ser notificadas porque foram controladas internamente nos engenhos –, uma é particularmente interessante por ter contado com expressiva participação feminina. A revolta do quilombo do Urubu, ao que parece, foi precipitada por uma casualidade, na noite de 16 de dezembro de 1826, quando um grupo de escravizados fugidos acabou flagrado por uma família de camponeses, quando roubava carne e farinha. Ao serem surpreendidos, partiram para o ataque, machucando com gravidade até uma menina parda de sete anos. No caminho de volta para o sítio do Urubu, no Cabula, periferia de Salvador, onde se concentravam, fizeram uma série de assaltos a casas da região.

Por depoimentos posteriores, conclui-se que o plano era para ter sido posto em prática somente na véspera do Natal, quando os insurgentes contariam com a adesão de um grande número de fugidos de Salvador. Só então pretendiam tomar de assalto a capital da província, matar os dominadores brancos e libertar os demais escravizados.

Uma semana antes, no entanto, foram atacados por capitães do mato, convocados às pressas pelos senhores logo ao amanhecer do dia 17, pois as ações violentas do dia anterior haviam chamado a atenção das autoridades e gerado pânico na população. Dispostos a matar ou morrer, sem a menor disposição de se renderem e serem brutalmente açoitados antes de voltarem para a servidão, os rebelados se armaram com facas, lanças, foices, machados, espadas e todo tipo de instrumentos cortantes de que dispunham, além de uma ou outra arma de fogo. Movidos pelo instinto de sobrevivência, colocaram para correr os capitães do mato, três dos quais foram mortos e tiveram seus corpos mutilados – entre eles, um "cabra" liberto, ou seja, mestiço. Outros três capitães, sendo dois deles crioulos, desistiram da luta após sofrerem ferimentos profundos. Os demais bateram em retirada, mas, no trajeto de fuga, depararam-se com um destacamento militar de doze soldados, aos quais se juntaram, recebendo em seguida o apoio de 25 milicianos de Pirajá. Uma nova força estava formada.

Os cerca de cinquenta quilombolas do Urubu não conseguiram, desta vez, fazer frente aos invasores, munidos de um número bem maior de armas de fogo. Mas resistiram bravamente enquanto puderam, instados a permanecer na luta pelos gritos de uma guerreira tenaz, chamada Zeferina, que combatia os inimigos com disparos de arco e flecha. Apesar das exortações dessa "rainha nagô", como seria reconhecida até mesmo pelo presidente da província, a maioria dos fugidos embrenhou-se no mato ao perceber a superioridade bélica dos oponentes. Nesse embate, três negros e uma negra foram mortos, e outros, aprisionados – entre eles, a própria Zeferina.

À tarde, uma tropa de duzentos soldados foi enviada pelo governo para acabar de uma vez com o quilombo. Após incursões pelas matas cerradas da região, não foram localizados outros fugitivos. Porém, as forças militares relataram ter achado cinco cadáveres, com o pescoço cortado, e alegaram que eles haviam degolado um ao outro mutuamente. Seria um estranho pacto de morte para evitar a desonra do castigo e a volta ao cativeiro? Pode ser também que os soldados tenham assassinado sumariamente os negros, seguindo a antiga e persistente tradição brasileira de "justiçamento", ao arrepio da lei. Se isso de fato ocorreu, eles teriam combinado a versão da "autodegola coletiva" para não assumir a execução criminosa, o que poderia despertar a ira dos donos desses escravizados. Talvez seja uma hipótese mais provável e verossímil.

Foram encontradas também três cabanas no meio da mata, nas quais funcionava um candomblé. Além dos objetos usados nos cultos, como búzios, atabaques, chapéu com plumas e estatuetas de vacas pintadas de vermelho – a cor de Xangô –, os policiais apreenderam roupas sujas de sangue, atribuídas aos revoltosos. O dono do terreiro era um pardo de nome Antônio, o que estabelece uma conexão incomum de um mestiço brasileiro com os africanos, que não costumavam se misturar. É possível que o apelo religioso tenha proporcionado essa aproximação excepcional. Embora não existissem provas do envolvimento de Antônio na rebelião, ele foi condenado, assim como Zeferina, à prisão com trabalhos forçados.

Os levantes continuaram a se suceder principalmente na região rural, em geral conflitos locais e de pequena dimensão. Embora fossem controlados com relativa rapidez, a quantidade de incidentes revelava que a insatisfação estava no ar, com o risco iminente de algo maior estourar a qualquer momento. Só em 1827 aconteceram pelo menos três.

Na noite de 22 de março, em Cachoeira, cerca de quarenta escravizados do Engenho Vitória, entre os trezentos que ali trabalhavam, se revoltaram contra os maus-tratos recebidos e assassinaram o feitor e um irmão dele. Por se tratar de uma propriedade do poderoso armador e traficante Pedro Rodrigues Bandeira, dono de outros três engenhos na região, especulou-se que haveria um movimento simultâneo nas demais unidades, o que não se confirmou. Quando os policiais chegaram, a situação já se normalizara, e os líderes foram presos sem oferecer resistência.

Já uma outra rebelião ocorrida em São Francisco do Conde, em abril, ganhou dimensões bem maiores, alastrando-se por dez engenhos. Quase não existem informações a respeito desse episódio, mas consta que também não durou muito. Assim como foi breve um incidente em Abrantes, no mês de setembro, quando um grupo de quilombolas cometeu saques e roubos, sumindo em seguida pelos matagais.

Essa onda de levantes prosseguiu pelo ano seguinte. Em Cachoeira, aconteceram dois no intervalo de quatro dias, em 17 e 21 de abril, sufocados rapidamente pelas autoridades. Um mais significativo ocorreu na periferia de Salvador, em 12 de março, quando um bando de escravizados fugitivos ateou fogo a armações de pesca em Itapuã, recebendo apoio de uma parte dos cativos que ali trabalhavam. Reforçados, partiram em direção a Pirajá, roubando casas e incendiando plantações pelo caminho. Na altura de Engomadeira, entretanto, foram confrontados por tropas enviadas pelo presidente da província e, mais uma vez, sucumbiram à supremacia bélica dos soldados, após terem sofrido dezenas de baixas – número que varia entre vinte e oitenta mortos, a depender dos diferentes relatos. Como costumava acontecer nesse tipo de embate em zonas rurais, muitos rebelados conseguiram fugir e continuaram aquilombados nas matas cerradas da região.

Apenas seis meses depois, em setembro, foi a vez de amotinados sacudirem o Iguape, que concentrava muitos engenhos e plantações de cana. Indignados com a violência cotidiana da qual eram vítimas, diversos escravizados do Engenho Novo, pertencente ao coronel Rodrigo Antônio Falcão, deixaram em chamas as precárias instalações das senzalas e invadiram a casa-grande. Alertada pela confusão, pelo barulho e pelo fogo que podia ser visto de longe, a dona da casa conseguiu fugir, com a ajuda dos cativos de sua confiança, antes da chegada dos revoltosos. Sorte dela. Caso contrário, provavelmente sofreria todo tipo de violência, a se considerar a raiva dos insurgentes, que depredaram móveis e objetos, além de terem matado duas crianças pardas, igualmente escravizadas, que dormiam num dos cômodos. A explosão de ódio também se voltava contra crioulos e mestiços já nascidos no país, que em geral gozavam de certas regalias no serviço doméstico e eram vistos como rivais e traidores.

Outros escravizados e libertos – crioulos ou mulatos – ainda seriam alvo da fúria dos rebelados, que receberam adesões de muitos cativos das redondezas, ganharam corpo, animaram-se e atacaram mais três engenhos da região. Havia a expectativa de que pudessem contar com o apoio maciço dos demais escravos dessas propriedades. Mas não foi bem assim. Uma parte significativa deles decidiu não se envolver com o movimento, e alguns até lutaram contra. Como consequência, houve mais mortos e feridos de pele escura – incluindo africanos que preferiram não se arriscar a entrar numa insurreição que seguramente terminaria coibida com força, rigor e boa dose de crueldade. Agindo dessa forma, provocaram a ira dos fugitivos e tiveram que se defender ou correr, nem sempre com sucesso. O plano de sublevar uma quantidade enorme de trabalhadores dos diversos engenhos do Iguape, a ponto de as milícias locais e forças oficiais não poderem lhes fazer frente – nem mesmo com o uso de armas de fogo –, caía por terra.

Enquanto os escravizados digladiavam-se entre si ou contra libertos fiéis a seus "patronos", os moradores da região se mobilizavam e se armavam para contra-atacar. Dessa forma, logo os insurgentes se viram cercados, na mira de tiros, e dezenas deles foram mortos, feridos ou capturados. Um grupo numeroso conseguiu bater em retirada e se refugiar nos canaviais do Engenho Novo. Não tardou para que uma tropa vinda de Cachoeira partisse em seu encalço, porém apenas quatro acabaram presos. A maioria se embrenhou pela mata à procura de um local seguro para se aquilombar. Outros preferiram retornar discretamente ao trabalho, se misturando à massa de escravizados, com a esperança de não serem reconhecidos, uma vez que, tendo chegado à Bahia havia pouco tempo, seus nomes e fisionomias ainda eram ignorados pelos donos e feitores.

Em face da profusão de revoltas, alguns senhores já haviam se convencido de que se tratava de algo inevitável, uma espécie de efeito colateral da escravidão com o qual precisariam conviver periodicamente. O coronel Rodrigo Antônio Falcão, dono do Engenho Novo, compartilhava desse pensamento. Tanto assim que se opôs a uma investigação mais detalhada da polícia, tampouco consentiu em entregar seus escravizados para serem interrogados e, posteriormente, presos e açoitados. Ele tinha pressa de que voltassem ao trabalho para retomar a produção o quanto antes, a fim de minimizar as perdas financeiras. Nem todos tinham o mesmo entendimento, o que gerava conflitos no interior da classe dominante. Porém, o princípio do direito à propriedade terminaria por prevalecer, e mais senhores optariam por seguir o exemplo de Falcão. Em decorrência disso, bem como da dificuldade de fazer o reconhecimento de tantos africanos recém-chegados, somente dois escravizados foram responsabilizados e punidos.

Várias reuniões entre donos de engenho e autoridades ocorreram para se discutir fórmulas para diminuir a frequência das rebeliões. A despeito das promessas de reforço no policiamento ostensivo, com pedidos insistentes de armas e mais homens à Corte, a realidade é que faltavam recursos para atender uma extensão territorial tão grande. As tropas baianas, assim como as de outras províncias, apresentavam soldados maltrapilhos, com armas velhas, mal alimentados, mal treinados e mal remunerados. O baixo soldo acarretava deserções e até movimentos de rebeldia dentro dos quartéis. A tibieza das forças inviabilizava a estratégia de distribuir patrulhas pelas proximidades das principais vilas do Recôncavo e vigiar as estradas para impedir o trânsito de escravizados entre os engenhos. Uma providência considerada imprescindível para que os levantes deixassem de envolver mais de uma propriedade simultaneamente, em atos de sublevação combinados com antecedência.

Toque de recolher, exigência de passes assinados pelos senhores para a circulação de escravizados, proibição de reuniões de pretos, ameaças de açoitamento. As medidas de sempre, impostas ou reativadas a cada sobressalto, mostravam-se incapazes de conter o ímpeto libertário. Assim, em 30 de novembro de 1828, cativos africanos do Engenho do Tanque, em Santo Amaro, rebelaram-se contra a brutalidade com a qual eram tratados e assassinaram o chefe dos feitores, surraram a mulher dele, mataram diversos crioulos escravizados e invadiram a casa-grande. Mais uma vez, a senhora conseguiu sair ilesa, ao escapar com a ajuda de serviçais domésticos, a exemplo do que acontecera no Engenho Novo, no Iguape, durante a insurreição ocorrida dois meses antes.

Uma tropa enviada rapidamente conseguiu reprimir o levante, após abater alguns revoltosos. Ainda tiveram trabalho para conter o incêndio que consumia as casas do engenho. A situação só não foi pior porque caía uma tempestade de verão. Uma chuvarada providencial para ajudar a apagar as chamas e evitar a destruição total dos imóveis.

Pressionado a apresentar medidas de segurança mais robustas, o visconde de Camamu, então presidente da província, desenvolveu um plano que previa o emprego de setecentos homens armados para a patrulha preventiva e repressão imediata de desordens. Desta feita, com a promessa de apoio financeiro dos mais ricos barões do açúcar, em março de 1829, ele obteve a aprovação do Ministério da Justiça, que finalmente reforçou a presença militar na Bahia. Porém, não em número suficiente para abafar as lutas por liberdade. Em 16 de outubro, três engenhos de Cotegipe, todos de propriedade do coronel José Maria de Pina e Mello, foram incendiados pelos escravizados, que mataram três pessoas. Um dos engenhos ficou completamente destruído. No final do mesmo ano, ainda haveria pelo menos mais um incidente na zona rural.

Habituados às frequentes rebeliões nos engenhos ou em armações de pesca nos arredores da cidade, os moradores de Salvador foram surpreendidos, em 1830, pela primeira revolta urbana de escravizados. Ao amanhecer o dia 10 de abril, cerca de vinte africanos roubaram três lojas de ferragens na ladeira do Taboão, em pleno coração comercial da capital, de onde levaram espadas e parnaíbas para iniciar a luta.

Com o propósito de imediatamente aumentar sua força, tiveram a ideia de investir contra as instalações de um conhecido traficante, Wenceslau Miguel de Almeida, a fim de libertar todos os seus escravizados recém-chegados à Bahia, que estavam em exposição à espera de compradores. Pelo menos uma centena de africanos, que mal haviam desembarcado em terras brasileiras, aderiram à revolta. Os que ficaram com medo e se recusaram a participar da rebelião – dezoito deles, pelo que consta – foram mortos no ato.

Então em número considerável, os pretos se atreveram a atacar um posto policial. Beneficiados pelo fator surpresa, mataram um soldado no início do confronto, mas logo os demais guardas se protegeram em suas dependências e passaram a atirar contra os invasores. Àquela altura, os tumultos já haviam chamado a atenção de outra tropa de policiais, que apareceu em defesa dos companheiros sitiados. Alvejados pelos dois flancos, sem possibilidade de se aproximar dos oponentes para lutar, em meio ao fogo cruzado, ou de escapar para um matagal, já que estavam no centro da cidade, os africanos tornaram-se alvo fácil. Os que não tombaram por tiros, ali mesmo, viram-se sem saída, rodeados por edificações e moradores dispostos a ajudar a polícia a persegui-los. Houve um massacre. Metade deles perdeu a vida a socos, pontapés, pauladas e golpes com lâminas cortantes.

A repressão que se seguiu foi implacável. Alarmado com a novidade de uma rebelião na cidade, o novo presidente, Luís Paulo de Araújo Bastos, que assumiria o cargo três dias depois da revolta, impôs rígida fiscalização ao toque de recolher, às nove da noite. Ele extrapolou os limites da legalidade ao determinar que todos os escravizados detidos como suspeitos de participação na insurreição continuassem encarcerados, inclusive aqueles inocentados pelas investigações. E mais: mesmo depois do julgamento, os que fossem absolvidos deveriam permanecer na cadeia até que seus donos providenciassem a venda deles para um comprador de outra província.

A partir de então, os escravizados urbanos passariam a enfrentar severas restrições de mobilidade e a viver recolhidos quase permanentemente. A menor desconfiança de um policial em relação a um deles, ainda que sem motivo concreto, poderia resultar em prisão para "averiguação". Há diversos casos de negros pacatos, conforme atestavam os próprios senhores e vizinhos, que receberam tratamento truculento atrás das grades. Mesmo com a interferência de seus donos, só eram soltos após minuciosa verificação de seus atos.

Apesar do estado de alerta permanente e dos inúmeros boatos de que estaria prestes a estourar uma nova conspiração, o que punha a população em pânico até a constatação de que as informações não procediam, Salvador viveria um período sem grandes turbulências até 1835. A Revolta dos Malês insere-se nessa extensa cronologia de rebeliões no campo e de uma única na cidade, quase cinco anos antes, reavivando o sentimento de rebeldia e inconformismo com o cativeiro.

Mais de uma década depois de encerrada a desgastante e custosa Guerra da Independência, seus efeitos prosseguiam. Muitos comerciantes portugueses de grosso calibre, que inicialmente se dispunham a permanecer no Brasil mesmo sob o reinado de dom Pedro, capitularam e voltaram para Portugal ao se tornarem vítimas do ardor antilusitano da população. Eles compunham um importante elo na cadeia de negócios com o mercado europeu e, ao irem embora, deixaram parte da produção do Recôncavo sem compradores.

Havia outros fatores que se associavam para empobrecer a Bahia na primeira metade do século XIX. Com a proibição do tráfico negreiro, num primeiro momento, a oferta de mão de obra africana diminuiu e os preços dispararam, também impulsionados pela concorrência da cultura do café no Sudeste do país, que impunha um novo ciclo e demandava cada vez mais escravizados para trabalhar na lavoura. Para piorar, a seca castigava extensas áreas, sobretudo no interior nordestino, impactando a produção agrícola e a criação de gado. Assim como a inflação era alimentada por uma enorme quantidade de dinheiro falso, imitações baratas das moedas de cobre de baixa qualidade que haviam sido postas em circulação pelo governo provisório de Cachoeira, ainda durante a guerra contra os portugueses.

A miséria persistia no Brasil independente e tornava a luta pela sobrevivência um longo e árduo desafio. As populações negra e mestiça eram as que mais sofriam. Como costuma ocorrer nessas circunstâncias, apegavam-se à fé, a cultos religiosos e a amuletos que supostamente lhes trariam proteção. Sem imaginar que a simples posse de alguns desses patuás – mais especificamente os papéis sagrados escritos em árabe – poderiam incriminá-los no futuro próximo.

CAPÍTULO II
Fé cega, faca amolada

Os amuletos malês se tornaram provas "incontestáveis" de participação de seus portadores no levante, de acordo com os critérios estabelecidos pelas autoridades na devassa que se seguiu à revolta, a despeito de serem peças amplamente difundidas entre as distintas nações africanas presentes na Bahia. A simples posse de um desses objetos religiosos, utilizados com o intuito de se obter proteção contra diversos males do corpo e do espírito, já era suficiente para a prisão e provável condenação de um negro suspeito. Embora o seu uso não significasse que o dono fosse necessariamente muçulmano, muito menos que tivesse envolvimento conspiratório, os guardas, promotores e juízes fecharam questão de que se tratava de um atestado de culpa.

A tradição do uso de amuletos pelos africanos remete às suas terras de origem, onde estavam disseminados entre os mais variados povos, islamizados ou não. Atribuir a objetos algum poder mágico, divino ou tão somente o condão de trazer sorte trata-se de uma prática universal que acompanha a humanidade desde seus primórdios. Em situações adversas, de risco, de doença ou em períodos nos quais a própria subsistência se vê ameaçada pela escassez de recursos, a busca por talismãs costuma crescer na mesma proporção da fé, um amparo recorrente dos desvalidos para manter a esperança.

Na Bahia de 1835, assolada pela crise econômica e com uma parcela substancial da população na miséria ou submetida à escravidão, não era diferente. Havia um comércio ativo desses amuletos, tanto mais valiosos se fossem escritos por um mestre de reconhecido poder espiritual, detentor de uma "baraca" – como se dizia – capaz de abençoar seus seguidores. A procura por essa espécie de patuás destinava-se a múltiplos fins, tais como proteger contra flechas, balas, golpes de armas cortantes ou doenças, bem como trazer prosperidade ou favorecer alguma conquista amorosa. Também podia ter a função de afastar maus espíritos ou domar forças da natureza, como o vento, que, além da ameaça concreta de causar destruições durante vendavais, ainda trazia o perigo de encerrar em seu bojo forças malignas e desencadear enfermidades, conforme muita gente acreditava.

Em face dos contratempos da vida, os amuletos malês prestavam-se a muitos propósitos e encontravam ampla aceitação, não só por parte dos diferentes grupos étnicos africanos, mas também entre crioulos e mestiços nascidos no Brasil. A língua escrita exercia grande fascinação para povos provenientes de sociedades cuja cultura, historicamente, transmitia-se de forma oral. A simples grafia em um pedaço de papel já provocava encantamento e, se trouxesse palavras sagradas registradas pelas mãos de um alufá com poderes reconhecidos por sua comunidade, compreendia uma força mística indiscutível para os crédulos. A sua utilização não impunha a obrigação de converter-se ao ideário muçulmano, embora, evidentemente, os iniciados no islamismo o procurassem com mais afinco.

Os amuletos mais tradicionais consistiam de pedaços de papel com trechos do Alcorão escritos em árabe, de preferência por um líder religioso renomado, depois meticulosamente dobrados, para que seu tamanho se reduzisse a poucos centímetros. Em seguida, eram colocados dentro de pequenas bolsas de couro ou de tecido, completamente fechadas pela costura, e pendurados por um cordão no pescoço para que ficassem na altura do peito ou das costas. Bem semelhantes aos escapulários católicos, que às vezes também traziam escrituras bíblicas em português ou latim, atraíam o interesse de pessoas de todos os credos.

Como cada peça tinha uma finalidade específica, a depender da mensagem que continha, havia africanos que carregavam uma porção delas para se precaver contra desgraças. Alguns desses patuás apresentavam outros elementos costurados juntamente com os papéis escritos em árabe, como conchas, areia e algodão, o que indica uma provável mistura com ingredientes de outras religiões africanas consideradas pagãs, que os empregam em seus rituais. Podiam apresentar, ainda, formas geométricas e desenhos cabalísticos associados a citações de versos das suras do Alcorão.

Durante as guerras entre nações africanas, esses amuletos circulavam amplamente, até mesmo entre adversários no conflito, sem reconhecer fronteiras, inclusive as de ordem religiosa. Embora alguns líderes fundamentalistas islâmicos os recriminassem, incomodados pela similaridade com os talismãs pagãos, a presença deles propagava-se por suas hostes. Até os guerreiros envolvidos no jihad declarado por Dan Fodio, de caráter ortodoxo, lançavam mão desse expediente para "fechar" o corpo e preservar suas montarias dos ataques inimigos. Assim como povos que professavam a religião dos orixás ou outras crenças pagãs, com frequência, rendiam-se à propalada força dos escritos muçulmanos, curiosamente utilizados nos embates contra os próprios seguidores do Islã.

Nesse contexto, não resta dúvida de que os revoltosos malês recorriam ao misticismo para ganhar coragem e receber as bênçãos de Alá, com a expectativa de que os salvaguardassem da morte e os conduzissem ao triunfo na guerra contra os brancos em 1835. "A vitória vem de Alá. A vitória está perto. Boas novas para os crentes", lia-se em um dos papéis descobertos pela polícia, em uma exortação aos fiéis bastante semelhante a outras mensagens contidas nos patuás. A associação entre fé cega e faca amolada procede, apesar de essa generalização ter seguramente implicado inocentes ao longo da devassa. Muitos amuletos desse tipo foram achados durante a revista dos corpos caídos na batalha ou com insurgentes capturados. Outros apareceram nas diligências organizadas pelas autoridades nas casas de suspeitos nos dias posteriores à rebelião. Mas nem todos possuíam ligação com a conspiração.

A tradução de parte dessas escrituras apreendidas revela uma grande diversidade não só dos objetivos buscados, como também em relação ao domínio da língua árabe. Textos escritos com correção e caligrafia elegante, que reproduziam com fidelidade trechos do Alcorão ou concebiam orações próprias, contrastam com outros mais rudimentares. Nestes, mais primários, observam-se palavras desarticuladas repetidas em sequência, às vezes até com erros de grafia das letras do alfabeto arábico, que devem mudar de forma a depender da posição que ocupam no vocábulo e da conexão com os demais caracteres. A explicação é simples: os mais elaborados provavelmente tinham sido redigidos por mestres malês, enquanto os demais eram fruto do esforço de aprendizes em início de instrução.

Uma parte desses documentos, que se encontram preservados no Arquivo Público da Bahia (APEB), passou por um processo de análise e tradução empreendido por historiadores como Rolf Reichert. Com a colaboração de Ahmed-Bioud Abdelghani, então conservador da Biblioteca Nacional de Paris, o estudioso alemão desvendou, por exemplo, um amuleto que traz o desenho de uma figura "mágica" retangular, na qual onze colunas verticais são cortadas por outras treze faixas horizontais, constituindo 143 pequenos quadrados, dentro dos quais foram inseridas letras isoladas, cada uma delas com um valor numérico correspondente. Acima desse quadro, nota-se uma inscrição já parcialmente desvanecida:

(1) Em nome de Deus compassivo misericordioso que benza Deus […] profeta depois […]

As lacunas na transcrição se devem ao fato de o papel estar carcomido pela ação do tempo, com alguns buracos que impedem a leitura completa. A numeração entre parênteses, tal qual foi usada por Reichert, indica apenas a ordem de cada linha no documento original, com a continuidade das frases na linha seguinte, sem intenção de separá-las por versos, mas tão somente de adequar a escrita aos limites da folha.

Abaixo da figura, lê-se um trecho extraído do verso 13 da sura 61 do Alcorão, intitulada "Ordem de Batalha", que dispõe sobre a disciplina necessária na luta em defesa do Islã, com a repetição cíclica de uma mesma frase:

(2) Em nome de Deus compassivo misericordioso […] Deus […]
(3) […] ajuda de Deus e triunfo iminente dá a boa notícia
(4) aos crentes ajuda de Deus e triunfo iminente dá a boa notícia

(5) aos crentes ajuda de Deus e triunfo iminente dá a boa notícia
(6) aos crentes

Do lado esquerdo do retângulo, mais uma sentença, essa tirada do verso 165 da sura 2:

Amam-nos como se ama a Deus, mas aqueles que creem amam a Deus de modo mais forte e [...]

O historiador alemão ressalta que os trechos escolhidos para compor o amuleto parecem ter sido pinçados a dedo a fim de entusiasmar seus usuários para o levante, com termos como "ajuda de Deus", "triunfo iminente" e "boa notícia aos crentes". Combinadas, essas expressões visam a fortalecer a expectativa de vitória na guerra contra os dominadores brancos infiéis. O próprio título de uma das suras selecionadas, "Ordem de Batalha", reforça essa impressão.

Já um outro documento analisado, pertencente ao escravizado hauçá Domingos, traz uma oração aparentemente improvisada, que não reproduz sequências literais do Alcorão. De acordo com Reichert, "a escrita faz presumir um autor que domina o árabe relativamente bem e que tem certa prática de caligrafia", avaliando que "os erros são insignificantes":

(1) Em nome de Deus compassivo misericordioso oh Deus oh mercê sobre mim oh rico
(2) oh onisciente oh abridor oh sustentador oh doador oh condutor oh generoso oh
(3) majestoso oh magnânimo oh extenso oh dono poderoso das causas oh dono

(4) do lícito e generoso concede-me meu sustento onde for e regozija-me
(5) com meu sustento em todo lugar por teu poder e tua força deveras tu és sobre
(6) toda coisa poderoso e ele disse louvor a Deus que afastou a tristeza
(7) deveras nosso senhor é o perdoador agradecido [...] faz-nos sair por ela de todo lugar
(8) diz deveras tu és a volta e benze esta terra e a volta e a finalidade
(9) oh Deus mais rico [...] e do inferno
(10) paz e força do senhor misericordioso e minha tranquilidade e
(11) minha morada e minha tranquilidade e minha morada oh Deus meu senhor
(12) peço-te o amor do benefício e por um pouco da recitação e o amor
(13) do pobre e deveras tu me perdoarás e te compadecerás de mim e deveras o poder [...]
(14) entre tuas criaturas peço-te nosso senhor teu amor e o amor de quem estimula e
(15) o amor da atividade por ela meu senhor deveras teu amor [...] oh dono do lícito e o generoso e oh
(16) mais misericordioso dos misericordiosos e minha tranquilidade e minha morada e minha tranquilidade e
(17) minha morada e minha tranquilidade e minha morada e minha tranquilidade e minha morada
(18) paz e força do senhor misericordioso paz e força do senhor misericordioso
(19) paz e força do senhor misericordioso faz-nos sair por ela de todo no [...] e vol-
(20) ta e benze esta terra e volta faz-nos sair por ela de tudo na

(21) volta e benze esta terra e volta deveras ele é capaz de
(22) seu regresso o onipotente e não há poder e não há força salvo com Deus o elevado
(23) o majestoso

A respeito dessa oração, Reichert chama a atenção para a similaridade com outra produzida pelo mesmo autor, e destaca: "[...] ainda que seja algo desordenada, demonstra todas as características duma prece muçulmana: o enaltecimento de Deus, de sua onipotência, onisciência e misericórdia, a enumeração de vários de seus atributos". Em linhas gerais, o suplicante roga pelo perdão divino, "tu me perdoarás e te compadecerás de mim", a fim de ser digno de entrar em comunhão com o Criador: "peço-te, nosso senhor, teu amor". Ele demonstra, sobretudo, preocupação com questões básicas de subsistência, como na parte em que diz "concede-me meu sustento", bem como clama insistentemente por "minha morada e minha tranquilidade".

Talvez por ser um escravizado já velho, o mais idoso entre os réus, com oitenta anos, Domingos temesse ser descartado pelo seu senhor, João Pinto Leite, posto que deixara de trabalhar como carregador havia dois anos. Em seu depoimento, declara que perdera a razão em consequência de um tombo e que já não prestava "serviço a seu senhor, sendo só por ele alimentado". As aflições do ancião africano faziam sentido, pois muitos donos concediam alforrias tardiamente e largavam os cativos à própria sorte quando estes envelheciam e só lhes davam despesas. Nesse caso, porém, seu proprietário não o abandonaria nem mesmo após ele ter entrado na mira da Justiça, tendo pago até a sua defesa no tribunal.

O advogado contratado, Antônio Gomes Vilaça, argumentou que não constituía crime, por si só, "ler e escrever a língua arábica, nem ter religião diversa da religião do Estado". Embora tenha adotado a estratégia de defesa de não reconhecer que seu cliente detinha a posse daqueles papéis malês, ressaltava que mesmo se lhe pertencessem, para servirem de base para uma denúncia, teriam de ser traduzidos e ali detectados "planos de destruição do Estado".

A despeito de Domingos realmente não dispor de condições físicas para o trabalho, a autodeclarada perda da razão deve ter sido mais uma tática para afastar sua culpa em relação ao levante. Afinal, as argumentações foram coerentes, com evidente lucidez no sentido de se abster de qualquer participação. O idoso acabaria inocentado ao final do processo.

Um outro exemplar interessante dessas escrituras que sobreviveram ao tempo está guardado no Instituto Histórico e Geográfico Brasileiro, com sede no Rio de Janeiro. Trata-se de um livrinho malê, com dimensões de sete centímetros e meio de altura por cinco centímetros de largura, composto por 102 folhas e com um cordão de couro para que pudesse ser pendurado no pescoço como amuleto. Encadernado em uma capa também de couro, reúne trechos do Alcorão e preces em árabe, compilados por um tal de Suleiman Ibn Daud, conforme a assinatura que consta da obra. Foi doado ao instituto por João Antônio Sampaio Vianna, advogado, juiz e intelectual baiano, em 1839, um ano depois da fundação da instituição. Ele aproveitou as poucas páginas em branco do manuscrito para deixar uma dedicatória e registrar as circunstâncias pelas quais teve acesso a essa preciosidade histórica.

"Este livrinho foi encontrado pendurado no pescoço de um dos africanos mortos na insurreição que teve lugar na Cidade da Bahia, a 25 de janeiro de 1835, e a mim presenteado pelo então presidente da província", explica Vianna, acrescentando que os africanos lhe "atribuíam o milagroso efeito de afugentar as balas, e preservá-los da morte". O doador afirma ter presenciado, no Palácio do Governo da província, a leitura "destes hieróglifos" da direita para a esquerda – uma característica do alfabeto árabe – por um dos pretos aprisionados. De acordo com seu relato, porém, o negro malê recusou-se a traduzir as escrituras para a língua portuguesa, apesar das promessas de recompensa e ameaças do presidente Francisco de Souza Martins. Algo bastante compreensível em face de a tradição islâmica apregoar que a leitura dos textos sagrados deve ser feita sempre em árabe. Além da disposição de seguir à risca tal determinação, o rebelde muçulmano provavelmente se sentiria um traidor em revelar as palavras de Alá aos inimigos infiéis.

O conteúdo do livrinho só pôde ser conhecido há algumas décadas, graças ao historiador hauçá Ibrahim Hamza. Se tivessem contado com a ajuda do preso malê para compreender o significado das letras de tamanho reduzido, distribuídas pelas seis linhas que cabiam em cada uma daquelas folhas minúsculas, Vianna e o presidente teriam se deparado com versículos de suras do Alcorão que expressam, com veemência, a indignação do povo preto contra seus dominadores. "Nosso Senhor! Nós obedecemos a nossos chefes e nossos maiorais, e eles nos desviaram do caminho", lamenta-se em um dos trechos. E roga por vingança contra os algozes: "Nosso Senhor! Foram estes que nos desorientaram, então lhes dê a dupla pena no fogo". A agonia causada pela traumática captura na África e o posterior sequestro para o Brasil pode ser refletida aqui: "Nosso Senhor! Nossa desgraça sobrepujou-nos, e nos tornamos um povo errante!".

Há passagens, também, que remetem ao desejo dos escravizados de se livrarem da submissão aos brancos nesta terra estranha, com o pedido para que surja um libertador capaz de salvá-los: "Nosso Senhor! Resgatai-nos desta cidade, cujo povo é opressor; e mandai-nos alguém que nos protegerá; e mandai-nos alguém que nos ajudará".

Em outro fragmento, exprime-se a já abordada dificuldade de os africanos arrumarem companheiras para constituir família, suplicando a Deus que lhes permita essa bênção: "Nosso Senhor! Conceda-nos mulheres e filhos que sejam o conforto de nossos olhos". Assim como pede-se para que não faltem alimentos: "Ó Deus, meu senhor! Mande-nos do céu uma mesa rica em provisões que sejam suficientes para o primeiro e o último dos nossos", implora o fiel, em uma citação do versículo 117 da sura 5.

Percebe-se que o autor desse pequeno livro de orações, apresentado como Suleiman Ibn Daud, conhecia amplamente o Alcorão e tinha bom domínio da língua árabe, além de destreza para escrever em espaço exíguo. A similaridade do nome com o de um alufá nagô atuante na revolta, o mestre Sule, pode sugerir que ambos se refiram à mesma pessoa. Porém, não existem indicativos de que o líder malê, chamado também de Nicobé Sule, tivesse originariamente essa outra identidade. Como jamais foi preso, tendo sido apenas citado como um dos mentores muçulmanos que atuavam entre os escravizados dos ingleses na Vitória, sua história não chegou a ser elucidada em detalhes. A suposição é de que tenha morrido durante a rebelião.

Em uma sociedade majoritariamente analfabeta, é natural que os cidadãos brancos ficassem impressionados diante da constatação de que havia escravizados letrados em árabe. No seu imaginário, o domínio de uma linguagem que eles próprios não compreendiam abria a perspectiva de que os cativos pudessem estar fazendo uso dessa vantagem para se comunicar entre si – e conspirar – sem serem descobertos. Isso deu margem a conjecturas de que bilhetes trocados entre os líderes malês cruzassem a província, de um lado para o outro, com planos revolucionários indecifráveis para as autoridades, impotentes diante daqueles estranhos signos até então nunca vistos. No entanto, entre os documentos encontrados, não há registro de nenhum com tal finalidade. Como a maioria desses papéis ficou sem tradução, surgiram inúmeras especulações nesse sentido, pendentes de comprovação.

Uma mostra dessa mistificação é uma pequena escritura atribuída ao nagô Lúcio, cativo de José Francisco Moreira, que exigiu muitas explicações às autoridades na época, por ter sido encarada como uma importante manifestação rebelde – quiçá um potencial libelo contra a ordem escravocrata na Bahia. Porém, nos trabalhos publicados por Reichert na década de 1960, desvela-se que naqueles rabiscos não havia nem sequer uma mensagem completa. De acordo com o historiador alemão, na primeira linha, lê-se somente "em nome de Deus compassivo misericordioso" e, no restante do documento, segue-se uma porção de letras separadas, repetidas e agrupadas aleatoriamente. "Trata-se dum exercício de escrita, bastante desajeitado, visivelmente de um aluno com pouca prática e escassos conhecimentos do árabe", conclui.

Assim como Lúcio, muitos outros malês principiantes no aprendizado da escrita árabe se viram às voltas com acusações de envolvimento no levante. Independentemente do nível de domínio da língua, parte deles efetivamente participou da rebelião, mas também havia aqueles mais interessados nos estudos que lhes permitissem se desenvolver intelectualmente e ascender na escala social.

Vale lembrar que o proselitismo muçulmano tinha no ensino linguístico um de seus mais eficazes apelos para atrair novos seguidores. Daí também terem sido apreendidas, pela polícia, dezenas de pranchetas usadas para as atividades de alfabetização. Essas tábuas de madeira retangulares, em geral com um cabo em uma de suas extremidades, podiam ser reutilizadas inúmeras vezes. Serviam não só como apoio para as folhas durante a redação com tinta comum, mas também para receber diretamente a escrita em sua superfície, em face da dificuldade de se conseguir papel e de seu alto custo. Nesse caso, empregava-se uma tintura à base de arroz carbonizado, que podia ser lavada com facilidade, permitindo que os alunos treinassem repetidamente a grafia árabe sobre a mesma base.

No universo místico desse grupo de africanos, além do uso prático, as pranchetas ofereciam uma outra modalidade de mandinga. A água que limpava a tintura de arroz, após a escrita, costumava ser bebida pelos seguidores de Alá em busca de energia protetora. Se essas frases apagadas da tábua tivessem sido redigidas por um mestre malê, acreditava-se que o poder do líquido se tornava ainda maior. Mas mesmo os exercícios de um estudante tinham o seu valor, pois reproduziam orações corânicas sopradas por Alá por intermédio do anjo Gabriel.

Assim como a posse de amuletos em árabe, de pranchetas e até de penas de escrever constituía forte indício de envolvimento de um africano na revolta, os abadás também eram encarados como provas incriminadoras. Isso a ponto de as autoridades os chamarem de "vestimentas de guerra". A aparição dos malês com essas roupas, na noite da revolta, causou grande impacto porque a população branca não estava habituada a vê-las no dia a dia. Os africanos não as usavam nas ruas para não chamar a atenção. Sabiam que passar despercebido era uma das regras básicas para um cativo não ser admoestado, e certamente vestir-se com um figurino tão alheio ao padrão europeu não seria uma boa ideia. Por isso, colocavam os seus camisolões apenas dentro de casa, em geral durante reuniões religiosas com seus pares.

Um outro aspecto precisa ser levado em consideração. O uso do abadá não só tinha o dom de conferir respeitabilidade a um malê do ponto de vista religioso, mas também o distinguia socialmente. Ainda estava vívida na memória dos africanos a imagem que relacionava esse tipo de veste a posições hierárquicas superiores em seus reinos. O escravizado nagô Bento, em depoimento, define esses trajes como "roupas que na sua terra são ornadas com elas as gentes grandes, as quais se entendem o rei e seus fidalgos". Na realidade, a indumentária das elites dessas nações possuía maior sofisticação, feita de tecidos mais nobres – como seda, veludo ou cetim – enfeitados por luxuosos bordados. Na Bahia, no entanto, os cativos adaptaram a confecção à sua realidade, com o emprego dos panos de que dispunham, sem prejuízo do efeito fascinante que lhes causava o caimento elegante dessas peças, que ficavam esvoaçantes ao andar.

Os abadás também passaram a ser um símbolo de pertencimento à "sociedade malê", bem como barretes na cabeça. Como em toda confraria, os integrantes almejavam estabelecer vínculos com os demais participantes e ser reconhecidos pelos iguais a partir de uma identidade em comum. Uma aspiração tanto mais latente em situação de escravidão, na qual os indivíduos haviam sido obrigados a renunciar à fé ancestral, ao nome original, aos familiares, a seus costumes e às relações sociais. À medida que um convertido avançava no conhecimento islâmico, era um caminho natural que passasse a ter direito a um abadá e a um barrete.

Assim, ao longo da devassa, foram localizadas várias peças desse tipo nas casas dos suspeitos ou em oficinas de alfaiates encarregados de produzi-las. É possível supor que houvessem se tornado objeto de desejo de muita gente, independentemente de projetos revolucionários. O fato de que os líderes malês as tenham usado na noite da rebelião não quer dizer que todos os muçulmanos donos de abadás e barretes estivessem a par dos planos conspiratórios, muito menos que se constituíssem em cabeças do movimento. Por outro lado, guardas e oficiais envolvidos nas investigações não alcançavam esse grau de sutileza, como se percebe por várias referências presentes no inquérito. Ao encontrar e recolher uma dessas roupas, um guarda de quarteirão anotou ter se deparado com uma "camisa de pano branco, distintivo dos chefes da insurreição". Daí se calcula a dificuldade dos suspeitos em desvincular tais vestimentas da ação revoltosa, ao serem alvo de uma acusação. Uma tarefa inglória.

Não só amuletos, abadás e barretes identificavam os malês. Também foram achados inúmeros anéis característicos, que serviam a esse fim. De cor prateada, eram espessos e costumavam ser usados em pares, um no polegar e outro no dedo anelar ou médio, em geral na mão esquerda. Ao se bater um dos aros contra o outro, emitia-se um som metálico que funcionava não só para a apresentação de um malê a um companheiro, mas também como forma de comunicação. Segundo o historiador João José Reis, tal adereço pode ser uma herança cultural introduzida por escravizados vindos de Ilorin, na atual Nigéria. Eles teriam reproduzido na Bahia um costume adotado pelos guerreiros de Afonjá – membro da aristocracia iorubá que se tornou um líder rebelde a partir de 1796 e, embora não fosse muçulmano, acolheu em seu exército hauçás e iorubás islamizados para lutar contra o *alafin* (ou rei) de Oyó e ascender ao poder.

Depoimentos de alguns dos suspeitos atestam que, ao serem recrutados para a causa, foi-lhes dado um par de anéis, além do abadá, para usarem na noite da insurreição. Essa distinção, entretanto, não incluía todos os participantes, seja por falta de peças suficientes, seja por se tratar de um reconhecimento destinado a membros mais inseridos na "sociedade malê". Um estágio que muitos combatentes não haviam alcançado, sobretudo aqueles mais distantes dos núcleos centrais da revolta, cujos planos incluíam até a adesão espontânea – no calor da hora – de africanos não islamizados, mas igualmente ávidos por liberdade.

O acesso aos anéis tornava-se mais fácil se houvesse proximidade com os alufás, como Dandará, por exemplo, cujo nome cristão era Elesbão do Carmo. Ele possuía uma coleção desses aros metálicos e costumava distribuí-los entre os discípulos, conforme contaria o alfaiate Luís França, morador do andar de cima da loja do acusado. Sem titubear, entregou o serviço completo: "[...] este tinha os dedos das mãos cheios de anéis, os quais repartia com os outros, e um livro escrito em letras desconhecidas, o que ele, testemunha, observava por uma greta do assoalho, e que muitas vezes viu estar este com umas contas grandes e rezar esfregando-as nas mãos, e gritando para o Céu". Em seu golpe final, denunciou que ali ocorria "todos os dias reunião de muitos pretos africanos, cujos nomes ele ignora [...] e que a insurreição da noite do dia vinte e quatro para vinte cinco foi feita pelos pretos nagôs e hauçás".

Único hauçá entre os mestres indiciados, o liberto Dandará gozava de condição financeira relativamente confortável, com o lucro proveniente de sua venda de fumo, localizada no mercado de Santa Bárbara, no centro comercial de Salvador, na freguesia da Conceição. As reuniões com seus seguidores ocorriam nesse imóvel, movimento que não passou despercebido pelos vizinhos. O jovem Luís França, de 26 anos, parece ter sido o mais bisbilhoteiro entre eles, estimulado por sua localização privilegiada, mas não era o único. O negociante português Adriano José de Souza, de 27 anos, também não poupou o africano em seu depoimento, ao declarar que Dandará "fazia em sua casa tábuas escritas para os nagôs aprenderem a ler". E ainda manifestou certeza acerca da culpa dele, ao acrescentar que "sabe por ver que o preto Elesbão do Carmo logo no dia seguinte da insurreição desaparecera da casa, e só apareceu depois de acabada a desordem".

Um trecho dos depoimentos de Adriano Souza e Luís França parece até ter sido combinado. Como ambos testemunharam no mesmo dia 5 de fevereiro, quase em sequência, fica a impressão de que se influenciaram mutuamente. O fato é que o lusitano também disse "que na mesma casa sempre se ajuntavam negros nagôs e hauçás para conversarem, e que sabe por ver que os pretos nagôs e hauçás fizeram a insurreição nesta cidade". Para quem não esteve presente no ardor das batalhas, ocorridas na escuridão da madrugada, os dois depoentes mostraram impressionante convicção a respeito das nações responsáveis pelo levante. Na realidade, reproduziram informação que corria pela cidade, mas, na condição de depoentes, lhe deram sustentação.

De seu observatório furtivo, pelas frestas do assoalho, o alfaiate ainda espionou a escravizada hauçá Emerenciana, com quem Dandará mantinha um relacionamento conjugal. França acabou por comprometê-la com a afirmação de que "em outras ocasiões viu a preta que com o dito preto mora e que também andava com os dedos cheios de anéis, e logo no dia seguinte da insurreição tirou todos os anéis dos dedos".

Uma terceira testemunha parece igualmente ter ensaiado com as outras duas o que falaria, pois praticamente fez coro às demais. Colega de ofício de França, o alfaiate Paulo dos Santos Rocha, pardo de 24 anos, demonstrou que fazia companhia ao português no ato de espreitar o andar inferior. "Perguntado a respeito da insurreição dos pretos africanos, disse que sabe por ver que o preto Elesbão do Carmo mora por baixo do sobrado em que ele mora, e que muitas vezes viu o dito preto estar lendo uns livros escritos em letras desconhecidas, e rezar umas contas desconhecidas, tendo os dedos das mãos cheios de anéis, e que o mesmo fazia a preta Emerenciana sua mulher, porque ele que repartia com os outros os anéis", declarou ao escrivão. Para finalizar, complementou que "todos os dias ele via ajuntarem-se, na casa deste, muitos pretos para estarem a conversar, e que ele supunha que todos estes pretos eram os que tratavam da insurreição da noite do dia vinte e quatro para vinte e cinco". Sem dúvida, testemunhos altamente comprometedores.

Houve mais um depoente que, além de confirmar o que os demais disseram a respeito do casal, ainda agravou a situação de Dandará ao sugerir que ele fosse um rebelde contumaz, com suposto envolvimento em revoltas anteriores. O negociante pardo Leonardo de Freitas, de cinquenta anos, o mais velho entre essas testemunhas, aproveitou sua maturidade para revolver o passado. De maneira surpreendente, declarou "[...] que ouviu dizer que o preto Elesbão do Carmo foi um dos negros dos levantes do tempo do conde dos Arcos, e que por ser esperto sempre escapou de ser preso, e que por isso ele sempre tinha em casa grande número de pretos a conversar, e que todos os outros o respeitam, e o chamam de Dandará".

Nada se sabe a respeito da hipotética participação de Dandará em outras rebeliões, mas sua decantada capacidade de se livrar das punições parece fazer algum sentido. Apesar de ter sido preso, interrogado e pronunciado, com a denúncia considerada procedente, portanto passível de ir a julgamento, seu nome não aparece no libelo de acusação feito pela promotoria. Com todas as provas que pesavam contra ele, Elesbão do Carmo integra o

Rol dos Culpados, porém a coluna em que deveria constar a sua sentença está inexplicavelmente em branco. Mais um episódio a alimentar a mística que envolve esse líder cultuado como herói pelos malês.

Se Dandará possivelmente conseguiu se safar de uma pena severa, sabe-se lá como, o mesmo não se pode dizer de sua companheira, tantas vezes citada pelas testemunhas por causa dos anéis. Além dos depoentes França e Rocha, Leonardo de Freitas também corroborou as acusações contra ela ao dizer "que a preta Emerenciana morava com o dito preto, tendo os dedos das mãos cheios de anéis, os quais tirou no dia seguinte da insurreição". Um coral acusatório e insistente.

Quando chegou a vez de Emerenciana ser inquirida pelo juiz, naturalmente nervosa após ouvir todos os depoimentos a implicarem, ela não tinha escapatória. A escrava de ganho – que vendia comidas e pagava por semana a féria a seu senhor – disse não conhecer "as pessoas que contra ela juraram". Em seguida, assegurou que "não cometeu crime algum porque não foi à guerra, e só o que fez foi tirar muitos anéis que trazia nos dedos fora, logo que apareceu a desordem para que não a culpassem". Se a posse desses objetos já era encarada como sinônimo de culpa, a admissão de que ela tratou de se livrar imediatamente deles por saber que poderiam estabelecer uma conexão com o movimento libertário acabaria por comprometê-la ainda mais. Os dedos cheios de anéis lhe valeriam quatrocentas chibatadas.

Ao contrário do casal, que efetivamente esteve ligado à revolta, nem todos que foram flagrados com anéis desse tipo tinham o mesmo envolvimento. Não obstante haver um histórico rebelde desses artefatos, anéis sempre foram vistos como ornamentos pelas mais diversas civilizações. Não haveria razão para ser diferente na Bahia do século xix. Por isso, não é de se estranhar que extrapolassem a "sociedade malê" para virar um acessório da moda – assim como uniformes militares camuflados são comprados por civis nos dias de hoje, especialmente por jovens, apenas por motivos estéticos. Para tanto, basta que alguém os considere bonitos. De fato, consta que havia um comércio paralelo de anéis semelhantes aos ostentados pelos malês com essa finalidade. O hauçá Silvestre João Antônio, sem que as investigações detectassem qualquer ligação dele com a revolta, admitiu que os comercializava em suas viagens pelas vilas do Recôncavo. Assim como podiam ser encontrados nas mãos de um ou outro crioulo brasileiro.

A partir do levante, porém, tanto esses anéis quanto os abadás sumiram de circulação na Bahia. Afinal, a repressão corria solta e se manteria incessante por meses, até mesmo anos depois. A violência e o arbítrio contra a população escravizada atingiam níveis cada vez mais intoleráveis.

CAPÍTULO 12
Salve-se quem puder

O perigo estava sempre à espreita. A vida dos africanos em Salvador se tornou um inferno depois da revolta malsucedida. Pouco importava que o número de pretos de todas as nações ali presentes, incluindo escravizados e forros, girasse em torno de 22 mil, e que apenas seiscentos deles, no máximo, ou 2,7% do total, tivessem efetivamente participado do levante. Todos se viam ameaçados pela perseguição e violência impostas não só pelas autoridades policiais, mas pela população branca em geral, com o apoio de mestiços e crioulos. Nagôs e hauçás, principalmente, que respondiam por 83% dos acusados, passaram a ser vistos como párias, criminosos em potencial que colocavam em risco a segurança da sociedade baiana. Os cativos e libertos cujas ocupações não os obrigassem a circular pela cidade chegavam a evitar andar pelas ruas sem um motivo importante. Qualquer saída representava uma aventura temerária, de final imprevisível.

Havia um clima de vingança no ar, em que se buscava não somente a responsabilização dos rebeldes que se sublevaram e instauraram o pânico entre os cidadãos livres. Mas, para muito além disso, avultava-se o desejo incontido de ir à forra contra todo preto em situação vulnerável que lhes cruzasse o caminho. O enorme contingente de africanos foi reduzido a um estereótipo, como se todos formassem uma mesma massa homogênea. Um evidente exagero, pois mesmo entre os cerca de 6.500 nagôs em Salvador, grupo étnico predominante no movimento – com a proporção de mais de 70% dos réus –, a grande maioria ficou à margem da conspiração. Outro ponto a se destacar: de cultura iorubá, eles eram majoritariamente do candomblé e, mesmo levando-se em conta apenas os islamizados, grande parte não aderira ao levante.

Para muita gente, no entanto, até aqueles africanos que comprovadamente não se envolveram na luta deveriam ser tratados com hostilidade e desconfiança. Contra eles, pesava a suspeita de que também pretendiam incorporar-se à guerra contra os brancos e, se não o fizeram – pensavam seus detratores –, foi porque houve a delação que precipitou o início das ações e a consequente repressão enquanto ainda dormiam. No mínimo, conjecturava-se, tinham sido coniventes com os revolucionários ao não prevenirem seus senhores sobre o ataque iminente. Como se todos soubessem o que estava sendo tramado... Em suma, exigia-se dos escravizados uma fidelidade ferrenha em defesa dos interesses daqueles que o subjugavam. Um contrassenso.

A reação parece ainda mais desproporcional se mensuradas as baixas sofridas pelos cidadãos livres e integrantes das forças oficiais. De acordo com o chefe de polícia, Francisco Gonçalves Martins, houve a perda de nove vidas. Entre os mortos, estavam os guardas permanentes Fortunato José Braga (o primeiro a ser abatido, no início da luta na ladeira da Praça) e Francisco Joaquim de Castro; o sargento Tito Joaquim da Silva e um de seus companheiros, identificado apenas como Siqueira, da Guarda

Nacional; e o soldado de artilharia Simpliciano Antônio de Oliveira, eliminado no Terreiro de Jesus. As demais vítimas eram o crioulo Geraldo das Mercês e os pardos José Luís de Sales, Inocêncio José Cavalcante e Joaquim dos Reis. Presumivelmente, estes últimos, civis, reforçavam as patrulhas de combate aos insurgentes. Todos eles tinham em comum o fato de pertencerem às camadas mais humildes da população.

Os malês poderiam ter deixado estragos muito maiores e produzido um número bem superior de mortos e feridos. É uma incógnita a razão pela qual eles não incendiaram casas, igrejas e prédios públicos – algo que seria fácil de ser feito mesmo de passagem, sem muita perda de tempo, e que exigiria o desdobramento e a divisão dos soldados e guardas, a quem caberia a missão de conter as chamas e minimizar o desastre. Eles também não cometeram violências contra os seus senhores e suas famílias, que os exploravam e humilhavam no dia a dia, frequentemente lhes tratando com brutalidade. Esse acerto de contas era tão previsível que muitos brancos haviam abandonado às pressas os seus lares para se esconder em embarcações ou no mato, temendo por suas vidas.

Mas nada disso aconteceu, o que provoca uma reflexão a respeito dessa atitude de certa forma contida dos malês. Os mestres que lideraram a insurreição, líderes religiosos que viviam mergulhados em orações, especialmente naquela noite sacra do Lailat al-Qadr, teriam atingido tal grau de elevação espiritual a ponto de refutar um massacre indiscriminado da população branca, mesmo em situação de combate? Será que alguns deles desenvolveram laços afetivos com um ou outro integrante da família a que serviam? Ou, quem sabe, uma espécie de sentimento paternal pelas crianças da casa, com o pudor de expô-las a uma violência que poderia sair de controle e tomar proporções de chacina? Como muitos tinham sido guerreiros no passado, outra hipótese é que trouxessem princípios militares que os impedissem de investir contra mulheres e crianças ou mesmo surpreender paisanos recolhidos em suas residências. As respostas acabaram enterradas com os rebeldes, que de uma forma geral foram lacônicos e pouco colaborativos na elucidação dos bastidores da revolta.

O fato é que os combatentes malês optaram por embates contra as forças oficiais, como se respeitassem um código de honra ao restringirem seus ataques a quartéis e postos policiais. Os poucos civis mortos e feridos haviam se colocado à sua frente ou se engajado em patrulhas de repressão. Tal comportamento não passou despercebido pelo presidente da província, Francisco de Souza Martins: "É inegável que eles tinham um fim político, porquanto não consta que eles roubassem alguma casa nem que matassem os senhores ocultamente", reconheceu. Essa dignidade, no entanto, não seria retribuída nos dias que se seguiram, com cenas de perseguição a pretos sem qualquer ligação com os acontecimentos do dia 25.

Tornou-se tão comum africanos serem vítimas de espancamentos e assassinatos que até o chefe de polícia, Francisco Gonçalves Martins, começou a se incomodar com a barbárie. Especialmente a praticada por agentes da lei que exorbitavam de suas atribuições. Em uma carta dirigida ao presidente, seu xará, ele expõe o problema com toda a gravidade: "A estranha conduta de alguns soldados da 1ª Linha e Municipais, os quais em menoscabo da disciplina, e das ordens, matam pretos pacíficos, e os ferem, o que tem sucedido repetidas vezes, me obriga a pedir a V. Exa. providências enérgicas a semelhante respeito, certo de que a facilidade de tais assassinatos hoje nas pessoas de africanos pacíficos induz-me a acreditar que se estenderá em qualquer outra ocasião contra outra espécie de gente. A barbaridade e a indisciplina não podem tornar-se prejudiciais unicamente aos pretos. O caso é muito sério, e nas ruas públicas continuam os assassinatos sem o menor motivo; ainda há pouco teve lugar um nesta minha rua", escreveu Gonçalves Martins.

Não faltavam motivos que impulsionassem o chefe de polícia a tentar conter os abusos das tropas. Pode ser que em alguma medida houvesse a intenção de impedir injustiças, movido pela compaixão. Mas existiam razões práticas e calculistas também. Em primeiro lugar, a execução sumária e indiscriminada de escravizados acarretava prejuízos a seus proprietários, que reclamavam em defesa de seus interesses econômicos. Vale lembrar que grande parte da população livre possuía cativos, desde poderosos senhores de engenho, que os tinham em grandes quantidades, até pequenos comerciantes e artesãos, em menor número. Um interesse financeiro abrangente, que incluía o próprio Gonçalves Martins, assim como o presidente da província, as demais autoridades de escalões superiores e influentes representantes de governos estrangeiros. Ninguém desejava sofrer perdas impostas por arroubos da soldadesca.

Outro aspecto que incomodava era ver guardas e militares de baixa patente agirem por conta própria, tomando para si a decisão de julgar, condenar e matar africanos, à revelia de seus comandantes e do devido processo jurídico. A base dessas tropas era constituída, em sua maioria, por mestiços – soldados pobres submetidos a privações e castigos físicos na caserna. Humilhados em sua vida cotidiana, aproveitavam o sentimento de repúdio da população branca contra os pretos para extravasar seus recalques e se impor com superioridade sobre aquela gente ainda mais desvalida na estrutura social, ou seja, os escravizados estrangeiros.

Por experiências anteriores, as autoridades pressentiam ser necessário conter esse ímpeto agressivo antes que se avolumasse e colocasse em xeque a hierarquia militar. Havia mais de uma década, a Bahia convivia com seguidas rebeliões dentro dos quartéis e, naquele momento de insegurança senhorial com o sistema escravocrata, um novo e concomitante movimento desse tipo seria catastrófico para a classe dominante. Agia-se, portanto, para conter os excessos.

Ainda estavam vivos na memória dos soteropolitanos os motins que perturbaram a ordem na província, especialmente o de 25 de outubro de 1824, quando integrantes do 3º Batalhão do Exército, constituído sobretudo por crioulos e mestiços, revoltaram-se ao perceber que sua divisão corria risco de ser extinta. Incorporados em face da urgência de enfrentar os portugueses durante a Guerra da Independência, negros e pardos brasileiros já haviam cumprido seu papel e podiam então ser descartados. Afinal, a decisão de utilizá-los como parte integrante das forças oficiais, com acesso a armamentos, nunca fora unânime. Com a convocação de seu comandante, o major José Antônio da Silva Castro, para servir no Rio de Janeiro, os Periquitos – como eram chamados popularmente por causa da farda verde que os caracterizavam – deduziram que seriam dispensados e tomaram de assalto o quartel-general. Uma reação emocional que traria graves consequências. A mais séria delas foi que, no calor dos acontecimentos, eles terminariam por assassinar o governador das Armas, coronel Felisberto Gomes Caldeira.

Em meio ao tumulto generalizado no meio militar, ainda houve a adesão de outros dois batalhões aos insurgentes, o que obrigou aqueles que se mantiveram fiéis ao comando institucional a se refugiar em Abrantes, a cerca de quarenta quilômetros do centro de Salvador. A cisão provocou um clima de instabilidade política, com enfraquecimento do aparato de segurança, e propiciou uma série de saques e roubos com emprego de violência, levando ao fechamento preventivo de estabelecimentos comerciais. A cidade ficou caótica por mais de um mês. Porém, sem fôlego para persistir com o motim, os Periquitos acabaram por capitular, convencidos pelo antigo comandante a se deslocar para Pernambuco a fim de lutar contra um movimento federalista, a Confederação do Equador. Tamanha ousadia não podia, entretanto, passar impune. Assim, dois de seus líderes, os tenentes Gaspar Lopes Villas Boas e Joaquim Sátiro da Cunha, foram condenados à morte.

Por motivos variados, mas sempre potencializadas pelos baixos soldos – às vezes pagos com atraso – e por condições de vida precárias, com alimentação de péssima qualidade e castigos recorrentes, outras rebeliões militares se seguiram. Somente em 1831, estourariam mais três conflitos dessa natureza, algo que a elite política e econômica baiana temia que se repetisse em 1835. Era preciso contar com forças disciplinadas em um cenário no qual se insinuava o perigo de uma revolução escrava. Nessa linha, também se explica a apreensão do chefe de polícia, compartilhada com o presidente. A exacerbação de soldados rasos o assustava, e Gonçalves Martins expressava com todas as letras o temor de que eles se empolgassem a ponto de dirigir a sanha autoritária, "em qualquer outra ocasião, contra outra espécie de gente".

Relatos, nesse sentido, davam conta de que os fardados começavam a ser impertinentes até com cidadãos brancos mais graduados, caso estes interviessem a favor dos pretos vítimas de arbitrariedades. Em correspondência enviada pelo cônsul francês Armand Jean-Baptiste Louis Marescheau ao ministro dos Negócios Estrangeiros de seu país, o diplomata informava que os soldados destratavam os senhores que procuravam os quartéis para libertar seus cativos ou que protestavam contra abusos cometidos no ato da prisão. Mas esses contratempos enfrentados por um ou outro cidadão, que tanta preocupação causava ao cônsul francês e a Gonçalves Martins, não eram nada se comparados ao que sofriam os pretos.

O alemão Robert Ave-Lallemant, que se estabeleceu como médico no Rio de Janeiro de 1837 a 1855, e depois faria uma série de expedições de Norte a Sul do país, registra uma imagem forte em sua obra *Viagens pelas províncias da Bahia, Pernambuco, Alagoas e Sergipe*. Embora tenha sido escrita em 1859, faz uma descrição impactante da situação que os africanos tiveram de enfrentar logo após a Revolta dos Malês: "Uma testemunha ocular contou-me coisas horríveis. Negros eram mortos nas ruas, a pancadas, como cachorros". Nem cães mereceriam ser vítimas de tamanha barbárie e crueldade.

O medo dos brancos de que novas rebeliões estourassem, tendo como pano de fundo a Revolução do Haiti e a própria Revolta dos Malês, estendeu-se por muitos meses. Boatos incessantes sobre conspirações em curso, que incluiriam vilas do Recôncavo e ilhas da Baía de Todos-os-Santos, alimentavam o rancor e o ódio contra os pretos. Ora o foco rebelde estava em Cachoeira, ora em Itaparica, Maragogipe, São Francisco do Conde, Nazaré das Farinhas e assim por diante, embora nenhum desses rumores tenha se concretizado.

O auge das perseguições, entretanto, se deu em janeiro de 1835, quando cidadãos saíam às ruas dispostos a atirar em negros que julgassem perigosos, em avaliações altamente emocionais e subjetivas. Existem registros de pelo menos dois pretos assassinados nessas circunstâncias.

Metade dos presos, cujos processos estão documentados, foram capturados nos dois dias seguintes à noite de terror, com a detenção de pelo menos 45 escravizados e cinquenta libertos. Uma quantidade de prisioneiros absolutamente incomum, que gerou dificuldades para se alojar tanta gente nos cárceres e para se arrumar comida suficiente para alimentar a todos. Já no domingo, dia 25, as cadeias usuais da cidade estavam lotadas, com a necessidade de se enviar parte dos prisioneiros para o Forte do Mar, uma fortaleza cercada pelas águas do oceano, que se tornaria a partir daí o principal local de detenção dos insurgentes. No final de março, concentravam-se lá 120 detentos, dos quais 78 nagôs, doze hauçás, cinco jejes e cinco minas. Os vinte restantes pertenciam a outros grupos étnicos. Havia mais quatro prisões abarrotadas: a cadeia municipal, o Forte de São Pedro, o Quartel da Cavalaria e a temida Presiganga, um navio-presídio com celas nos porões. Sem mantimentos suficientes e com parcos recursos financeiros, o governo estabeleceu que os escravizados deveriam ser sustentados pelos seus donos, enquanto os libertos que tivessem condições financeiras ficariam responsáveis por custear a própria alimentação.

Por ordem do presidente e do chefe de polícia, promovera-se uma caçada a supostos conspiradores em todas as freguesias. As diligências eram conduzidas pessoalmente pelos respectivos juízes de paz, secundados por inspetores de quarteirão, e com apoio de policiais municipais, guardas nacionais e soldados do exército, convocados especialmente para a missão. Havia ainda a presença de paisanos armados que se voluntariavam ou se viam obrigados pelas autoridades a participar da varredura feita nas residências dos africanos. Gonçalves Martins chegara a mandar publicar na imprensa uma ordem para que todos os cidadãos se incorporassem à campanha, autorizando juízes de paz a arregimentá-los mesmo contra a vontade, se "o patriotismo e o interesse da própria preservação os não convencer a se prestarem".

Se os direitos individuais da população livre estavam sendo desrespeitados, imagine-se então quando se tratava de escravizados ou forros suspeitos. Nesses casos, a arbitrariedade tornara-se regra. Em uma "canetada", o chefe de polícia suspendeu as garantias previstas pelas cartas de alforria, que pelo menos no papel equiparavam os beneficiados aos já nascidos em liberdade. Por sua determinação, os africanos libertos encontravam-se no limbo: "Nenhum deles goza de direito de cidadão, nem privilégio de estrangeiro", escreveu Gonçalves Martins, para incentivar os juízes de paz a tomarem todas as medidas que julgassem necessárias para averiguar e prender possíveis suspeitos, sem se conterem em face de empecilhos legais. Se as ações violentas dos soldados que agiam por conta própria, ao espancar, prender e matar africanos indiscriminadamente pelas ruas, passariam a incomodá-lo, não se pode dizer o mesmo dos abusos cometidos por autoridades sob seu comando. Dois pesos e duas medidas.

Sintomaticamente, a primeira lei aprovada pela Assembleia Legislativa Provincial, uma instância de poder recém-criada pelo presidente Francisco de Souza Martins, estabelecia a suspensão da inviolabilidade de domicílios pelo período de um mês. Promulgada em 28 de março de 1835, foi uma formalidade para dar sustentação legal ao que já vinha ocorrendo na prática, pelo menos quando se tratava de residências de escravizados ou libertos. Nos casos em que os cativos a ser investigados moravam com seus senhores, as revistas também podiam acontecer, mas se davam de forma muito mais cuidadosa, quase sempre com a anuência e até colaboração dos proprietários.

Orientados a invadir e vasculhar as casas de todos os africanos, os juízes de paz ganharam superpoderes. Quem ocupava essa função não possuía formação em direito. Eram os chamados "cidadãos de bem", comerciantes de prestígio ou profissionais liberais com alguma proeminência na sociedade, eleitos para fiscalizar as dez freguesias que compunham a cidade de Salvador. As que concentravam mais moradores – Sé, Conceição da Praia, Vitória e Santana – repartiam-se em dois distritos, com a nomeação de um juiz para cada um deles. As demais – Santo Antônio, São Pedro Velho, Pilar, Passo, Penha e Brotas – contavam com apenas um juiz.

Patrulhas sob as ordens de um juiz de paz cercavam as residências a serem investigadas e procediam a revista minuciosa de seu interior em busca de armas, papéis escritos em árabe, abadás ou qualquer outra evidência que pudesse incriminar seus moradores, submetidos a um interrogatório preliminar ali mesmo. Caso objetos considerados suspeitos fossem encontrados durante a busca, bem como se os africanos titubeassem ao responder a uma pergunta ou não apresentassem um álibi consistente para a noite da revolta, eram imediatamente levados à prisão. Sem que se atentasse para o fato de que muitos deles ainda não tinham fluência em português para responder com clareza.

Quando batiam à porta e ninguém abria, os policiais a arrombavam sem a menor hesitação, invadindo o lar de quem poderia estar ausente por motivos variados, inclusive atividades do trabalho. Do lado de dentro, se existisse mais alguma porta trancada, também seria derrubada, assim como baús fechados eram violados sem o acompanhamento dos proprietários. Em alguns casos, não se encontrava nada de errado, restando o prejuízo dos danos ao imóvel para os moradores.

Às vezes, juízes de paz se deparavam, nas casas invadidas, com peças da cultura africana, sobretudo referentes ao candomblé, como guias e atabaques, que acabavam apreendidos como indícios de práticas clandestinas. A intolerância atingira seu grau máximo. O escravizado nagô Torquato, por exemplo, foi condenado a 250 açoites por guardar dentro de uma caixa os seguintes elementos: um colar de contas coloridas (provavelmente do candomblé), pequenos breves (espécie de bentinhos com orações) envoltos em couro juntamente com ervas e algodão (também componentes de religiões africanas) e mais cinco papéis.

Em geral, se fosse achado algum objeto comprometedor na residência, todos os moradores acabavam presos, mesmo que apenas vivessem juntos para dividir o valor do aluguel. Uma dessas detenções em conjunto ocorreu em um sobrado na ladeira da Palma, que abrigava uma república de treze pessoas, incluindo quatro crianças, também levadas pela patrulha. Residiam ali africanos libertos de diferentes nações, algo incomum, posto que os pretos pertencentes a cada grupo étnico costumavam conviver quase sempre entre os seus.

Oficialmente, para a proprietária desse imóvel, apenas o hauçá Amaro constava como seu inquilino, havia pouco mais de dez meses. Porém, com o passar do tempo, os demais foram chegando: cinco nagôs adultos e seus filhos; uma borno; uma tapa; e um angola, que acabou excluído da devassa. Eles se amontoavam para caber naquele espaço. O casal nagô Ajadi Luís Daupele e Felicidade Maria da Paixão com seus três filhos, que tinham se mudado para lá fazia somente três meses, estavam instalados em um dos quartos. Os nagôs Belchior e Efigênia, juntamente com uma filha dela, ficavam no outro. Amaro dormia em uma esteira na sala, ao lado de uma tapa, que também se chamava Felicidade, e da borno Bazília. O nagô Alexandre improvisava a cozinha como dormitório.

Por volta das nove da noite do dia 27 de janeiro de 1835, uma inspeção policial comandada pelo juiz de paz do 1º Distrito da Freguesia de Santana, José Jacome Doria, bateu à porta dessa casa. Ao atender ao chamado, os africanos ficaram em choque ao se depararem com uma patrulha formada por quatro inspetores de quarteirão acompanhados por guardas e soldados do exército. As autoridades entraram com alvoroço e, durante a revista, acharam em um dos quartos, debaixo da cama, uma tábua solta sob a qual havia um vão. Nesse buraco, encontravam-se guardados dois barretes, um branco e outro vermelho; uma pena de escrever; uma faca de ferro com um palmo de comprimento, sem contar o cabo; um livro em árabe e quatro pranchetas de escrever. Além disso, ainda debaixo da mesma cama, mas colocados sob esteiras, foram apreendidos três anéis e duas bandejas de prata, assim como mais quatro pranchetas, uma delas com letras árabes escritas recentemente, posto que a tinta continuava fresca. Interrogados pelo juiz sobre quem seria o dono de tais objetos, os moradores demonstraram nervosismo e se atrapalharam nas respostas, caindo em contradições que os prejudicaram.

As provas estavam no quarto de Efigênia, a única a dispor de uma cama, artigo raro entre os africanos, habituados a dormir em esteiras no chão. Em um primeiro momento, ela apontou os demais moradores como os supostos donos dos objetos apreendidos, que teriam sido colocados ali sem seu consentimento, enquanto ela saíra de casa para lavar roupa na fonte. Já Ajadi atribuiu a posse a Belchior, um forro que morava com o grupo, porém sumira de lá havia cerca de um mês, após uma briga com a "amásia" Efigênia.

No dia seguinte, quando os presos foram levados para um novo interrogatório na casa do juiz de paz, a preta nagô corrigiria em parte as declarações prestadas na véspera. Desta vez, afirmou que a carapuça branca e duas pranchetas eram de Belchior e que os anéis de prata pertenciam a uma outra africana do mesmo grupo étnico, chamada Ana Rita, atual companheira de seu ex-amante. Essa delação, no entanto, soa como vingança, pelo fato de Efigênia ter sido abandonada. Quanto às bandejas de prata, assegurou que jamais as havia visto antes e, portanto, nada poderia falar a respeito. Já as demais pranchetas, as páginas em árabe, o barrete vermelho, a faca de ponta e a pena de escrever, segundo ela, "tinham sido lançados" no vão do assoalho de seu quarto por Ajadi.

Ouvido pouco antes de Efigênia, o africano dissera nada saber sobre o material encontrado. Porém, em face do que fora dito pela moradora da casa, ele voltou a ser confrontado pelo juiz e, pressionado, acabou por admitir ser o dono de duas tábuas de escrever, da faca, do barrete vermelho e do livreto com caracteres árabes. Para justificar a mentira inicial, alegou que "havia negado a posse desses objetos, receoso de algum mal que dessa confissão lhe sobreviesse". Porém, continuou a sustentar que não tomara parte da revolta.

O receio expresso por Ajadi se revelaria pertinente, pois como ele temia que acontecesse, apenas 42 dias depois da prisão, seria condenado à morte. Sua mulher, Felicidade, grávida do quarto filho, que nasceria no cárcere, recebeu sentença de cinco anos. Após recurso contra a punição máxima, o marido teve a pena comutada para oito anos atrás das grades, com trabalhos forçados. Porém, o casal cumpriria pouco mais de dois anos das punições estabelecidas, até ser beneficiado por um decreto de 16 de junho de 1837, no qual a Coroa atendia a seus pedidos para que a família fosse embarcada de volta à África, desde que arcasse com todas as despesas, conforme havia sido proposto.

O rigor das penas pela simples posse de objetos por si só inofensivos, como amuletos, escrituras e abadás, atormentava os africanos. Mesmo as facas, que se tornaram alvo de apreensões por serem vistas sempre como armas, eram instrumentos utilizados na maior parte das vezes para atividades corriqueiras, como cortar alimentos ou abrir picadas na mata, por exemplo. Às vezes, coisas ainda mais banais traziam problemas, como no caso em que uma patrulha, ao invadir os porões de um sobrado na rua Direita de São Pedro e arrombar as portas de dois casebres no quintal, encontrou uma modesta quantia em dinheiro, uma colher, um camisolão, três barretes e três sacos de estopa. Foi o suficiente para que o juiz de paz concluísse que se tratava de "dois esconderijos que mostravam bem serem coito de negros africanos". Como não estavam em casa, os libertos Luís Vieira e Jacinto foram presos posteriormente e condenados a oito anos de prisão.

Se utensílios tão imprescindíveis como facas já constituíam um problema, o que dizer de armas de fogo? E os vizinhos e colegas de trabalho estavam sempre atentos para denunciar se vissem uma delas nas mãos de um africano. O liberto nagô André descobriu isso da maneira mais dura possível, ao ser delatado por três crioulos com quem trabalhava nos açougues de São Bento, todos como picadores de carne. O fato de ter faltado ao serviço no domingo, dia 25, já despertara a desconfiança dos outros empregados. Mas o que selou mesmo sua sorte foi a imprudência de reaparecer na segunda-feira e manusear uma pistola na frente dos demais.

Não bastasse a decepção pelo fracasso do levante no dia anterior, André ficara ainda mais exasperado ao constatar que, em decorrência de sua ausência na véspera, seu patrão havia arrombado a porta do talho número quarenta, no qual trabalhava, e contratado o crioulo João Nepomuceno para substituí-lo. Com o semblante fechado, segundo testemunhas, o africano teria tirado a arma de dentro de uma caixa e a destruído a machadadas, para estupefação dos presentes. Em seu depoimento, Nepomuceno relata que "vira chegar mais ou menos às 9 horas o preto nagô André [...] que aparecera depois com uma pistola na mão, a qual pôs sobre o cepo e com um machado de picar carne a quebrou, atirando para abaixo do balcão do mesmo talho a coronha da dita arma".

A cumplicidade dos crioulos contra o africano fica evidente com a atitude de outro picador, o liberto Miguel dos Anjos Fernandes de Sá, que ao perceber a intenção de André de descartar os destroços da pistola em um depósito de lixo ao lado do estabelecimento, decidiu interpelá-lo. Com a desculpa de que se interessava pela arma, pediu que o parceiro lhe desse a estrutura de metal, com o cano, a fim de que pudesse providenciar uma nova coronha e restaurá-la. Em suas palavras, reproduzidas pelo escrivão, ele conta ter visto André "[...] querendo atirar fora para um monturo fronteiro ao mesmo açougue". E que então "ele testemunha lhe pedira [a pistola] e havendo o dito preto lhe entregado, ele testemunha a deu a José Zeferino de Salles, soldado permanente, que foi entregar a seu comandante Manoel Coelho de Almeida Sande". A ingenuidade de André ao acreditar que o colega pretendia aproveitar a arma quebrada, fornecendo-lhe assim a prova material que seria repassada à polícia, o levaria à prisão.

Além de ter dado um testemunho exatamente igual ao dos outros dois amigos, o crioulo Ludovico José da Silva acrescentaria um detalhe comprometedor para não deixar qualquer dúvida acerca do envolvimento do africano no levante. Segundo seu relato, enquanto batia na pistola com o machado, André teria proferido a seguinte frase: "Diabo, tu não me serviste para o dia de ontem, também não me serves mais!". Talvez um indício de que aquela arma velha tenha falhado no dia anterior e o deixado na mão em meio à batalha. Ao finalizar seu depoimento, Ludovico afirmou que, depois de ter presenciado a cena descrita acima, "se retirara com medo por ver que o mencionado preto estava muito furioso e zangado", ressaltando a periculosidade do acusado.

Em seu interrogatório, André negou categoricamente participação na conspiração ou mesmo conhecimento dela, como de praxe, entre quase a totalidade dos acusados. Indagado por que teria faltado ao trabalho no domingo, alegou que estava com medo, em face de toda a agitação na cidade e do clima inóspito para os africanos. Também teve de explicar o motivo de estar vestido com uma calça de ganga azul, aparentemente nova, idêntica às peças que alguns mortos usavam por baixo dos abadás no dia da rebelião. Ele declarou que "o motivo de se achar com tal roupa fora terem comprado todos os outros pretos da mesma fazenda para fazerem calças".

A respeito do principal ponto da acusação, ou seja, sobre o fato de ter destruído uma pistola a machadadas, queixando-se de que não lhe servira para matar os brancos na véspera, o cortador de carnes nagô disse "que isso é calúnia que lhe increpam para lhe fazerem mal". Apesar das negativas, as provas contra ele eram muito contundentes. Se ainda estivesse na condição de escravizado, provavelmente receberia centenas de açoites como castigo. Mas deve ter escapado da tortura por ser forro. No Rol dos Culpados, aparece um único André nagô liberto, sentenciado a doze anos de prisão, no dia 29 de abril de 1835. Porém, tal pena é atribuída ao Juízo das Culpas do 2º Distrito da Vitória, enquanto a prisão de André ocorreu na jurisdição do 2º Distrito da Sé. Fica, portanto, a dúvida.

Nesse ambiente dominado pelo medo, os pretos tentavam não se expor de forma alguma. Até mesmo os que necessitavam de socorro. Cientes de que estavam sob constante vigilância e que poderiam ser denunciados ao menor passo em falso, os rebeldes feridos em combate procuravam se esconder, sem buscar ajuda médica, na esperança de não serem descobertos. Alguns definharam em decorrência desses ferimentos, provavelmente havendo aqueles que morreram por infecção, sem que as autoridades tomassem conhecimento deles. O escravizado nagô Henrique, por exemplo, teve um dedo da mão decepado por uma bala, refugiou-se em casa e lá permaneceu até ser preso no dia 31 de janeiro, bastante debilitado. Quando foi levado pela polícia à Santa Casa de Misericórdia, era tarde demais. "Em estado tetânico", conforme consta dos registros do hospital, acabou morrendo três dias depois.

Outros africanos aparecem na lista de óbitos da Santa Casa, entre eles, a escravizada nagô Gertrudes, única mulher entre os mortos, alvejada por um tiro de espingarda. Fica em aberto se ela seria uma exceção, como improvável combatente feminina, ou se uma bala perdida a atingira por acaso. Os demais também foram vítimas de armas de fogo.

Os sobreviventes teriam uma longa provação pela frente. Após a rigorosa devassa, as invasões de residências, os inquéritos conduzidos de forma autoritária e as prisões preventivas, eles ainda precisariam se submeter a julgamentos com ritos sumários. Os acusados enfrentaram promotores que buscavam as penas mais longas e cruéis, testemunhas dispostas a incriminá-los a todo custo perante os jurados e o cumprimento de castigos desumanos impostos pelos juízes.

Figura 1 – Carregador africano – Bahia, por Rodolpho Lindemann. Retrato de um homem iorubá escravizado na Bahia, com escarificações no rosto. Foto capturada por volta de 1900 e utilizada como cartão-postal.

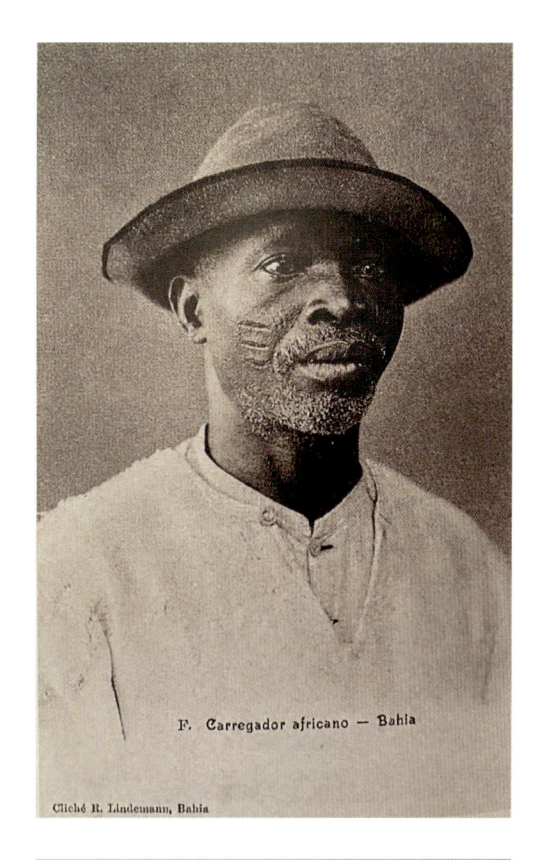

Figura 2 – Mina Nagô, por Augusto Stahl. Imagem: The Peabody Museum of Archeaology, Harvard. Mulher Mina Nagô, também com escarificações no rosto, em fotografia de perfil capturada por volta de 1865 por Augusto Stahl a pedido do cientista Louis Agassiz.

Figura 3 – Cadeira de arruar, Bahia, séc. XVIII-XIX. Madeira pintada, tecido e couro, 168 x 310 x 60 cm. Imagem: Romulo Fialdini/Tempo Composto/Museu de Arte da Bahia, Salvador.

Figura 4 – Senhora na liteira com dois indivíduos escravizados, Salvador, BA. Autoria não identificada. Imagem: Instituto Moreira Salles.

Figura 5 – Escravizados transportando homem numa liteira em Salvador, BA, por Alberto Henschel. Imagem: Acervo Instituto Moreira Salles. Fotos representativas de pessoas que eram carregadas por indivíduos escravizados; nas duas figuras aparecem descalços.

Figura 6 – Paço Municipal, Praça Municipal, Salvador, BA, c. 1860, por Benjamin Mulock. Imagem: Benjamin Mulock/Coleção Gilberto Ferrez/Acervo Instituto Moreira Salles. Foto do prédio da Câmara Municipal (funciona lá até hoje), onde antigamente também ficava a cadeia municipal, na qual esteve preso Pacífico Licutan.

Figura 7 – Água de Meninos, 1860, por Benjamin Mulock. Imagem: Coleção particular. Vista de Água de Meninos, local da última batalha da revolta em 1835.

Figura 8 – Antigo Palácio do Governo, c. 1870-1880. Imagem: Coleção particular. Foto antiga do Palácio do Governo da Província da Bahia, localizado no mesmo quadrilátero da Câmara Municipal, também atacado pelos rebeldes no início do levante.

Figura 9 – Vista de Salvador, c. 1859. Litografia com base em fotografia publicada no álbum *Le Brésil Pittoresque*, de Charles Ribeyrolles, por Victor Frond. Imagem: Arquivo Nacional, Rio de Janeiro. Litografias que mostram a vista de Salvador em meados do século XIX.

Figura 10 – Vista de Salvador, c. 1859. Litografia com base em fotografia publicada no álbum Le Brésil Pittoresque, de Charles Ribeyrolles, por Victor Frond. Imagem: Arquivo Nacional, Rio de Janeiro.

Figura 11 – Sobrado em Salvador, com pequenas janelas do porão próximas ao nível do chão, um tipo de cômodo idealizado para abrigar escravizados urbanos. Em um porão como esse, onde morava o nagô Manoel Calafate, iniciou-se a Revolta dos Malês. Imagem: acervo do autor.

Figuras 12 e 13 – Museu do Recôncavo Wanderley Pinho, em Candeias, Bahia, Brasil. Imagens: Shutterstock. O museu funciona em uma casa-grande erguida por volta do ano 1760.

Figura 14 – Um homem muçulmano escrevendo versos do Alcorão em uma tábua semelhante às que foram apreendidas com os malês. Imagem: World Religions Photo Library/Alamy/Fotoarena

Figura 15 – Amuleto do hauçá Domingos, "a escrita de um autor que domina o árabe relativamente bem, com erros insignificantes", segundo o historiador alemão Rolf Reichert. Imagem: Arquivo Público do Estado da Bahia/Fundação Pedro Calmon/Secretaria de Cultura do Governo do Estado da Bahia.

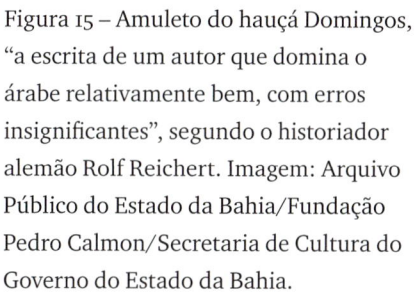

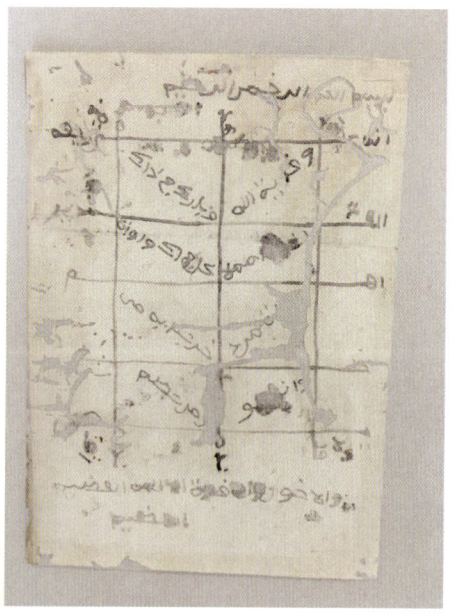

Figura 16 – Outro amuleto do hauçá Domingos, com inscrições em figura "mágica" retangular. Imagem: Arquivo Público do Estado da Bahia/Fundação Pedro Calmon/Secretaria de Cultura do Governo do Estado da Bahia.

Figura 17 – Amuleto do nagô Lúcio, um "exercício de escrita bastante desajeitado, visivelmente de um aluno com pouca prática". Imagem: Arquivo Público do Estado da Bahia/Fundação Pedro Calmon/Secretaria de Cultura do Governo do Estado da Bahia.

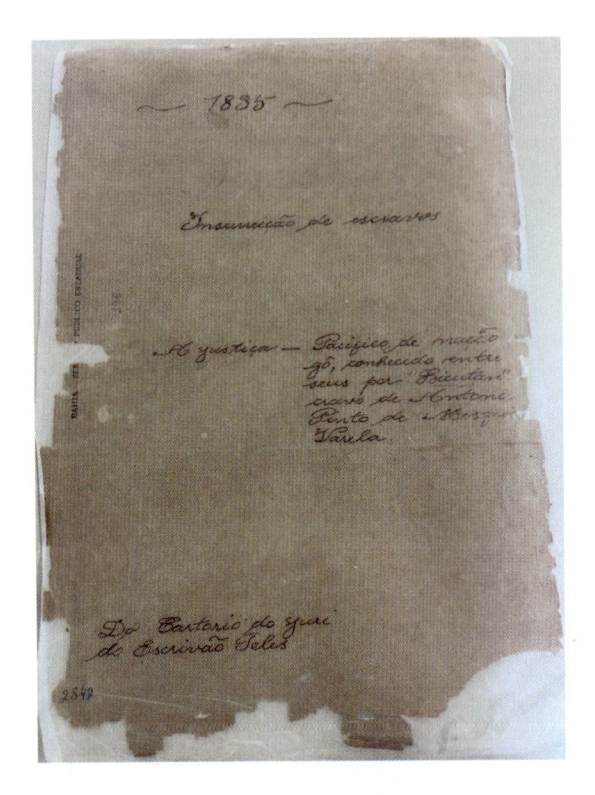

Figura 18 – Capa do processo original de Pacífico Licutan. Imagem: Arquivo Público do Estado da Bahia/Fundação Pedro Calmon/Secretaria de Cultura do Governo do Estado da Bahia.

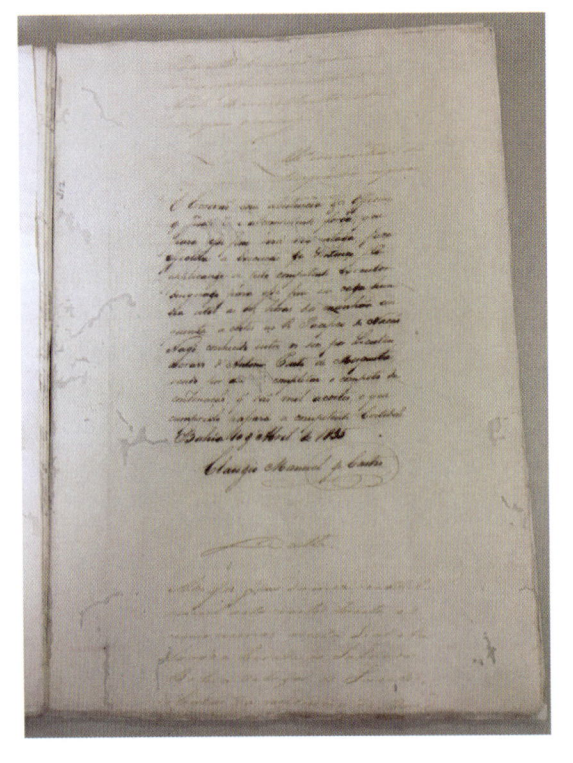

Figura 19 – Sentença de Licutan aos mil açoites, interna da sentença. Imagem: Arquivo Público do Estado da Bahia/Fundação Pedro Calmon/Secretaria de Cultura do Governo do Estado da Bahia.

CAPÍTULO 13

A lei do chicote

A máquina institucional de tortura funcionava a todo vapor. Distribuíam-se açoites às centenas, como se fossem meros puxões de orelha. E o terror tomava conta dos africanos no banco dos réus. Difícil saber o que seria pior: a pena de morte ou o calvário diário de ter a pele e a carne dilaceradas pelo chicote. Até mesmo porque a segunda opção, além de provocar sofrimento talvez ainda maior e mais prolongado, também poderia resultar em óbito.

Foi o que aconteceu com pelo menos um dos condenados. Sentenciado a 1.200 chibatadas, quantidade máxima estabelecida pelos juízes, o nagô Narciso não resistiu a tamanho martírio. O escravo de ganho, que trabalhava como remador de saveiro até ser preso em flagrante em meio à batalha, sucumbiu ao suplício sem que a aplicação do castigo fosse suspensa provisoriamente, conforme determinavam as ordens de execução das punições.

"Aos lugares designados para se fazer efetivas tais penas sejam os réus conduzidos pelo escrivão com oficiais de Justiça, e mais a força que se requisitar, e aí pelo competente executor sejam aplicados os açoites como é determinado no artigo 60 do

Código Penal, em tantos dias úteis quanto bastem para completar o número cominado na sentença final, salvo o risco de vida, do qual estado me informará o escrivão, a quem recomendo toda a atenção em tais atos", escreveu o juiz municipal Caetano Vicente de Almeida Júnior, em um texto que era praticamente padrão, com pequenas variações, para se expedir as condenações à chibata.

No caso de Narciso, o escrivão não seguiu a recomendação do juiz para que mantivesse "toda a atenção em tais atos" a fim de que a punição fosse implementada diariamente, "salvo o risco de vida". Talvez o funcionário tenha ficado empolgado demais com o "espetáculo", a ponto de se omitir diante dos evidentes sinais de que o nagô já agonizava acorrentado ao tronco. Afinal, muita gente parecia sentir prazer ao ver o degradante e cruel castigo ser cumprido em praça pública. Uma barbárie cometida sob o verniz pretensamente civilizatório que envolvia os ritos processuais dos julgamentos dos africanos, por ironia, chamados de "bárbaros" pelos brancos.

Com a justificativa de servirem de exemplo aos demais escravizados, para dissuadi-los de participar de futuras conspirações, as cerimônias de açoitamento ocorriam em locais públicos. Enquanto parte dos cidadãos deleitava-se com o sofrimento alheio, os pretos que passavam pelas ruas tinham de conviver com essas cenas de terror em seu cotidiano. Uma prática que se tornou rotineira e se estendeu por muitos dias, pois, para o cumprimento total das penas, quase sempre eram necessárias várias sessões de tortura. O tal artigo 60 do Código Penal, que havia sido promulgado em 1830, dispunha o seguinte: "O número de açoites será fixado na sentença; e o escravo não poderá levar por dia mais de cinquenta".

O show de horrores começava com a retirada das roupas dos africanos para que, com os corpos expostos, recebessem as chicotadas diretamente na pele, nas costas e nádegas. As ranhuras abertas na carne sangravam com a repetição dos golpes sobre as mesmas partes, já machucadas nas primeiras chibatadas. Os negros contorciam-se com a dor lancinante – e crescente a cada fissura – para satisfação de alguns espectadores e mal-estar de outros, que se juntavam em torno dos troncos instalados em pontos distintos da cidade, como no Campo da Pólvora, em Água de Meninos e no Campo Grande. Em geral, os sentenciados passavam por cada um desses locais em dias consecutivos, como se fizessem uma turnê, para tornar essas exibições macabras acessíveis aos moradores e passantes das diferentes regiões de Salvador.

A despeito do limite de cinquenta chicotadas por sessão, tal precaução trazia pouco alívio às vítimas, pois o tempo de 24 horas revelava-se insuficiente para que as feridas cicatrizassem antes da retomada do procedimento no dia seguinte. Às vezes, por iniciativa do escrivão que acompanhava o castigo e fazia a contabilidade dos açoites, o juiz era notificado sobre as precárias condições físicas do condenado, para que um médico fosse acionado a fim de avaliar se ele tinha condições de suportar a continuidade do sacrifício.

Um exemplo disso aconteceu no dia 2 de maio de 1835, quando o doutor Prudêncio José de Sousa Britto Cotegipe atestou ao juiz municipal Caetano Vicente de Almeida Júnior: "Em resposta ao ofício de V. S.ª datado de hoje, em que me pede informações acerca do estado dos africanos que estão cumprindo as suas sentenças de açoites, se poderão continuar sem perigo de vida na continuação dos mesmos, tenho a dizer a V. S.ª que passando a examiná-los, só achei dois, ambos por nome José, escravo um de

José Marinho, e o outro do francês Jaques, que estão em estado de poderem continuar no cumprimento das mesmas sentenças, achando-se todos os mais impossibilitados em razão das grandes ulcerações que ainda existem abertas nas nádegas".

Em outra ocasião, num parecer apresentado em 19 de setembro, o médico foi ainda mais enfático: "Tendo procedido o exame por V. S.ª requisitado nos africanos que estão cumprindo a pena de açoites, tenho a cientificar a V. S.ª que os negros Carlos, Belchior, Cornélio, Joaquim, Carlos, Thomas, Lino e Luís, que se acham nas Cadeias da Relação, estão em estado tal, que se continuarem por agora a sofrer os mencionados açoites, poderão talvez morrer", advertiu.

Para se ter uma ideia da gravidade das lesões, nessa mesma data, Luís necessitou ser internado no hospital da Santa Casa de Misericórdia, onde permaneceu em tratamento ao longo de dois meses. Logo depois de receber alta, viria a reabrir os ferimentos ao retornar para cumprir o restante da sentença de oitocentos açoites. Mesmo traumatizado pela violenta experiência anterior no tronco, que quase o matara, precisou suportar mais duas semanas de agonia diária.

O tormento dos condenados não terminava nem mesmo após receberem todas as chibatadas da sentença. Um outro trecho do artigo 60 dispunha o seguinte: "Se o réu for escravo, e incorrer em pena, que não seja a capital, ou de galés, será condenado na de açoites, e depois de os sofrer, será entregue a seu senhor, que se obrigará a trazê-lo com um ferro, pelo tempo e maneira que o juiz designar".

O ferro em questão era, com frequência, uma gargalheira – espécie de coleira de metal, em geral com três hastes que se projetavam acima da cabeça, em forma de cruz, usada habitualmente para subjugar escravizados fugitivos. Em uma das extremidades, podia-se colocar um chocalho ou uma sineta para fazer barulho e, assim, alertar a vigilância sobre os movimentos do cativo. Além de humilhante, consistia em um instrumento pesado e bastante desconfortável, sobretudo para dormir, deixando marcas e até lesões na pele.

O nagô Luís teve de conviver com essa peça por quinze dias. Um período breve em comparação com o imposto a outros réus, obrigados a suportar o incômodo acessório por meses, em alguns casos por anos. O juiz só liberava o condenado da prisão após seu proprietário pagar pelo apetrecho e assinar um termo em que se comprometia a mantê-lo no corpo do escravizado pelo tempo estipulado, além de se responsabilizar pela conduta dele dali em diante.

No caso de Luís, quem assumiu tal incumbência foi o seu novo senhor, Francisco Antônio da Rocha, que o comprara do antigo dono, Guilherme Benne, pela módica quantia de 100 mil-réis, um negócio de ocasião por um cativo de apenas 25 anos. Cerca de um terço do preço de mercado, em face de seu histórico de rebeldia. Depois de cumpridos os trâmites legais, o juiz Caetano Vicente de Almeida Júnior assinou seu despacho: "Julgo extinta e satisfeita a pena do réu, e em consequência livre da mesma, o escrivão lhe dê baixa na culpa, passando alvará de soltura, depois de constar que o dito réu se acha com um ferro de cruz no pescoço, ao que se obrigará seu senhor, por termo lavrado nos autos, trazê-lo por espaço de quinze dias".

O nagô Lino, escravizado que pertencia à madre Feliciana Maria de Jesus, do Convento da Soledade, passou por provações semelhantes. Condenado a oitocentas chibatadas por ter sido preso em flagrante durante o ataque ao Quartel da Cavalaria Permanente, em Água de Meninos, levara uma estocada de espada no braço esquerdo e, debilitado, acabou preso com outros doze companheiros. Sentenciado à morte no primeiro julgamento, posteriormente conseguiria a comutação da pena para açoites. Também citado no relatório médico que advertia sobre risco de morte, caso continuasse a ser posto no tronco, assim como Luís, teve a execução do castigo suspensa ao atingir trezentos golpes. Ele suportara até ali sessões consecutivas de cinquenta chicotadas, a partir de 10 de setembro de 1835, prosseguindo nos dias 11, 12, 15, 16 e 17 do mesmo mês, quando o escrivão solicitou ao juiz a presença de um médico. Após o atestado interromper o martírio, Lino permaneceu em tratamento até que pudesse voltar a cumprir a sentença, em 3 de novembro, com sequência nos dias 4, 5, 6, 10, 11, 12, 13, 14 e 16, quando completou o número de golpes estipulado.

Mesmo assim, Lino continuaria preso por mais cinco meses. O principal entrave para a soltura foi a recusa da proprietária de se responsabilizar pelos atos do cativo, como exigido pela Justiça. Por não querer se comprometer, já que não tinha convicção de que o escravizado se manteria disciplinado a partir de então, ela decidiu vendê-lo para repassar o encargo a outro dono, conforme documento protocolado em 17 de dezembro. Ao que parece, porém, houve dificuldade em encontrar um comprador e concluir o negócio, pois no dia 29 de março do ano seguinte, por intermédio de seu cunhado e procurador, finalmente a religiosa aceitou cumprir o requisito de responder pelas atitudes do africano. "Compareceu o doutor José Soares de Castro [...], que em nome de sua constituinte, a madre soror Feliciana Maria de Jesus, do Convento de Soledade, vinha a este Juízo em cumprimento ao despacho exarado na petição respectiva assinar o presente termo, pelo qual se responsabiliza pela conduta futura de seu escravo Lino Nagô, a fim d'este poder ser solto da prisão em que se acha, visto já ter sofrido a pena que lhe foi dada."

O último ato processual remete ao dia 16 de abril de 1836, quando mais uma vez o procurador da madre compareceu ao Juízo e disse que, em nome dela, "vinha obrigar-se a fazer trazer seu escravo Lino um ferro ao pescoço por tempo de quatro meses". Um período bem maior que o determinado a Luís.

Já o mestre Luís Sanin, cuja sentença de morte foi reformada para seiscentos açoites, amargou dois anos com o aparelho de ferro no pescoço. Embora também tenha recebido uma pena severa, causa estranheza que fosse menor que as de outros réus que não exerceram o mesmo papel de liderança. Resultado dos esforços empreendidos por seu proprietário, Pedro Ricardo da Silva, e pelo advogado contratado para argumentar que houve falhas processuais na primeira instância, obtendo assim a anulação da condenação. Como a decisão definitiva – proferida pelo Supremo Tribunal de Justiça – só se daria em novembro de 1839, quase cinco anos depois do levante, os ânimos já estavam serenados. Dessa forma, o novo júri considerou Sanin culpado da insurreição, mas o definiu apenas como cúmplice, e não como um dos cabeças. Quem presidia a sessão era o juiz de direito Francisco Gonçalves Martins – ele mesmo, o também chefe de polícia em 1835, que conhecia perfeitamente o papel proeminente desempenhado pelo alufá na conversão dos iniciantes. Os cabelos brancos do escravizado, que denotavam a idade avançada, podem ter servido para abrandar um pouco o castigo, levando o magistrado, porém, a compensar as centenas de chicotadas a menos com um tempo mais extenso do uso da gargalheira.

Em outros casos, em vez da coleira de ferro, o juiz podia optar por grilhões nos tornozelos. Foi o que ocorreu, por exemplo, com o nagô Cornélio, condenado à morte no primeiro julgamento, apontado como um dos líderes da insurreição, mas que depois teve a pena reduzida para oitocentos açoites. Após o castigo ser cumprido, o juiz Caetano Vicente de Almeida Júnior determinou a seu dono, José Soares, a seguinte instrução: "[...] ordeno que o senhor do dito escravo se obrigue por termo lavrado nos autos, trazê-lo com um ferro, ou uma corrente dos pés à cintura pelo espaço de cinco meses, sob pena de desobediência, se assim o não cumprir, devendo o ferro ou a dita corrente ser posta antes da soltura, e as despesas do seu senhor".

A depender do humor do juiz ao expedir a sentença, a humilhação e o desconforto dessas peças metálicas podiam acompanhar o escravizado ao longo de toda a vida. Após sofrer mil chibatadas, o nagô Manoel recebeu a determinação de que precisaria usar os ferros em seu corpo enquanto morasse na Bahia. Um suplício, talvez, sem fim.

Em algumas situações, o chicote chegou a ser empregado antes mesmo da condenação no devido processo penal, com procedimentos arbitrários, intimidadores e sem respaldo legal contra os investigados. Os escravizados Francisco e Carlos sofreram açoites no ato da prisão, no dia seguinte ao levante, para que admitissem sua participação. Por incrível que pareça, essa revelação foi feita, com naturalidade, por um dos guardas que compunham a patrulha responsável pelas prisões. "[...] porque se lhe tinham dado algumas chibatadas a fim de que assustados confessassem", afirmou Izidro Victorio de Souza, no dia 13 de fevereiro, já na condição de testemunha. Acuada e instada a dizer quais armas haviam levado para a luta, a dupla de cativos domésticos teria respondido que saíra de casa com facas. "Foi preciso empregar-se algumas chicotadas aos mesmos pretos a fim de declararem mais alguma coisa", ressaltou, novamente, a testemunha policial.

A violência foi tão brutal que o inglês Jones, um dos senhores dos dois nagôs, revoltou-se e os instruiu a não responder às perguntas, até que estivesse presente a autoridade competente, no caso o juiz de paz do 1º Distrito da Freguesia de São Pedro Velho, Felix Garcia de Andrade Silveira. Embora agisse no sentido de preservar os direitos dos escravizados, mínimos que fossem, o britânico despertou a indignação dos policiais, para os quais tal atitude "favorecia os delinquentes". Jones recusou-se a entregá-los à escolta que os conduziria à prisão, fazendo com que o inspetor Antônio Manoel do Bonfim fosse "dar parte ao juiz de paz dessa repugnância". Assim, somente depois que o juiz concedeu a ordem, Carlos e Francisco foram para a cadeia.

Esse clima de terror no trato com os africanos fazia com que alguns deles entregassem companheiros, por se sentirem ameaçados. Carlos e Francisco, por sinal, haviam sido apontados por um vizinho, o também nagô José, que servia ao francês Gey de Carter. O próprio José fora preso em consequência da deslealdade da escravizada Catarina, que pertencia ao mesmo senhor. Ela dera com a língua nos dentes na venda do comerciante Joaquim Pedro dos Santos, que, ao saber da saída do parceiro de cativeiro dela por volta de uma hora da manhã e depois tê-lo avistado na rua, juntou-se ao sargento Cyrilo e ao guarda Manoel Pinheiro da Paixão para detê-lo. Conduzido ao Quartel do Corpo dos Permanentes, José sofreu agressões e, forçado a revelar com quem saíra à noite, concordou em levar a patrulha à casa de Carlos e Francisco.

A versão sustentada por eles é a de que tinham saído para tomar banho à beira do mar, no Unhão, já ao amanhecer. Mas caíram em contradições. Para explicar por que sumiram por tanto tempo no domingo, Francisco alegou que ao voltar para casa, após o banho, "como viu que andavam soldados pela rua prendendo os pretos, ele respondente se escondeu no Mato do Gabriel até as três horas da tarde", juntamente com seu companheiro. Só faltou combinar com Carlos, que preferiu negar que tivessem se escondido no mato.

A Carlos e Francisco, caberia a pena de quinhentos açoites cada um. Já José recebeu punição ainda mais severa, de oitocentas chibatadas, porque, além de ter sido ele a chamar os vizinhos para sair na madrugada, encontraram-se as seguintes peças em sua posse: uma folha de papel escrita em caracteres arábicos, uma enfiada de 98 contas de coco em um cordão de algodão, sete anéis de metal branco enfiados num trapo de riscadinho azul, "um embrulho de riscadinho azul em forma de breve, cosido com linhas brancas, o qual sendo descosido, achou-se dentro meia folha de papel com as mesmas letras arábicas, dobrado em dobras miúdas, cujos objetos se tornam dignos de desconfiança, e veementes indícios de ser o mesmo preto José um dos corréus compreendidos na desastrosa insurreição que infelizmente teve lugar na noite de vinte e quatro para vinte e cinco do corrente mês de janeiro".

Os africanos investigados, ainda que não houvesse contra eles nenhum indício de participação na revolta, precisavam ultrapassar várias barreiras para serem inocentados. E nem sempre conseguiam, mesmo que aparentemente as circunstâncias lhes parecessem altamente favoráveis. O processo do hauçá Antônio salta aos olhos nesse sentido. A única "prova" material encontrada durante a revista de seu quarto foi "um pedaço de taquari aparado à maneira de pena, suja de tinta". Em outras palavras, tratava-se de uma pena de escrever feita com taquara ou bambu. Ele admitiu que a usava para redigir "coisas tendentes a sua nação", em suma, orações muçulmanas. Em seguida, por ordem do reverendo Egídio Barbosa de Vasconcellos, então juiz de paz da freguesia da Penha, que pretendia verificar sua habilidade, o cativo rabiscou "uns garatujes", conforme registrou o escrivão, com a intenção de dizer "garatujas", ou seja, letras ininteligíveis. Indagado pelo juiz sobre o significado daqueles caracteres arábicos, "respondeu que o que tinha escrito era o nome da Ave Maria". Após concluir as investigações, inclusive com depoimentos de testemunhas e do senhor do escravizado, o reverendo o inocentou: "Não procede o presente sumário contra o preto Antônio, escravo de Bernardo José da Costa, porque dele não resulta prova". Para alívio do africano, o problema parecia resolvido. Ledo engano.

Dois dias depois, para surpresa do religioso, e mais ainda do investigado, que já se julgava livre de complicações com a Justiça, o temido promotor João Alexandre de Andrade Silva e Freitas não concordou com a avaliação do juiz de paz e solicitou que o nome de Antônio fosse incluído no Rol dos Culpados. Com base na simples posse de uma pena de escrever e nos depoimentos de vizinhos que declararam saber, "por ouvir dizer", que o hauçá ganhava "quatro patacas diárias pela escrituração que fazia em seu idioma", vendendo orações a pretos de sua nação e ensinando-lhes a língua estrangeira, Antônio foi mandado a julgamento.

Das sete testemunhas ouvidas, duas disseram nada saber. Entre as cinco demais, que confirmaram o conhecimento da escrita por parte do acusado, apenas duas o incriminaram diretamente, ao afirmar que sabiam, "por ser voz pública, que o preto Antônio coopera por meio de suas escritas para a presente insurreição". De nada adiantou a manifestação de seu senhor a favor do cativo, ressaltando não haver nenhum indício da participação dele no levante e que "não pode fazer carga ao réu porquanto não é crime escrever, pois que tais escritas são tendentes as suas orações". A despeito da absoluta ausência de provas e da leviandade dos testemunhos baseados em "ouvir dizer" e "por ser voz pública", Antônio amargou a duríssima sentença de quinhentas chicotadas.

Nem só o açoite impunha aos rebeldes dor intensa durante o cumprimento da pena. As condenações à prisão com trabalhos forçados também visavam submetê-los a jornadas extenuantes, igualmente presos por ferros e sujeitos aos caprichos e retaliações de guardas. O liberto Aprígio, que esteve no epicentro do levante como um dos moradores do sobrado da ladeira da Praça, onde tiveram início as ações dos revoltosos, acabou punido com galés perpétuas. Embora o termo "galés" remeta às embarcações usadas desde a Grécia Antiga – munidas de duas velas, mas movidas sobretudo pelo esforço de remadores, em geral escravizados ou condenados –, a expressão também pode significar qualquer prisão acompanhada de tarefas pesadas.

Dessa forma, Aprígio prestou serviços ao longo de décadas em várias obras públicas ou de entidades religiosas ligadas ao governo, como nas executadas no Forte de São Pedro, no Arsenal da Marinha e no Colégio dos Jesuítas. Em 1849, após ter cumprido quatorze anos da sentença, buscou pela primeira vez obter o perdão imperial. Mas deu azar. A essa altura, o presidente da Bahia era Francisco Gonçalves Martins – sempre ele, o ex-chefe de polícia que comandara a repressão aos malês em 1835 –, por quem passava todo pedido de clemência. Sem levar em consideração as avaliações positivas de dirigentes e funcionários penitenciários, a respeito do comportamento do detento, a solicitação foi negada.

Somente depois de vinte anos, o fiel escudeiro de Manoel Calafate se encorajaria a fazer nova tentativa, estimulado pelo êxito obtido, no final do ano anterior, por um de seus colegas de cárcere. O escravizado nagô João, que pertencia à sociedade dos ingleses Clegg & Jones até ser preso e rejeitado pelos donos, enfim obteve a soltura quando já estava idoso. Aprígio solicitou, então, receber o mesmo benefício, alegando "que não há nada a recear de um velho sexagenário estragado pelo serviço das galés". De fato, já perdera o viço em face do trabalho árduo e por carregar grossas correntes nos pés havia mais de trinta anos. O indulto do Imperador só chegaria em 1872 e, mesmo assim, existem registros de que Aprígio continuava encarcerado até quatro anos depois.

Outro personagem presente na origem da revolta, o alfaiate Domingos Marinho de Sá, precisou cumprir a totalidade da pena, de oito anos com trabalho. Punição bem mais branda que a de Aprígio, mas ainda assim severa para um pardo brasileiro que parece um "estranho no ninho" em um levante organizado e executado exclusivamente por africanos. Talvez o seu único "crime" tenha sido sublocar o porão do sobrado que alugava para Manoel Calafate e companhia. Aparentemente, a tomada do poder pelos pretos, caso a rebelião alcançasse sucesso, não lhe traria nenhum benefício. Muito pelo contrário. Afinal, de acordo com algumas testemunhas, havia o plano de matar também os mulatos ou então escravizá-los. Porém, como se atrapalhara para esclarecer às autoridades a razão pela qual não percebera o intenso movimento conspiratório no andar debaixo de sua casa, algo realmente difícil de entender, também não escapou da condenação. Até receber o alvará de soltura, em 18 de maio de 1843, prestou serviços gerais, como de limpeza, consertos variados nas instalações de diversos presídios, transporte de galões de água, com boas avaliações de comportamento. "Sempre foi obediente a qualquer serviço que se oferecesse dentro da prisão", atestou um funcionário.

Se as autoridades não tinham pressa nem piedade para anistiar e soltar idosos malês como Aprígio, tampouco se mostravam benevolentes com os deficientes. Um dos casos mais emblemáticos é o do nagô Pedro, mais um escravizado que cumpria pena de galés perpétuas após a anulação de sua sentença de morte. Ele sofrera um grave ferimento na batalha de 1835, tendo uma das pernas amputadas, e por isso solicitou o indulto de dom Pedro II em 1849. Com limitações físicas incompatíveis com os trabalhos de força bruta impostos aos condenados nas galés, conseguiu o apoio de um sargento que supervisionava os presos em sua unidade. O militar deu parecer favorável à libertação "tanto pelo seu bom procedimento como por ter uma perna cortada pelo joelho, que o impossibilita de fazer o serviço e por cujo motivo é considerado inválido por ordem superior". Embora até o chefe de polícia da época se manifestasse de forma favorável ao pedido de clemência, mais uma vez Gonçalves Martins não se comoveu. Por sua recomendação, o ministro da Justiça, Eusébio de Queirós, frustrou as expectativas de Pedro. "A razão alegada servirá para ser aplicada a trabalho proporcionado às suas faculdades, porém não o perdão absoluto", decretou.

Foram citados aqui alguns africanos condenados à morte que posteriormente conseguiram a comutação da pena capital para açoites, na maioria das vezes, ou em algumas situações para galés. Mas nem todos obtiveram sucesso em seus recursos. Era preciso que pelo menos alguns deles fossem executados em praça pública para atender aos anseios da sociedade escravocrata, bem como advertir aos demais pretos sobre o perigo de se insurgir contra o cativeiro. Mais do que ter tido papel de relevância na organização do movimento, a escolha dos bodes expiatórios dependia em grande medida do empenho – ou não – dos senhores na defesa dos acusados e da influência desses proprietários na estrutura de poder da província.

Aqueles que permaneceram com a sentença máxima deveriam ser executados por "morte natural", como se chamavam os enforcamentos, a fim de propiciar a "exibição" mais chocante e assustadora possível. Porém, um fato inesperado acabaria por impor uma mudança de planos. Eles seriam mortos, mas não da maneira como havia sido designada pela Justiça – e como tanto desejavam as autoridades.

CAPÍTULO 14

Da forca ao fuzilamento

O estresse dos julgamentos chegou ao ápice e fez o mundo desabar para dezessete malês que receberam, aterrorizados, a sentença de morte. Esse foi o número de revoltosos que ouviram o Conselho de Jurados lhes designar a pena capital. Prostrados no banco dos réus, imaginavam, com horror no olhar, a cena hedionda do próprio enforcamento. Após percorrerem mentalmente o percurso angustiante até a praça de execução e subirem ao cadafalso com passos titubeantes a cada degrau, podiam até sentir a corda lhes apertar o pescoço. Faltava-lhes ar ao pensar no sufocamento aflitivo e na agonia lenta e dolorosa, enquanto as pernas balançavam acima do chão. A morte podia levar até três intermináveis minutos, quando causada por asfixia, em decorrência da obstrução respiratória e da constrição das veias jugulares e das artérias carótidas. Ou ser quase instantânea no caso de ruptura das vértebras cervicais e da medula espinhal. Mas eles começavam a fenecer ali mesmo, no tribunal, em um tormento que se estenderia por cada segundo até que houvesse o desfecho de seus destinos. A espera, por si só, já era um suplício.

Dos dezessete pronunciados inicialmente à pena máxima, doze eram cativos, e os outros cinco, forros. Havia dez nagôs entre os escravizados: Ignácio, Belchior, Lino, Carlos, Thomaz, Gonçalo, Cornélio, Joaquim e dois de nome Pedro. Além deles, estavam marcados para morrer, na forca, o tapa Luís Sanin e o camaronês Germano. Em relação aos cinco libertos, todos eram nagôs: Belchior e Gaspar da Silva Cunha, Aprígio, Ajadi Luís Daupele e Jorge da Cruz Barbosa.

Chama a atenção que apenas um líder malê, Luís Sanin, tenha sido condenado à morte. O parceiro de Licutan como enrolador de fumo no Cais Dourado gozava de grande prestígio entre os africanos por ser o idealizador de uma junta de alforria, destinada a angariar fundos para a libertação de escravizados. Nesse sistema, cativos e forros contribuíam semanalmente com uma quantia em dinheiro para formar uma reserva que seria usada, em uma espécie de consórcio, para comprar cartas de alforria. Dessa maneira, os contemplados obtinham recursos para antecipar a conquista da liberdade, que se dependesse do dinheiro de cada um, individualmente, só seria possível anos mais tarde. Os beneficiados continuavam a cooperar pelo menos até completar o valor devido, acrescido de juros, a fim de compensar a desvalorização monetária – mas já livres. Os mais prósperos faziam aportes também para pagar as diárias de escravos de ganho ou sustentar alguns libertos, em especial para beneficiar mestres malês, que assim ficavam disponíveis para as atividades religiosas. Parte dessa poupança ainda podia ser empregada na compra de tecidos para a confecção de abadás e barretes.

Sanin comandava as reuniões malês na casa de Belchior e Gaspar da Silva Cunha, cedida pela dupla para que os encontros pudessem ocorrer com mais privacidade, posto que o mestre morava com seu senhor. Embora tenha negado em seu depoimento qualquer envolvimento com os amigos nagôs e afirmado até mesmo nunca ter entrado na residência deles, as evidências em sentido contrário eram fartas. Em Juízo, admitiu apenas que já havia contratado, certa vez, Gaspar como alfaiate e que conhecia Belchior superficialmente. Uma estratégia de defesa que não resistiu às provas coletadas. Para o júri, não restou dúvida sobre seu protagonismo. Mas e quanto aos outros líderes do movimento?

Pelo conjunto dos documentos disponíveis da devassa e pela análise dos interrogatórios, surgem os nomes de sete alufás que exerciam papel de liderança, ensinavam a língua árabe e faziam proselitismo em busca de novos adeptos. Além de Sanin, os mais proeminentes eram Ahuna, Pacífico Licutan (também conhecido como Bilal), Manoel Calafate, Dandará (ou Eslebão do Carmo), Nicobé Sule e Dassalu (ou Mama Adeluz).

Pode ser que Buremo (ou Gustard) também estivesse entre esses líderes, pois foi citado no depoimento do escravizado Carlos, pertencente ao inglês Frederick Robelliard. Indagado sobre seus conhecimentos da língua árabe, o nagô respondeu "que não sabia ler por se achar aprendendo com os outros, Dassalu e Nicobé, assim como Gustard, escravos do inglês Diogo Stuart". Porém, tudo indica que Nicobé Sule fosse o mestre principal desse núcleo muçulmano da Vitória, talvez o ponto de reunião mais concorrido, dada a liberalidade dos senhores ingleses, e que Gustard o ajudasse no ensino das letras arábicas em face do grande número de alunos iniciantes, por já se encontrar em um nível mais elevado nos estudos ministrados pelos alufás graduados.

Alguns desses mestres não podiam se prestar ao propósito das autoridades de que seus enforcamentos servissem como lição aos demais africanos, pois já haviam sido mortos em combate – como Nicobé Sule, Dassalu e Gustard – ou então desaparecido após a batalha. Mas o presidente Francisco de Souza Martins, pressionado por senhores de engenho e demais integrantes da elite escravocrata, tinha pressa em oferecer uma resposta contundente à ameaça representada pelos rebeldes. "Parece-me conveniente, conforme me tem sido sugerido por muitos cidadãos dessa capital, que o governo de Vossa Majestade o Imperador, para não diminuir o salutar efeito do exemplo de uma execução imediata ao crime, mandasse executar logo a sentença nos dois ou três principais cabeças", escreveu o mandatário ao ministro da Justiça, Manoel Alves Branco, em 6 de março de 1835.

A iniciativa surtiu efeito. Apenas doze dias depois, foi publicado um decreto imperial com a ordem para o pronto cumprimento das penas de morte, "independente de subirem ao Poder Moderador, depois de satisfeitos os mais recursos legais". Diante disso, em um rito sumário, quatro malês foram executados no dia 14 de maio. Isso foi feito sem que se esperasse a tramitação regular das apelações possíveis até a última instância, que seria justamente o Poder Moderador exercido pelo imperador, a quem se poderia encaminhar um pedido de clemência – ou, no caso, ao governo regencial, já que dom Pedro II ainda era criança.

Os malês foram enquadrados no Capítulo IV do Código Criminal de 1830, que em seu artigo 113 tipificava dessa maneira uma insurreição: "Julgar-se-á cometido este crime, reunindo-se vinte ou mais escravos para haverem a liberdade por meio da força". Em relação às penas, instituía "aos cabeças, a de morte, no grau máximo; de galés perpétuas, no grau médio; e por quinze anos, no grau mínimo. A todos os mais, que não forem cabeças, serão punidos com açoites". Já o artigo 114 abrangia as pessoas livres que tivessem papel de liderança na rebelião, com as mesmas penas descritas no 113. Finalmente, o artigo 115 tratava daquelas que participavam de alguma forma, acusadas de "ajudar, excitar ou aconselhar escravos a insurgir-se, fornecendo-lhes armas, munições ou outros meios para o mesmo fim". Nesse caso, as penas seriam de prisão com trabalho por vinte anos, no grau máximo; de doze, no médio; e de oito, no mínimo. Porém, em alguns julgamentos, deturpou-se o que estabelecia a lei para atender a conveniências do momento, quase sempre em prejuízo dos réus.

Entre os condenados que pagaram com a vida para satisfazer a sede de vingança da sociedade branca, estavam três escravizados nagôs: Pedro, carregador de cadeira do inglês Joseph Mellors Russell; Gonçalo, pertencente a Lourenço Martins d'Aragão; e Joaquim, cativo de Pedro Luiz Mefre. O quarto era o liberto nagô Jorge da Cruz Barbosa, também conhecido como Ajahi. Nenhum deles parece cumprir o requisito de "cabeça" da rebelião, conforme determinava a legislação para penas capitais.

Essa precipitação na conclusão dos inquéritos e julgamentos, bem como os desvios das letras da lei, terminou favorecendo os demais sentenciados à pena máxima, que não foram executados de imediato. Eles tiveram oportunidade de recurso e conseguiram o abrandamento da punição inicialmente imposta – inclusive Luís Sanin, único mestre malê entre eles, castigado com seiscentos açoites.

Mais do que pela suposta periculosidade, os quatro mártires malês não receberam o mesmo benefício por não lhes terem sido dada essa chance. Para se ter uma ideia, o escravizado Lino, que havia sido condenado à morte em 9 de março, obteve a comutação para oitocentos açoites em 31 de julho, dois meses e meio depois da execução dos companheiros. Aparentemente, o que mais importava às autoridades era mesmo "o salutar efeito do exemplo", como pontuara o presidente da província, e não tanto que o castigo recaísse sobre os verdadeiros idealizadores do movimento.

Pacífico Licutan, sabidamente um dos mestres mais influentes da "sociedade malê", escapou da pena capital por uma questão processual: por estar preso quando aconteceu o levante, não poderia tê-lo liderado pessoalmente. Em seu depoimento, logo de saída, houve um momento de tensão quando ele se identificou pelo nome de Bilal, "instando-lhe o juiz que dissesse a verdade, porque sabia que o nome dele em sua terra é Licutan", conforme constava dos autos. O experiente alufá, então, "respondeu que era verdade chamar-se Licutan, mas que ele podia tomar o nome que quisesse". Ao ser confrontado com escritos em árabe, adotou a estratégia de se fingir analfabeto: "Que não sabe ler nem escrever os papéis que neste ato lhe mostram, e nem nunca os via na terra de branco, porque somente os via na sua terra, onde nunca foi à escola para aprender". Uma notória contradição diante de todas as evidências e testemunhos que o reputavam como um sábio e profundo conhecedor das escrituras islâmicas.

A esse respeito, há o depoimento do liberto Paulo Rates, um preto mina que ficou preso com o mestre na cadeia municipal e contou sobre o abatimento dele ao saber do fracasso da rebelião: "[...] deitou a cabeça e não levantou mais, muito apaixonado, e chorando quando entravam os outros negros de manhã presos, dos quais um deles lhe deu um livro, ou papel dobrado com letras dessas que têm aparecido, e o mesmo negro Pacífico se pôs a chorar". Não se sabe qual o teor dessas escrituras, se continham a informação do revés do levante e nomes de mortos conhecidos ou algum trecho do Alcorão que pudesse se aplicar ao momento dramático que viviam. Mas, seja o que for, a mensagem foi lida e compreendida.

Em outro depoimento, o carcereiro Antônio Pereira de Almeida revelou a intensa peregrinação de africanos à cadeia municipal em busca do poder espiritual do ancião malê, quando ele havia sido confiscado para ir a leilão, por causa de dívidas de seu senhor. De acordo com esse relato, Licutan contou "com muitos negros e negras que lhe fossem visitar e assim continuou todos os dias e todas as horas, porque ele estava entre as portas como negro apenas depositado [e não por ser criminoso, o que o impediria de receber tantas visitas]; e mais com a especialidade de que todos se ajoelhavam com muito respeito para lhe tomarem a bênção; e constou a ele, testemunha, que os outros tinham o dinheiro pronto para o forrar quando fosse à praça", declarou, referindo-se ao leilão.

Provocado pelo juiz a se manifestar quanto a essa questão, Licutan disse "que é verdade terem muitos seus parentes [tratamento dispensado a conterrâneos] ido visitá-lo na cadeia, e para lhe tomarem a bênção, mas que ele não conhece alguns pelos nomes, nem pelas moradas". A respeito das informações de que muita gente também o procurava antes da prisão, em sua residência, explicou: "Que os negros seus parentes que iam saudá-lo na porta de seu senhor somente se queixavam do mau cativeiro, e ele respondente os aconselhava que sofressem porque ele também sofria mau cativeiro, e que nunca conversavam nem falavam uma outra coisa mais".

Muito nervoso no tribunal, como é natural para um réu que temia ser condenado à morte, Licutan ficou "todo trêmulo desde que começou a ser perguntado até o fim", de acordo com a descrição do escrivão. Mesmo assim, manteve corajosamente a dignidade e se recusou a entregar qualquer seguidor, apesar da insistência do juiz: "Que ele não sabe os nomes nem as moradas desses seus parentes que iam à sua casa, assim como nunca soube que seus parentes queriam se levantar. E por mais que se nomeassem vários negros compreendidos no presente processo, pelos nomes que tinham em sua terra, a tudo o respondente sacudia a cabeça, não respondendo a outras perguntas que o juiz lhe fazia", registra o documento.

A altivez lhe custaria caro: a condenação a mil açoites, quase uma sentença de morte para um homem velho. Porém, diante da idolatria que gozava junto a seu povo, as autoridades tiveram o cuidado de não o flagelarem à vista de muita gente, ao contrário do que normalmente ocorria, determinando que as chicotadas ocorressem em um local "público, contanto que não seja nas ruas da cidade". Uma precaução para evitar que os pretos se revoltassem e iniciassem um novo motim.

O "maioral" Ahuna, por sua vez, passou à história envolvido em mistério. Ele chegou a ser pronunciado como um dos líderes da insurreição e teve seu nome lançado no Rol dos Culpados em 14 de fevereiro de 1835, para ser processado à revelia. No dia 2 de março, quando o promotor expôs ao júri o seu libelo de acusação, ele ainda aparecia à frente dos malês para os quais se pedia a pena de morte, seguido por Belchior, Gaspar e Licutan: "Devem ser punidos com o máximo das penas do artigo cento e treze do Código Penal, os quatros réus como cabeças da insurreição". Na sequência, foi identificado pelo promotor como "Pedro de Luna [única vez em que é chamado por seu suposto nome cristão], apelidado Ahuna, pelo que contra ele consta à folha três verso, folha seis, folha vinte e oito verso, que combina com sua resposta de folha quarenta e cinco". Essa referência a "sua resposta" sugere que já teria sido preso e interrogado. Porém, o depoimento não consta dos anais do processo preservados no Arquivo Público da Bahia (APEB). Também, estranhamente, a decisão do júri naquele mesmo dia não faz qualquer menção a

Ahuna: "Que os réus Belchior da Silva Cunha, Gaspar da Silva Cunha, Luís Sanin, escravo de Pedro Ricardo da Silva, e Jorge da Cruz Barbosa (que está ferido) se acham compreendidos no grau máximo do artigo cento e treze como cabeças". Sem incluir "o maioral".

O júri ainda delibera a respeito de Licutan, discordando do pedido de pena de morte sugerida pelo promotor: "Por duas terças partes de votos que o réu Pacífico, conhecido por Licutan, escravo de Antônio Pinto de Mesquita Varella, está incurso no grau máximo do artigo cento e treze do referido código, mas não como cabeça". Porém, nada mais se diz a respeito de Ahuna, que simplesmente desaparece do processo sem qualquer explicação. Uma incógnita até hoje.

Quanto a Manoel Calafate, como foi dito no Capítulo 5, não se teve notícia dele desde o primeiro ato da luta, quando liderou o ataque à patrulha que batera à sua porta. Por existirem testemunhos de que, em dado momento, ele voltara ferido para dentro de casa naquela madrugada, fica a suposição de que possa ter morrido posteriormente, em consequência dos ferimentos, ou então conseguido fugir, provavelmente para o Recôncavo. Mais um mestre malê que frustrou as expectativas de ser executado.

Mestre Dandará (ou Elesbão do Carmo), o hauçá liberto que distribuía anéis malês, como visto no Capítulo 11 – mas vale lembrar aqui –, também terminou por sumir do processo, a exemplo do que ocorreu com Ahuna. E muitas provas consistentes pesavam contra ele. Policiais haviam encontrado em sua loja "uma alva branca [abadá], um rosário preto sem cruz embaixo, a que chamam rosário de pagão, umas tábuas e papéis escritos em língua arábica, e uma baioneta velha". Aparentemente, ele tentou se livrar de outras peças, pois os vizinhos o viram sair da casa com uma caixa cheia de papéis, logo após a derrota no levante.

A denúncia mais grave, no entanto, dava conta de que ele mantinha guardadas no local várias parnaíbas, as facas compridas e estreitas que foram amplamente usadas pelos malês nas batalhas.

Dandará chegou a ser preso e interrogado, quando revelou ter atuado como "mestre em sua terra" e ainda admitiu que "aqui tem ensinado os rapazes, porém que não é para o mal". Como era de se esperar, negou ter participado da rebelião. Apesar de seu nome constar do Rol dos Culpados, não há indicação de sentença. Possivelmente conseguiu ser absolvido ao final do processo e, como liberto, talvez tenha voltado à África na condição de deportado. O fato é que também "evaporou".

Em consequência desses acontecimentos que livraram os chefes da condenação à forca, sobrou para outros africanos que efetivamente haviam participado dos distúrbios de 25 de janeiro – tal qual tantos parceiros que não receberam o mesmo castigo – o fardo de servir como mártires. Naquele instante em que escutaram a sentença, nem se cogitava a hipótese de que algum recurso pudesse vir a resultar em um abrandamento da pena. Pela severidade com que os acusados vinham sendo tratados, não havia motivos para manter esperança de salvação. No entanto, os escravizados que contavam com suporte jurídico, em geral aqueles com o apoio dos senhores que se dispunham a custear a defesa, viriam a descobrir que existia essa possibilidade.

A instalação do tribunal para julgar os revoltosos ocorreu logo no início de fevereiro, com audiências em locais variados, como no Palácio do Governo, em igrejas, conventos e até na Santa Casa de Misericórdia. A constituição de um júri tratava-se de uma novidade recentemente implementada pela ala liberal do Império, que embora apoiasse a monarquia, pretendia ampliar o espaço das instituições legislativas e judiciais. Os réus deveriam dispor de um curador para zelar por seus direitos, acompanhá-los durante os interrogatórios (o que poucas vezes foi respeitado) e defendê-los em Juízo. Nos casos em que os senhores abandonavam seus escravizados – não pagando, portanto, advogados para representá-los –, cabia a esses curadores designados pela Justiça o papel de buscar a absolvição ou redução das penas, mas a chances de sucesso diminuíam, pois a atuação deles costumava ser protocolar.

A análise dos processos passaria por duas etapas básicas, antes das eventuais apelações. Inicialmente, o Júri de Acusação – também conhecido como Primeiro Conselho de Jurados – examinaria os autos elaborados pelo juiz de paz, com a transcrição dos interrogatórios dos acusados, os depoimentos das testemunhas, a relação das provas materiais apreendidas e a conclusão do inquérito policial acerca da culpa ou inocência dos investigados. Caberia a 23 jurados – selecionados entre os cidadãos do sexo masculino maiores de 25 anos e com renda anual de no mínimo 200 mil-réis, ou seja, os que tinham direito a voto nas eleições na província – concordar ou discordar da avaliação feita pelo juiz de paz. Em muitos casos, eles divergiam desse entendimento, prevalecendo a própria opinião para determinar se o réu seria incluído no Rol dos Culpados, submetendo-o ao julgamento, de fato, pelo Júri de Sentença – ou Segundo Conselho de Jurados – formado por outros doze cidadãos sorteados por um garoto no dia da audiência.

Presidido por um juiz de direito com formação na área, diferentemente dos juízes de paz, o Segundo Conselho de Jurados decidia a sorte dos implicados no levante, após uma breve inquisição do réu, a leitura do processo por um escrivão, a exposição do libelo de acusação pelo promotor e as argumentações da defesa. Caso o acusado fosse considerado culpado pelo júri, a quem cabia também determinar o grau de envolvimento, ficaria a cargo do juiz determinar a pena a ser cumprida.

Do inquérito à sentença, em geral, levava-se cerca de um mês, às vezes até menos, havendo exemplos em que transcorreram apenas quinze dias para o resultado do julgamento. Raros eram os casos que se estendiam por mais tempo. Tudo indicava a pressa para que os revoltosos fossem submetidos ao Conselho de Jurados e em seguida punidos.

Com exceção dos quatro africanos executados a toque de caixa para satisfazer o desejo de vingança, os demais condenados à pena capital puderam reformar as sentenças com recursos em outros tribunais, principalmente nos Júris de Cachoeira ou de Santo Amaro, mas também no Tribunal da Relação e no Supremo Tribunal de Justiça. Os interesses senhoriais de preservar seu patrimônio pesaram para isso. Grande parte deles via os açoites como um procedimento eficaz para disciplinar os rebeldes, que, após a cicatrização de suas chagas, voltariam à labuta diária.

A vida só não seguiria para os escravizados Pedro, Gonçalo e Joaquim, assim como para o liberto Jorge da Cruz Barbosa, ou Ajahi. É difícil entender por que eles foram escolhidos para o sacrifício entre tantos outros com participação similar, ou até mesmo com maior protagonismo no movimento.

Gonçalo e Joaquim estavam entre os treze guerreiros presos em flagrante, após serem feridos na batalha final em Água de Meninos. Mas os outros onze companheiros, capturados em situação idêntica, não sofreram o mesmo infortúnio. Mais uma vez, essa diferença de tratamento, que também se verifica nos discrepantes números de chicotadas impostas aos condenados a açoites, leva a pensar que a influência dos senhores junto ao governo da província e o empenho de cada um em favor dos escravizados tenham sido um fator decisivo.

O nome de Gonçalo foi lançado no Rol dos Culpados com a genérica menção a seu dono como "Lourenço de tal" – o que demonstra a ausência do proprietário durante o primeiro mês da devassa, período essencial para a comprovação da culpa –, sem identificação nas sessões realizadas em 31 de janeiro e 24 de fevereiro de 1835. Somente na audiência de 9 de março, após o anúncio de que os jurados haviam condenado o escravo à morte, surge a informação de que o réu estava sob o domínio de Mário, filho do dono Lourenço Martins d'Aragão. Tarde demais. Essa aparente indiferença faz crer que também não tenha havido esforço para apresentar recurso a fim de salvar o cativo da execução, depois de ele ter ficado avariado por uma bala que trespassou o braço esquerdo e por uma cutilada no ombro direito. Talvez Pedro Luiz Mefre, senhor de Joaquim, agisse de maneira parecida com o seu serviçal, que carregava uma bala ainda alojada na panturrilha da perna esquerda.

Igualmente, a condenação de Pedro dá margem a questionamentos. Ele pertencia ao comerciante inglês Joseph Mellors Russell, cujos escravizados João, Nécio, Joãozinho, Miguel e Tomp também participaram da insurreição, sem que sofressem a mesma pena. O mais curioso é que, pelo teor dos depoimentos, tudo leva a crer que o malê mais atuante, entre eles, fosse João. Era em seu quarto que os demais cativos da casa se reuniam para orar e conspirar, juntamente com outros que serviam a moradores ingleses da vizinhança. O cozinheiro Nécio, ao ser inquirido sobre o próprio envolvimento, delatou explicitamente o colega: "Respondeu que ele não entrara na insurreição; porém que o preto João, escravo de seu senhor Mellors, entrara nela, tendo se recolhido pela manhã". Ainda acrescentou que o britânico mandara amarrar João e levá-lo ao sótão, onde, ao ser confrontado, confessou ter se apropriado de duas pistolas e uma espada encontradas nos aposentos de um outro inglês que viera de Pernambuco e ali estava hospedado.

O nagô Antônio, escravizado desse viajante inglês, reforçou a denúncia. Desde que chegara a Salvador, cerca de um mês e meio antes, ele dormia junto com João, e confirmou que as reuniões ocorriam nesse quarto, com a presença de diversos cativos da Vitória. Porém, comprometeu Nécio em sua delação: "[...] e nestas ocasiões presenciava o preto João e o cozinheiro Nozeno [outro nome de Nécio] escreverem em vários livros e papéis, conjuntamente com outros ali reunidos, e seduziram a ele réu para o mesmo fim ao que sempre se negara, pelo que o apelidavam de burro". Declarou ainda ter sido convidado por João, acompanhado do "moleque Joãozinho", para tomar parte de "um folguedo de matar branco", ao que ele recusou, tendo indo dormir porque bebera bastante vinho depois do jantar.

Segundo ainda o depoimento, ao acordar, às seis da manhã, Antônio reparou que a camisa com a qual João estava vestido na noite anterior encontrava-se suja de sangue e barro, dentro de uma caixa, e que o colega já a trocara por uma outra lavada. "Assim como o cozinheiro Nozeno, conhecido por Nécio, que atara um lenço na cabeça para se fingir doente", entregou. O visitante também implicou os demais escravizados da casa, ao revelar que Pedro, Miguel e Joãozinho haviam retornado da batalha pela manhã. E forneceu mais detalhes sobre o flagrante a João: "Pouco depois, tendo acabado de almoçar, o referido Mellors e o seu senhor desceram abaixo e o chamaram, mandando a cavalaria tirar a corda do pescoço de um dos cavalos, com a qual eles dirigiram-se ao quarto do preto João, e amarrando a este, o conduziram ao sótão da casa, perguntando pelas duas pistolas que se achavam em seu quarto, que na noite antecedente ele as havia tirado, com uma espada, do quarto de seu senhor".

Com tantas evidências apontando João como o principal agente malê na casa de Mellors, não há justificativa para o fato de apenas Pedro ter recebido a pena capital. Sobretudo porque, ao contrário de outros senhores, o britânico se esforçou para defender os seus escravizados. Ele conseguiu, por exemplo, livrar Nécio da condenação a galés perpétuas, recebida em 12 de fevereiro de 1836, ao entrar com um recurso apenas dois dias depois. O juiz atendeu imediatamente ao pedido para um novo julgamento, marcado em princípio para Cachoeira, mas voltou atrás uma semana depois, com base em uma lei de 10 de junho do ano anterior, que impedia tal apelação. Mellors não se deu por vencido, insistiu em seu direito e, sete meses mais tarde, obteve parecer favorável da Assembleia, com o entendimento de que a nova lei só valeria para crimes cometidos após sua promulgação, e não retroativamente. Desta vez, o novo julgamento foi marcado para Santo Amaro, onde a sentença acabou reformada para setecentos açoites.

Talvez pelo fato de tantos escravizados de Mellors terem se envolvido no levante – e ainda mais por serem da freguesia da Vitória, que contou com participação maciça dos malês – fosse uma questão de honra para as autoridades a execução de pelo menos um deles. Como o processo individual de Pedro não consta dos autos que foram preservados, restam só especulações. Os jurados que o condenaram poderiam ser mais rígidos que os demais. Outra hipótese é de que Mellors, ciente de que pelo menos um de seus cativos teria de ser sacrificado, resolvera abrir mão daquele pelo qual tinha menos simpatia. Além do mais, um carregador de cadeiras poderia ser mais facilmente substituído do que um cozinheiro experiente como Nécio, por quem o britânico tanto lutara na Justiça. O fato é que Pedro pagou a conta mais alta.

Quanto a Jorge da Cruz Barbosa, ou Ajahi, único liberto executado, a sua prisão ocorreu ao amanhecer, poucas horas depois da insurreição, quando os inspetores Leonardo Joaquim dos Reis Velloso e Manoel Eustáquio de Figueiredo bateram à porta da residência do casal Tito e Faustina. A mulher se assustou com a chegada da patrulha e entregou o amigo, que estava escondido ali. "A preta nagô Faustina lhes denunciou que não estando seu marido, e nem dormindo este há dias em casa, tinha entrado naquela mesma manhã de domingo, e muito cedo, um negro nagô por nome Ajahi na sua terra, para se esconder, e ferido, o qual negro foi achado debaixo de um estrado, e recolhido à cadeia", contou em seu depoimento Joaquim Pereira Arouca Júnior, um outro inspetor que ajudava as buscas na região.

Com um corte na perna direita, o carregador de cal Ajahi deu uma explicação pouco convincente diante do júri: "Que o ferimento que ele tem na perna direita, como de ponta de espada ou ponta de baioneta, foi feito pelos soldados, que lhe quiseram atingir estando ele à sua janela, e não porque ele saísse à rua". O forro admitiu que costumava frequentar a casa dos vizinhos Belchior e Gaspar da Silva Cunha, onde encontrava outros africanos, inclusive Luís Sanin. "Que todos conversavam à toa ou vinham só saudar os outros", tentou justificar, sobre a sua presença em um dos núcleos malês mais mencionados ao longo da devassa. Acabou condenado à forca no dia 2 de março de 1835, juntamente com esses três companheiros citados acima, que mais tarde, no entanto, obteriam a comutação da pena para seiscentos açoites.

Não há indicações de que Ajahi desempenhasse papel de liderança no movimento para ter sido o único do grupo a ser punido como tal. Em uma das citações no processo, aparece a observação "que está fugido" entre parênteses, logo em seguida ao seu nome, mas é improvável que ele tivesse logrado uma fuga em meio à enorme vigilância sobre todos os detidos, e que isso pudesse ter agravado sua situação. Faz mais sentido que se tratasse de um erro de grafia do escrivão, entre os inúmeros cometidos nos autos, e que a intenção fosse a de escrever "que está ferido", conforme consta em outro trecho do documento, também entre parênteses. De qualquer maneira, ele se encontrava bem preso no dia marcado para a sua morte, que chegaria muito rapidamente.

Salvador amanheceu com um clima de expectativa no dia 14 de maio de 1835. Os habitantes estavam ansiosos para a inauguração das novas forcas, construídas especialmente para a execução dos quatro malês, escolhidos para pagar com a vida pelos transtornos causados à população branca. Quando o tilintar de sinetas soou na rua, os moradores saíram correndo de suas casas – afinal, o sinal sonoro era um aviso de que os condenados seguiam para o cadafalso.

Com expressões faciais contraídas e desespero estampado nos olhares, os nagôs Gonçalo, Joaquim, Pedro e Ajahi caminhavam algemados pelas vias da cidade rumo ao Campo da Pólvora. Iam sob vigilância de soldados municipais permanentes, que marchavam armados, enquanto José Joaquim de Mendonça, funcionário da Câmara, repetia com gravidade, em alto e bom som, as sentenças de morte. Logo atrás, vinham o escrivão João Pinto Barreto, para lavrar o documento oficial das execuções, e o juiz de direito Caetano de Almeida Requião. Representantes da Santa Casa de Misericórdia, com ares circunspectos, também acompanhavam o cortejo, cumprindo a tradição de dar um toque de humanidade cristã aos últimos momentos de vida dos condenados à pena capital. Uma solenidade tétrica, porém, com um mal disfarçado entusiasmo de celebração popular.

No Campo da Pólvora, representantes da Justiça e das forças oficiais também se fariam presentes para conferir a aplicação da lei. Lá estavam o juiz de direito do Crime, Antônio Simões da Silva, e o comandante da Guarda de Permanentes, Manoel Coelho de Almeida Tander, além do chefe interino de polícia, já que Francisco Gonçalves Martins encontrava-se no Rio de Janeiro, representando a província como deputado. Eles cochichavam ao pé do ouvido, compartilhando um certo constrangimento e com receio de frustrar os anseios do povo, que se aglomerava no local à espera do "show", anunciado com pompa e circunstância. Afinal, contrariando o desejo das autoridades e de grande parte dos cidadãos, as forcas não poderiam ser utilizadas, por ausência de carrasco.

Bem que se buscou de todas as maneiras, até a véspera, arrumar pelo menos um voluntário para a execução por enforcamento. Todos os expedientes foram empregados no sentido de convencer alguém a assumir a ingrata missão. Mas ninguém queria se prestar ao papel. Em uma última tentativa, alertado pelo chefe de polícia a respeito das dificuldades, o vice-presidente Manoel Antônio de Galvão chegou a aprovar uma recompensa de até 30 mil-réis para qualquer preso que concordasse em desempenhar a função.

Um informe do oficial responsável pela carceragem, Antônio Pereira de Almeida, expressa com clareza o esforço empenhado: "Passei a proposta aos presos, e não há quem queira aceitar; eu já fiz o mesmo hoje no Barbalho, e na Ribeira dos Galés, e nenhum quer por recompensa alguma, e nem mesmo outros negros querem aceitar, apesar das diligências que lhes tenho feito com grandes promessas, além do dinheiro".

Seja por respeito dos outros detentos aos malês condenados à forca, seja por medo de se indispor com seus pares ao cumprir o serviço sujo, que inclusive os colocaria como possíveis alvos de vingança dos demais rebeldes, o fato é que os presos surpreenderam ao mostrar que tinham princípios civilizatórios mais consolidados que seus dirigentes. A crueldade da morte por enforcamento contrariava seu código de ética, que dinheiro algum poderia corromper.

Sem alternativa, foi preciso adaptar o que se dispunha nas sentenças, com a autorização do presidente para que as execuções ocorressem por fuzilamento, à maneira como se matavam homens livres. Coube a um pelotão de soldados permanentes efetuar os disparos que deram cabo do quarteto de mártires. Uma pitada de rebeldia malê no último ato.

CAPÍTULO 15
O enigma Luiza Mahin

O exame atento de toda a documentação referente à Revolta dos Malês evidencia a ausência de uma personagem central, tradicionalmente associada ao levante, e deixa no ar a inevitável pergunta: afinal, onde estava Luiza Mahin? A figura mítica da preta liberta que exercia papel de liderança na insurreição, cedia sua casa para reuniões dos mestres, tomava parte na concepção dos planos, ajudava financeiramente a obtenção de armas, servia como mensageira entre os alufás dos diferentes núcleos e seduzia a todos com sua beleza e magnetismo não aparece nos autos do processo. Não há qualquer menção a seu nome por parte de réus e testemunhas, nem registro dela como investigada, tampouco como presa ou sentenciada. Se realmente esteve presente na conspiração, não ficou o menor rastro.

Curiosamente, o "nascimento" do mito Luiza Mahin só ocorreria 45 anos depois da rebelião malê. Mais precisamente no dia 25 de julho de 1880, data da carta escrita pelo célebre poeta, advogado, jornalista, ativista republicano e abolicionista Luiz Gama, na qual faz a única referência historiográfica à heroína –

sua mãe, da qual havia se separado ainda na infância. "Sou filho natural de uma negra, africana livre, da Costa Mina, (Nagô de Nação) de nome Luiza Mahin, pagã, que sempre recusou o batismo e a doutrina cristã", escreve na correspondência endereçada ao amigo Lúcio de Mendonça, também poeta, jornalista e advogado, que lhe pedira informações pessoais para a publicação de um perfil no *Almanaque Literário de São Paulo para o ano de 1881*.

No mesmo texto, Luiz Gama a descreve com os traços físicos e de personalidade preservados ao longo de décadas em sua memória afetiva: "Minha mãe era baixa de estatura, magra, bonita, a cor era de um preto retinto e sem lustro, tinha dentes alvíssimos como a neve, era muito altiva, geniosa, insofrida e vingativa". Em seguida, aborda a suposta participação dela em rebeliões baianas, em tese até 1837, quando, logo após a Sabinada, mudara-se para o Rio de Janeiro. "Dava-se ao comércio – era quitandeira, muito laboriosa, e mais de uma vez, na Bahia, foi presa como suspeita de envolver-se em planos de insurreições de escravos, que não tiveram efeito."

Nota-se que Luiz Gama não se refere especificamente à Revolta dos Malês. No entanto, o fato de ter situado a mãe em Salvador, na mesma época, e a revelação de que ela chegara a ser presa, como suspeita em conspirações ocorridas na província, foram suficientes para o surgimento da personagem Luiza Mahin, retratada em obras históricas e literárias com ampla licença poética. Presente também na oralidade afro-brasileira, ela se tornou um dos principais ícones do movimento negro no Brasil, especialmente para as ativistas dos coletivos feministas, que a têm como inspiração.

O médico e antropólogo Arthur Ramos a tratou como "destacado elemento de conspiração entre os negros oprimidos" e ainda ressaltou que "sua casa, na Bahia, tornou-se um dos fortes redutos de chefes da grande revolta de 1835", em seu livro *O negro na civilização brasileira*, publicado postumamente em 1956. Assim como em obras de diversos autores, ela sai da carta escrita pelo filho para ganhar vida própria, indo muito além das características e circunstâncias ali descritas.

O historiador, escritor e político Pedro Calmon extrapolou ainda mais ao publicar, em 1933, o romance *Malês: a insurreição das senzalas*, no qual mistura pessoas e fatos reais com ficção. Personagem principal da trama, Luiza Mahin convive nessa livre narrativa dos fatos com figuras marcantes da repressão aos revoltosos, como o chefe de polícia Francisco Gonçalves Martins e o promotor Angelo Muniz da Silva Ferraz. Este se sente atraído pela africana, mas consegue resistir às tentativas dela de seduzi-lo – e até de enfeitiçá-lo com um prato de canjica, no qual um pai de santo acrescentara ingredientes mágicos a fim de distraí-lo das providências necessárias para o combate aos rebeldes, e depois matá-lo: "Se falhasse a revolta, quem acusaria os revoltosos, pedindo para eles centenas de açoites ou a morte imediata? O promotor. O promotor inquietava-a e intrigava-a. Pois esse haveria de morrer. Mandara-lhe uma travessa de canjica cheirosa. Borrifara-a de certas águas milagrosas, com que banhara a sua imagem de Egum-ecutó, e que fazem a gente querer bem. Era segredo de pai José. Quem comesse bocado assim temperado amava subitamente – e com doidice". Ela o queria a seus pés com o único propósito de matá-lo com um estilete.

De uma forma geral, os negros são estereotipados por Calmon – pintados com tintas acintosamente racistas – como selvagens que representavam uma ameaça à civilização ao agir de forma insidiosa contra os senhores que os acolhiam em suas casas. Assim como são preconceituosas as descrições dos cultos de "candomblé enfurecido", como chega a qualificar. "Sobre um estrado, com uma coroa de plumas escarlates engastadas em aro de zinco na cabeça grisalha, destacando na sombra o comprido vulto ossudo e retinto, o feiticeiro governava a 'orgia", refere-se o escritor ao babalorixá. O autor destaca a imagem de um "ídolo bizarro", uma das entidades representadas no terreiro: "Lavrado em madeira mole, misto de caricatura e de monstro, retrato de algum bestial espírito africano, símbolo de velhas raças guerreiras e tormentadas...". Na sequência, continua assim a narração da celebração religiosa: "Uma jovem, de xale riscado sobre a cabeça, soprava, aos pés do pai de santo, as brasas de um turíbulo, e outra pretinha, de camiseta leve escorregando pelos braços, o olhar fosco e bovino, recendendo a cachaça, guardava o ídolo".

Nem Luiza Mahin, apesar de seu protagonismo, escapa do olhar eurocêntrico de Calmon, que refletia a mentalidade corrente na sociedade da época, ainda mais como representante da elite branca, nascido em família aristocrática. Até mesmo ao ressaltar a formosura dela, a discriminação se faz presente: "Não era como as outras – mas de uma beleza estranha de mulher branca, pisando com firmeza, a graça de senhora, e toda envolta num perfume tênue de rosas...", deixando explícito que o encanto dela vinha do fenômeno de se parecer com uma dama da sociedade branca. Ou então: "Era de uma esquisita beleza a moça africana, chamada de Luiza, e a quem os negros apelidavam de Princesa. Teria, quando muito, trinta anos. Adormecida, podia agora o feiticeiro observar-lhe o semblante regular, o traço elegante do seu corpo moço, o nariz ariano de crioula bonita", mais uma vez adotando o referencial estético europeu. E mais: "Majestosa como uma dama... Singular mulher! Não vi ainda, daquela cor, tão belo rosto". Para completar, mais uma citação que deprecia as características associadas às africanas, entre tantas que pontuam o livro: "De uma formosura rara em mulher da sua raça, sedutora ainda mais pela sua inteligência penetrante e a fé inabalável – irresistíveis qualidades numa mulher".

Ao mesmo tempo que a altivez e os atributos físicos são enaltecidos, Luiza Mahin assoma como uma mulher "sem reputação", "hipócrita", que "não valia nada". Obcecada pelo desejo de vingança contra os brancos, por a terem escravizado juntamente com o pai, um rei do Congo a quem nunca mais veria após a chegada ao Brasil, tudo o que tramava tinha como objetivo esse acerto de contas. O próprio envolvimento no levante acontecera para que os pretos muçulmanos fossem usados em seu projeto pessoal: "Os malês não eram, para ela, uma causa, eram um instrumento. Como eram maometanos, podiam ser ateus ou budistas. Queria-os, pela raça e como força".

Dessa forma, Luiza Mahin lança mão do fascínio exercido sobre eles para aproximá-los dos praticantes do candomblé, tão somente com o intuito de ampliar o número de combatentes a seu dispor. "O inimigo era o homem branco – o senhor. E o que não tinham conseguido ainda os iorubás insurgidos, os hauçás sanguinários e os nagôs dissimulados, ela, bonita princesa, conseguira. Aproximara de pai José os malês, associara-os aos minas, celebrara uma secreta aliança de vida e morte, assegurando aos muçulmanos que só a sua religião reinaria, e jurando aos nagôs que os orixás ficariam de pé." Ou seja, enganava todos a seu redor.

No final do romance, ameaçada pelo promotor de ser apartada para sempre de seu filho, o pequeno Luiz Gama, Luiza Mahin trai despudoradamente seus companheiros. "Não terás teu filho, enquanto os outros filhos correrem perigo. Renuncia a teu ódio, Luiza, ou renuncia a teu filho! [...] Não é mais teu, criminosa! As mulheres que matam não têm filhos. Não têm!", grita Ferraz. A princesa, então, cai de joelhos e se penitencia: "Maldito sangue este que me corre nas veias! Da gente bárbara que se embriaga com a destruição. Para quem a vingança é um prazer do céu. Que serve a deuses assassinos, falsos, cruéis, deuses que não conheceram o amor e o perdão... Salve-me, ioiô. Salve-se também. É para hoje... hoje...". Após prevenir o promotor de que o levante ocorreria nas próximas horas, ainda o exorta a se apressar para abortá-la: "Depressa, ao Pilar, Água de Meninos, Cruz do Pascoal... Depressa, antes que os malês cheguem aos quartéis. Eles matarão, queimarão, pilharão, porque são como bichos ferozes do mato. Deus nos livre deles! Deus! Sim, Deus verdadeiro!".

Essa súbita inflexão da personagem tem como objetivo redimi-la e transformá-la em uma suposta "heroína", ainda que ao avesso, posto que sua delação salvaria a sociedade branca e a chamada "civilização". No epílogo, trinta anos mais tarde, ocorre o encontro entre Ferraz – a essa altura ministro de dom Pedro II – e Luiz Gama, já um respeitado advogado, poeta e jornalista. Embora Calmon deixe transparecer sua admiração intelectual pelo filho de Luiza Mahin, mais uma vez emprega tom racista ao defini-lo como "um homem de bizarro aspecto" que adentrava o gabinete ministerial. Com as mãos trêmulas, a segurar o chapéu, Luiz Gama se apresentava com "um visível sentimento de humildade", que lhe "retardava, sobre o velho tapete asiático, o passo lento e indeciso".

Para arrematar, o destemido defensor dos escravizados, que estudara as leis como autodidata para advogar nos tribunais a fim de libertá-los, prostra-se em posição de absoluta submissão diante da autoridade. "Os joelhos do jovem abolicionista se dobraram. Se o ministro não lhe impedisse, com um gesto enérgico, cairia ajoelhado." Ao que Luiz Gama diz: "Senhor, os joelhos já se habituaram a vergar... quando diante de almas cheias de nobreza!". Nada mais inverossímil do que colocar o irreverente

Gama nessa situação diante do promotor que atuou com extremo rigor durante a devassa e a acusação nos julgamentos dos malês, sugerindo penas terríveis de açoites ou de morte. Vale aqui deixar o campo da ficção de Calmon e se debruçar no Ferraz verídico. Para isso, nada melhor que conhecer os argumentos utilizados por ele em seus libelos de acusação para pedir ao júri as condenações:

> Provará que um considerável número de escravos a longo tempo se coligavam, e em diferentes pontos desta cidade assentavam no modo de haverem a liberdade por meio da força.
> Provará que para mais seguros chegarem ao seu fim sobre trabalharem com constância, e um inviolável segredo, de que com dificuldade se encontrara exemplo, os autores da insurreição imbuíam os seus adeptos nos princípios da religião de seu país, e os instruíam na leitura e escrituração da língua arábica, distribuindo ao mesmo tempo por eles papéis escritos em caracteres dessa língua, anéis de uma certa forma, vestimenta e barretes a seu modo, não só como sinais por que se reconheceriam os da liga, mas ainda como um antimural, cuja impenetrabilidade preparada pelo Deus de sua crença lhes assegurava o vencimento dos obstáculos que se opusessem aos seus fins sem o risco de serem ofendidos.
> Provará que assim dispostos, com ajuda e direção de africanos forros, traçaram em seus conventículos [reuniões conspiratórias] os mais horrorosos planos, que se porventura vingassem importariam a extinção dos homens de cor branca, e parda, a destruição da Constituição e do Governo, a perda de nossas propriedades e incêndio das estações públicas, a profanação de nossas imagens, o incêndio de nossos templos, e de todos os monumentos de nosso esplendor, e glória: para efeito do que...

Provará que depois de estarem de acordo com outros africanos residentes em algumas vilas desta província, para onde enviaram emissários, determinaram os pontos de reunião, em que destacaram os chefes, tendo d'antemão feito a requisição de armas, e de munições, e sua competente distribuição, e marcado as duas horas da madrugada do dia 25 de janeiro para a execução de suas concordatas, para efeito do que...

Provará que pela vigilância da polícia, ou antes pela Misericórdia Divina se descobriram tão horrorosos planos antes da sua execução, o que fez impedir-se a reunião geral dos insurgentes, e malograr os esforços dos que se arrojaram a aparecer em campo na noite do dia 24 para 25 de janeiro, resultando também daí ficarem em suas casas a maior parte dos coligados.

O promotor que projetou um cenário apocalíptico para Salvador, com incêndios de casas e prédios públicos e a destruição de "todos os monumentos de nosso esplendor", algo que nem de perto acontecera, transforma-se em jovem herói e galã no romance de Calmon. A admiração do escritor fica evidente ao descrevê-lo como "recém-formado em Olinda, promotor público da capital, talentoso, cheio de ambições, ousado, o seu quê de artista e uma vocação política singular, foi o implacável acusador dos conspiradores".

Nas últimas páginas, há a oportunidade para que Ferraz também alcance a sua redenção, ao revelar a Luiz Gama o episódio com a sua mãe – e o próprio poeta, ainda menino – em 1835. "Luiza Mahin, ou Luiza Princesa, a quem perdoei. Único bem, numa ocasião de tantas desgraças. Mas bendita piedade, que me fez esquecer a fúria assassina da minha palavra, condenando os miseráveis que se tinham revoltado – criminosos... e inocentes!", confessa o ex-promotor, que afirma, no entanto, ter sido tocado de alguma forma pela experiência vivida com Luiza Mahin. "De então para cá, esta mão que ela beijou (e mostrou-a, enrugada e vacilante) jamais concorreu para que sofresse um escravo."

Se Luiz Gama ainda estivesse vivo quando a obra de Calmon foi publicada, é de se imaginar que ficaria furioso e, provavelmente, protestaria ao ver a mãe e a si mesmo retratados dessa maneira. Porém, a despeito das distorções, a obra ajudou a cristalizar a personagem Luiza Mahin como líder revolucionária e mulher imponente, inteligente, independente e impetuosa. Como se as palavras impressas servissem como aval de sua existência – a partir dali o mito foi disseminando-se cada vez mais, replicado em outros livros e mais recentemente em diversos sites da internet.

De uma forma ou de outra, o registro inicial feito pelo filho, em carta, deu origem a todos os demais, direta ou indiretamente. O próprio Calmon levou em consideração vários aspectos físicos e psíquicos expostos por Luiz Gama para conceber a personagem. A sua beleza, a estatura baixa, o corpo esguio, os "dentes alvíssimos como a neve", tudo está lá, reproduzido pelo autor: "Ela ria vaidosa dos seus dentes alvos que pareciam pérolas", escreve o historiador baiano, que ressalta por diversas vezes o atributo. Da mesma forma, replicou a personalidade altiva, geniosa e vingativa, bem como o fato de que possuía uma quitanda.

Há de se levantar algumas questões acerca da carta de Luiz Gama. Causa estranheza que ele se lembre de tantos detalhes, tendo sido afastado dos pais tão pequeno. A riqueza de minúcias em alguns pontos e a omissão de dados importantes em outros sugerem a possibilidade de que ele tenha fantasiado em parte o texto autobiográfico. Tanto involuntariamente, talvez romantizando as lembranças amorosas após a separação dramática da mãe, para suprir a carência afetiva, como de forma deliberada para preencher as lacunas com conteúdo que tornasse a história mais atraente, do ponto de vista de um escritor que dominava as técnicas narrativas.

Numa época em que era comum as pessoas não saberem com exatidão a data de nascimento, sobretudo a população negra, Luiz Gama chega ao requinte de informar o horário em que veio ao mundo, pelas sete horas da manhã. Também surpreende a localização minuciosa do sobrado em que ocorrera o parto, a lembrança precisa da data em que seu pai o vendera como escravo, em 10 de novembro de 1840, para saldar dívidas, e ainda a recordação de que o negócio se dera em companhia do amigo paterno Luiz Cândido Quintela, "a bordo do patacho *Saraiva*" – embarcação de dois mastros, com uma vela de proa redonda, e a de ré, triangular ou quadrada. São memórias formidáveis para um garoto de apenas dez anos que vivia uma experiência tão traumática. Se é capaz de explicitar até o ano em que seu pai recebera uma generosa herança de uma tia, em contrapartida, ele se recusa a declinar o nome dele, um fidalgo de família portuguesa, a partir do qual seria possível rastrear-se o registro de batismo da criança, correspondente na época à certidão de nascimento, para se obter confirmações e descobertas adicionais.

Por se tratar de um importante documento histórico, responsável pelo surgimento de Luiza Mahin, de suas linhas para a eternidade, vale a pena a leitura da carta na íntegra:

São Paulo, 25 de julho de 1880.

Meu caro Lúcio
Recebi o teu cartão com a data de 28 de pretérito.
Não me posso negar ao teu pedido, porque antes quero ser acoimado de ridículo, em razão de referir verdades pueris que me

dizem respeito, do que vaidoso e fátuo, pelas ocultar, de envergonhado: aí tens os apontamentos que me pedes e que sempre eu os trouxe de memória.

Nasci na cidade de S. Salvador, capital da província da Bahia, em um sobrado da rua do Bângala, formando ângulo interno, em a quebrada, lado direito de quem parte do adro da Palma, na Freguesia de Sant'Ana, a 21 de junho de 1830, pelas 7 horas da manhã, e fui batizado, 8 anos depois, na igreja matriz do Sacramento, da cidade de Itaparica.

Sou filho natural de uma negra, africana livre, da Costa Mina, (Nagô de Nação) de nome Luiza Mahin, pagã, que sempre recusou o batismo e a doutrina cristã.

Minha mãe era baixa de estatura, magra, bonita, a cor era de um preto retinto e sem lustro, tinha os dentes alvíssimos como a neve, era muito altiva, geniosa, insofrida e vingativa.

Dava-se ao comércio – era quitandeira, muito laboriosa, e mais de uma vez, na Bahia, foi presa como suspeita de envolver-se em planos de insurreições de escravos, que não tiveram efeito.

Era dotada de atividade. Em 1837, depois da Revolução do dr. Sabino, na Bahia, veio ela ao Rio de Janeiro, e nunca mais voltou. Procurei-a em 1847, em 1856 e em 1861, na Corte, sem que a pudesse encontrar. Em 1862, soube, por uns pretos minas, que conheciam-na e que deram-me sinais certos, que ela, acompanhada com malungos desordeiros, em uma "casa de dar fortuna", em 1838, fora posta em prisão; e que tanto ela como os seus companheiros desapareceram. Em opinião dos meus informantes que esses "amotinados" fossem mandados para fora pelo governo que, nesse tempo, tratava rigorosamente os africanos livres, tidos como provocadores.

Nada mais pude alcançar a respeito dela. Nesse ano, 1861, voltando a São Paulo, e estando em comissão do governo, na vila de Caçapava, dediquei-lhe os versos que com esta carta envio-te.

Meu pai, não ouso afirmar que fosse branco, porque tais afirmativas neste país, constituem grave perigo perante a verdade, no que concerne à melindrosa presunção das cores humanas: era fidalgo; e pertencia a uma das principais famílias da Bahia, de origem portuguesa. Devo poupar à sua infeliz memória uma injúria dolorosa, e o faço ocultando o seu nome.

Ele foi rico; e, nesse tempo, muito extremoso para mim: criou-me em seus braços. Foi revolucionário em 1837. Era apaixonado pela diversão da pesca e da caça; muito apreciador de bons cavalos; jogava bem as armas, e muito melhor de baralho, amava as súcias e os divertimentos: esbanjou uma boa herança, obtida de uma tia em 1836; e, reduzido à pobreza extrema, a 10 de novembro de 1840, em companhia de Luiz Cândido Quintela, seu amigo inseparável e hospedeiro, que vivia dos proventos de uma casa de tavolagem na cidade da Bahia, estabelecida em um sobrado de quina, ao largo de praça, vendeu-me, como seu escravo, a bordo do patacho *Saraiva*.

Remetido para o Rio de Janeiro, nesse mesmo navio, dias depois, que partiu carregado de escravos, fui, com muitos outros, para a casa de um cerieiro português, de nome Vieira, dono de uma loja de velas, à rua da Candelária, canto do Sabão. Era um negociante de estatura baixa, circunspecto e enérgico, que recebia escravos da Bahia, à comissão. Tinha um filho aperaltado, que estudava em colégio; e creio que três filhas já crescidas, muito bondosas, muito meigas e muito compassivas, principalmente a mais velha. A senhora Vieira era uma perfeita matrona: exemplo de candura e piedade. Tinha eu 10 anos. Ela e as filhas afeiçoaram-se de mim imediatamente. Eram cinco horas da tarde quando entrei em sua casa. Mandaram lavar-me; vestiram-me uma camisa e uma saia da filha mais nova, deram-me de cear e mandaram-me dormir com uma mulata de nome Felícia, que era mucama da casa.

Sempre que me lembro desta senhora e de suas filhas, vêm-me as lágrimas aos olhos, porque tenho saudades do amor e dos cuidados com que me afagaram por alguns dias.

Dali saí derramando copioso pranto, e também todas elas, sentidas de me verem partir.

Oh! eu tenho lances doridos em minha vida, que me valem mais do que as lendas sentidas da vida amargurada dos mártires.

Nesta casa, em dezembro de 1840, fui vendido ao negociante e contrabandista alferes Antônio Pereira Cardoso, o mesmo que, há uns 8 ou 10 anos, sendo fazendeiro no município de Lorena nesta província, no ato de o prenderem por ter morto alguns escravos a fome, em cárcere privado, e já com idade maior de 60 a 70 anos, suicidou-se com um tiro de pistola, cuja bala atravessou-lhe o crânio.

Este alferes Antônio Pereira Cardoso comprou-me em um lote de cento e tantos escravos; e trouxe-nos a todos, pois era este o seu negócio, para vender nesta Província.

Como já disse, tinha eu apenas 10 anos; e, a pé fiz toda a viagem de Santos até Campinas.

Fui escolhido por muitos compradores, nesta cidade, em Jundiaí e Campinas; e, por todos repelido, como se repelem coisas ruins, pelo simples fato de ser eu "baiano".

Valeu-me a pecha!

O último recusante foi o venerando e simpático ancião Francisco Egídio de Sousa Aranha, pai do Exmo. Conde de Três Rios, meu respeitável amigo.

Este, depois de haver-me escolhido, afagando-me disse:

— Hás de ser um bom pajem para os meus meninos; dize-me: onde nasceste?

— Na Bahia, respondi eu.

— Baiano? — exclamou admirado o excelente velho. — Nem de graça o quero. Já não foi por bom que o venderam tão pequeno.

Repelido como "refugo", com outro escravo de Bahia, de nome José, sapateiro, voltei para a casa do sr. Cardoso, nesta cidade, à rua do Comércio nº 2, sobrado, perto da igreja da Misericórdia.

Aí aprendi a copeiro, a sapateiro, a lavar e a engomar roupa e a costurar.

Em 1847, contava eu 17 anos, quando para a casa do sr. Cardoso, veio morar, como hóspede, para estudar humanidades, tendo deixado a cidade de Campinas, onde morava, o menino Antonio Rodrigues do Prado Junior, hoje doutor em direito, ex-magistrado de elevados méritos, e residente em Mogi Guaçu, onde é fazendeiro.

Fizemos amizade íntima, de irmãos diletos, e ele começou a ensinar-me as primeiras letras.

Em 1848, sabendo eu ler e contar alguma cousa, e tendo obtido ardilosa e secretamente provas inconcussas de minha liberdade, retirei-me, fugindo, da casa do alferes Antonio Pereira Cardoso, que aliás votava-me a maior estima, e fui assentar praça. Servi até 1854, seis anos; cheguei a cabo de esquadra graduado, e tive baixa de serviço, por ato de suposta insubordinação, quando tinha-me limitado a ameaçar um oficial insolente, que me havia insultado e que soube conter-se.

Estive, então, preso 39 dias, de 1 de julho a 9 de agosto. Passava os dias lendo e, às noites, sofria de insônias; e, de contínuo, tinha diante dos olhos a imagem de minha querida mãe. Uma noite, eram mais de duas horas, eu dormitava; e, em sonho vi que a levavam presa. Pareceu-me ouvi-la distintamente que chamava por mim.

Dei um grito, espavorido saltei da tarimba; os companheiros alvorotaram-se; corri à grade, enfiei a cabeça pelo xadrez. Era solitário e silencioso e longo e lôbrego o corredor da prisão, mal alumiado pela luz amarelenta de enfumarada lanterna.

Voltei para a minha tarimba, narrei a ocorrência aos curiosos colegas; eles narraram-me também fatos semelhantes; eu caí em nostalgia, chorei e dormi.

Durante o meu tempo de praça, nas horas vagas, fiz-me copista; escrevia para o escritório do escrivão major Benedito Antonio Coelho Neto, que tornou-se meu amigo; e que hoje, pelo seu merecimento, desempenha o cargo de oficial-maior da Secretaria do Governo; e, como amanuense, no gabinete do exmo. sr. Conselheiro Francisco Maria de Sousa Furtado de Mendonça, que aqui exerceu, por muitos anos, com aplausos e admiração do público em geral, altos cargos na administração, polícia e judicatura, e que é catedrático da Faculdade de Direito, fui eu seu ordenança; por meu caráter, por minha atividade e por meu comportamento, conquistei a sua estima e a sua proteção; e as boas lições de letras e de civismo, que conservo com orgulho.

Em 1856, depois de haver servido como escrivão perante diversas autoridades policiais, fui nomeado amanuense da Secretaria de Polícia, onde servi até 1868, época em que por "turbulento e sedicioso" fui demitido a "bem do serviço público", pelos conservadores, que então haviam subido ao poder. A portaria de demissão foi lavrada pelo dr. Antonio Manuel dos Reis, meu particular amigo, então secretário de polícia, e assinada pelo exmo. dr. Vicente Ferreira da Silva Bueno, que, por este e outros atos semelhantes, foi nomeado desembargador da relação da Corte.

A turbulência consistia em fazer eu parte do Partido Liberal; e, pela imprensa e pelas urnas, pugnar pela vitória de minhas e suas ideias; e promover processo em favor de pessoas livres criminosamente escravizadas; e auxiliar licitamente, na medida de meus esforços, alforrias de escravos, porque detesto o cativeiro e todos os seus senhores, principalmente os Reis.

Desde que fiz-me soldado, comecei a ser homem; porque até os 10 anos fui criança; dos 10 aos 18, fui soldado.

Fiz versos; escrevi para muitos jornais; colaborei em outros literários e políticos, e redigi alguns.

Agora chego ao período em que, meu caro Lucio, nos encontramos no "Ipiranga", à rua do Carmo, tu, como tipógrafo, poeta, tradutor e folhetinista principalmente: eu, como simples aprendiz-compositor, de onde saí para o foro e para a tribuna, onde ganho o pão para mim e para os meus que são todos os pobres, todos os infelizes; e para os míseros escravos, que, em número superior a 500, tenho arrancado às garras do crime.

Eis o que te posso dizer, às pressas, sem importância e sem valor; menos para ti, que me estimas deveras.

Teu Luiz.

O poema dedicado à mãe, ao qual Luiz Gama se refere na carta, também serviu como fonte complementar de informações sobre Luiza Mahin. Embora se tratasse de um texto lírico, com evidente uso de figuras de linguagem, alguns autores decidiram levá-lo ao pé da letra. Daí a propagação da ideia de que ela pertencesse à realeza africana, em face de o filho a ter chamado de "adusta Líbia rainha". Uma forma de tratamento largamente utilizada em composições poéticas para se referir a mulheres amadas, sejam mães ou objetos de desejo, sem que isso signifique que as musas sejam ou tenham de fato sido herdeiras de um trono ou soberanas de um reino. Seja como for, no caso de Luiza Mahin prestou-se a "coroá-la".

Escrito em 1861, dezenove anos antes da carta, portanto, o poema "Minha Mãe" só alcançaria tamanha notoriedade depois que Luiz Gama a nomeou na correspondência a Lúcio de Mendonça, discorreu sobre a sua fascinante história e enumerou seus atributos. Assim mexeu com a imaginação dos leitores e aguçou a curiosidade pela instigante personagem feminina, transformada em revolucionária e símbolo de sensualidade da mulher negra a um só tempo. Aqui também vale a reprodução dos versos do filho de Luiza Mahin, publicados na coletânea *Primeiras trovas burlescas de Getulino*, com composições satíricas e líricas:

Minha Mãe

Era mui bela e formosa,
Era a mais linda pretinha,
Da adusta Líbia rainha,
E no Brasil pobre escrava!
Oh, que saudades que eu tenho
Dos seus mimosos carinhos,
Quando c'os tenros filhinhos
Ela sorrindo brincava.

Éramos dois – seus cuidados,
Sonhos de sua alma bela;
Ela a palmeira singela,
Na fulva areia nascida.
Nos roliços braços de ébano.
De amor o fruto apertava,
E à nossa boca juntava
Um beijo seu, que era vida.

Quando o prazer entreabria
Seus lábios de roxo lírio,
Ela fingia o martírio
Nas trevas da solidão.

Os alvos dentes nevados
Da liberdade eram mito,
No rosto a dor do aflito,
Negra a cor da escravidão.

Os olhos negros, altivos,
Dois astros eram luzentes;
Eram estrelas cadentes
Por corpo humano sustidas.
Foram espelhos brilhantes
Da nossa vida primeiro,
Foram a luz derradeira
Das nossas crenças perdidas.

Tão terna como a saudade
No frio chão das campinas,
Tão meiga como as boninas
Aos raios do sol de abril.
No gesto grave e sombrio,
Como a vaga que flutua,
Plácida a mente – era a Lua
Refletindo em céus de anil.

Suave o gênio, qual rosa
Ao despontar da alvorada,
Quando treme enamorada
Ao sopro d'aura fagueira.
Brandinha a voz sonorosa,
Sentida como a Rolinha,
Gemendo triste sozinha,
Ao som da aragem faceira.

Escuro e ledo o semblante,
De encantos sorria a fronte,
– Baça nuvem no horizonte
Das ondas surgindo à flor;
Tinha o coração de santa,
Era seu peito de Arcanjo,
Mais pura n'alma que um Anjo,
Aos pés de seu Criador.

Se junto à cruz penitente,
A Deus orava contrita,
Tinha uma prece infinita
Como o dobrar do sineiro,
As lágrimas que brotavam,
Eram pérolas sentidas
Dos lindos olhos vertidas
Na terra do cativeiro.

De pronto, surge uma notória contradição entre os dois textos de Gama. Se na carta descreve Luiza Mahin como "pagã, que sempre recusou o batismo e a doutrina cristã", no poema, ela "a Deus orava contrita", e ainda "junto à cruz penitente", o que afasta a possibilidade de que se tratasse de um deus de outra religião. A menção à cruz, principal símbolo cristão, é categórica nesse sentido. Mais uma vez, cabe observar que sobretudo as imagens usadas poeticamente não deveriam ser interpretadas de forma literal, como foi feito tantas vezes ao longo dos anos.

O fato de Luiza Mahin ter sido "gerada" pelo filho – um dos maiores intelectuais brasileiros que, contrariando todas as expectativas para um ex-escravizado, conseguiu se tornar figura proeminente na literatura, na imprensa, na política e nos meios jurídicos oitocentistas – aumenta o fascínio em torno dessa mulher extraordinária. Com base em seus textos, Luiz Gama parece ter herdado da ascendência materna o temperamento insubmisso e desafiador que sempre o distinguiu, a ponto de ter sido demitido de um emprego público por pressão de um juiz que se julgou desacatado. Ao defender um africano que fugira do cativeiro ilegal em Minas Gerais, pois chegara ao Brasil depois da lei que proibia o tráfico negreiro, promulgada em 7 de novembro de 1831, o advogado negro se indignou com a omissão do magistrado em fazer cumprir a legislação e o desancou com palavras duras. Em sua petição, o abolicionista sustentava que o procedimento do juiz era "ofensivo da lei", acusava-o de ser responsável pelo "estúpido emperramento" do processo e o instigava a cumprir o seu "rigoroso dever", voltando atrás em seu "fútil despacho".

Essa verve eloquente o acompanhava na defesa de suas ideias nas tribunas e nos artigos publicados em diversos jornais de São Paulo – tendo sido cofundador dos primeiros periódicos ilustrados da capital paulista, o *Diabo Coxo* (1864-1865) e o *Cabrião* (1866-1867). A atuação insistente em prol da extinção da escravatura mostrou-se decisiva para agregar adeptos à causa, bem como para que a abolição pudesse se consumar seis anos após sua morte.

O seu funeral, aliás, foi digno de chefe de Estado. Grande parte do comércio paulistano baixou as portas às três da tarde em sinal de respeito. O luto também podia ser observado nas bandeiras içadas a meio pau nos consulados e em outras instituições. Uma multidão com cerca de 3 mil admiradores rumou para o Brás, onde ele morava, para lhe render as derradeiras homenagens, distribuindo-se ao longo das ruas pelas quais passaria o seu corpo no trajeto até o cemitério da Consolação. O cortejo fúnebre contou com a banda do Corpo de Permanentes, representantes da sociedade civil, membros da maçonaria (da qual fazia parte) e muitos cidadãos ilustres, como escritores, jornalistas, advogados, magistrados, artistas e políticos. Até o governo da província se fez representar oficialmente pelo vice--presidente em exercício, o conde de Três Rios, em uma mostra de seu prestígio.

Os seguidores se revezavam na tarefa de carregar o caixão, numa disputa constante pela honra. O escritor Raul Pompeia, famoso autor de *O Ateneu*, publicaria dias depois o insólito relato de uma cena que testemunhara durante a concorrida procissão: "No posto de honra das alças do esquife sucedia-se toda a população de São Paulo. Todas as classes representavam-se ali. Reparou-se particularmente num contraste estranho. Em caminho da Consolação, viu-se Martinho Prado Júnior, o homem que quer introdução de escravos na província, a fazer *pendant* [par] com um pobre negro esfarrapado e descalço. Um e outro carregavam orgulhosamente, triunfalmente, o glorioso caixão. Eu perguntei a mim mesmo se Martinho Prado era um escravocrata sincero".

Em dado momento, porém, talvez movidos pela indignação de ver adversários da abolição buscando promoção pessoal, alguns dos amigos negros de Luiz Gama resolveram afastar essa gente dali, conforme noticiaria dois dias depois o jornal *A Província de São Paulo*, em sua edição de 26 de agosto de 1882: "A meio caminho, um grupo, d'entre o grande número de pretos que tomavam parte no acompanhamento, não consentiu que ninguém mais conduzisse o corpo, e eles, revezando-se entre si, conduziram-no o resto do caminho".

É natural que uma figura dessa magnitude, capaz de ascender socialmente após ter experimentado a desgraça da servidão e que fazia questão de defender gratuitamente outros escravizados negros, passasse à história como ídolo. Também em função disso, trazida à tona pelo filho genial, a mística em torno de Luiza Mahin vem acompanhada de um apelo irresistível. Uma mulher legendária que não para de crescer e se faz cada vez mais presente na realidade atual.

Para inflá-la ainda mais, em 2006, a escritora Ana Maria Gonçalves lançou o livro *Um defeito de cor*, romance monumental em todos os sentidos, com 952 páginas, no qual embaralha com maestria realidade e ficção. A obra conta a história da africana Kehinde, que teria participado da Revolta dos Malês e conhecido Pacífico Licutan, Ahuna, Manoel Calafate, Belchior e Gaspar da Silva Cunha, Edum, Guilhermina, Sabina, Eslebão, Aprígio e demais vultos históricos já apresentados em capítulos anteriores. Narrado pela própria personagem em primeira pessoa, a autora sustenta que o livro se trata de um antigo manuscrito com o qual ela teria se deparado, por acaso, na casa de uma humilde moradora da praia de Amoreiras, em Itaparica, que dava as folhas avulsas – tiradas de um depósito no fundo da casa paroquial da Igreja do Sacramento – para seu filho mais novo desenhar no verso. O trabalho da escritora, de acordo com o prólogo, teria sido verter o português antigo para o atual, pontuar o texto, abrir parágrafos, dividir em capítulos e subtítulos, além de inventar alguns trechos para preencher as lacunas deixadas pelas páginas faltantes ou ilegíveis. Juntamente com essas explicações, apresentadas na introdução, ela sugere que Kehinde possa ser o nome original de Luiza Mahin, embora não o diga explicitamente.

Sem citar nominalmente Luiz Gama ou a mãe dele, Ana Maria Gonçalves usa de engenhosidade para espalhar pistas e convencer o leitor de que essa saga pode ser a autobiografia de Luiza Mahin – e de que o relato acerca do suposto manuscrito é verídico. Para tanto, ela recorre à seguinte explicação:

Depois de escrever e revisar este livro, entreguei todos os papéis a uma pessoa que, com certeza, vai saber o que fazer com eles. Mesmo porque essa pode não ser uma simples história de uma anônima, mas sim de uma escrava muito especial, alguém de cuja existência não se tem confirmação, pelo menos até o momento que escrevo essa introdução. Especula-se que ela possa ser apenas uma lenda, inventada pela necessidade que os escravos tinham de acreditar em heróis, ou, no caso, em heroínas, que apareciam para salvá-los da condição desumana em que viviam. Ou então uma lenda inventada por um filho que tinha lembranças da mãe apenas até os sete anos, idade em que pais e mães são grandes heróis para seus filhos. Ainda mais quando observados por mentes espertas e criativas, como era o caso deste filho do qual estou falando, que nasceu livre, foi vendido ilegalmente como escravo, e mais tarde se tornou um dos principais poetas românticos brasileiros, um dos primeiros maçons e um dos mais notáveis defensores dos escravos e da abolição da escravatura. Um homem inteligente e batalhador que, tendo nascido de uma negra e de um fidalgo português que nunca o reconheceu como filho, conseguiu se tornar advogado e passou a vida defendendo aqueles que não tiveram a sorte ou as oportunidades que ele tão bem soube aproveitar. O que você vai ler agora talvez seja a história da mãe deste homem respeitado e admirado pelas maiores inteligências de sua época, como Rui Barbosa, Raul Pompeia e Silvio Romero. Mas também pode não ser. E é bom que a dúvida prevaleça até que, pelo estudo do manuscrito, todas as possibilidades sejam descartadas ou confirmadas, levando-se em conta o grande número de coincidências, como nome, datas e situações. Torço para que seja verdade, para que seja ela própria a pessoa que viveu e relatou quase tudo o que você vai ler neste livro.

De maneira sugestiva, ao se ver obrigada a adotar um nome cristão após a chegada ao Brasil, Kehinde passa a se chamar Luísa Gama, pelo menos nas interações com os brancos. Como pode-se facilmente perceber, é o mesmo nome da mãe de Luiz Gama – apenas grafado com "s", seguido pelo sobrenome do poeta. Mais uma peça no quebra-cabeça que leva o leitor a concluir por si mesmo que, sim, trata-se da mesma pessoa. O universo paralelo criado por Ana Maria Gonçalves é tão rico, abrangente e minucioso, ao reconstituir os pormenores da vida de Kehinde, que acaba se estabelecendo um pacto implícito de aceitação da protagonista como a autêntica Luiza Mahin, que conta ali, de maneira vibrante e emotiva, todas as passagens de sua fabulosa existência.

Por um inevitável mecanismo cognitivo, cada acontecimento narrado no plano ficcional – em decorrência do êxito com que a escritora consegue emular a realidade do século XIX – acaba incorporado à biografia da heroína no imaginário dos leitores. E não só deles, posto que estes passam a transmitir muitas das informações ali contidas a outros interlocutores, em uma cadeia de propagação contínua. Um fenômeno que não é novo, uma vez que havia acontecido o mesmo com a obra de Calmon, assim como com as demais que abordam o mito.

Em uma rápida pesquisa na internet, encontram-se diversos sites e blogs com perfis de Luiza Mahin que reproduzem, sem levantar a menor sombra de dúvida, informações que carecem de registro histórico. O portal do Instituto Humanitas Unisinos, por exemplo, traz o seguinte perfil dela, em acesso realizado em 18 de junho de 2022:

> Mulher negra africana nascida em Costa Mina, na África, que veio para a Bahia, no Brasil, como escrava e que se tornou líder

da Revolta dos Malês (1835). Pertencia à nação nagô-jeje, da tribo Mahin, daí seu sobrenome, nação originária do Golfo do Benin, noroeste africano, que no final do século XVIII foi dominada pelos muçulmanos, vindos do Oriente Médio. Tornou-se livre (1812) e sobreviveu trabalhando como quituteira em Salvador, Bahia, e dizia ter sido princesa na África. Participou de todos os levantes escravos que abalaram a Bahia nas primeiras décadas do século XIX, entre elas a Revolta dos Malês, a maior de todas as rebeliões de escravos ocorridas na Bahia. O movimento iniciou-se na noite de 24 para 25 de janeiro (1835), liderado por escravos africanos de religião muçulmana, que eram conhecidos na Bahia como malês.

Saltam aos olhos não só tantas especificações acerca de sua origem na África, mas principalmente a afirmação categórica de que "participou de *todos* os levantes escravos que abalaram a Bahia nas primeiras décadas do século XIX". Parece impossível que uma mulher urbana, estabelecida como quitandeira em Salvador, tenha estado presente em "todas" as rebeliões, muitas delas ocorridas em engenhos distantes, localizados no coração do Recôncavo, feitas inclusive por africanos de nações diferentes da dela, especialmente os hauçás, como visto no Capítulo 8.

Da mesma maneira, o blog *A Central das Divas* reproduz algumas informações idênticas, como a de que "esteve envolvida na articulação de *todas* as revoltas e levantes de escravos que sacudiram a então Província da Bahia nas primeiras décadas do século XIX" e que "comprou sua alforria em 1812". Além de acrescentar outros dados: "De seu tabuleiro, eram distribuídas as mensagens em árabe, através dos meninos que pretensamente com ela adquiriam quitutes. Desse modo, esteve envolvida na Revolta dos Malês (1835) e na Sabinada (1837-1838)". Propõe, ainda, uma hipótese curiosa: "Diante de tanta movimentação política, Luiza foi intensamente perseguida. Possivelmente, seguiu para o Rio de Janeiro, sendo detida e deportada para Angola. Entretanto, há versões que admitem a possibilidade de Luiza ter conseguido fugir para o Maranhão, onde, com sua influência, tenha sido desenvolvido o *tambor de crioula*", uma referência à dança de origem africana praticada nesse estado nordestino. Para ilustrar a página, há uma gravura com o suposto retrato de Luiza Mahin, na verdade uma imagem produzida a partir de uma foto da escritora Carolina Maria de Jesus – um recurso utilizado por diversas outras publicações na internet.

São inúmeros os sites e blogs que surgem e desaparecem, dando lugar a novos, que propagam basicamente as mesmas versões, com novidades acrescentadas aqui ou ali, que a partir de então também passarão a ser replicadas, em um moto-contínuo a alimentar o mito libertário de Luiza Mahin.

A esse respeito, *A Central das Divas* pontua: "Resgatar a história de Luiza Mahin é uma forma de mostrar a importância que as mulheres negras tiveram na libertação dos escravizados e na história do povo brasileiro. Uma história de luta que o machismo e o racismo buscam apagar, mas que encontra nossa resistência pela frente". Dentro dessa proposta, inserem-se projetos para dar o nome dela a logradouros públicos, como ocorreu com a praça paulistana Luiza Mahin, em Cruz das Almas, na Freguesia do Ó, inaugurada em 1985, por iniciativa do Coletivo de Mulheres Negras de São Paulo.

A mãe de Luiz Gama também foi homenageada com a criação do Instituto Luiza Mahin, que reúne médicos e estudantes de medicina, com o intuito de "assegurar equidade de direitos políticos, educacionais, sociais e econômicos para alavancar a luta antirracista, garantindo saúde e bem-estar para o povo negro". A ideia da criação surgiu em agosto de 2018, durante o

I Encontro Nacional do Coletivo NegreX, realizado no Recife, em Pernambuco. Convencidos de que "só é possível uma medicina antirracista se pessoas negras também estiverem na condição de quem elabora, oferta e coordena os cuidados médicos de seu povo", alguns participantes se uniram para buscar mecanismos capazes de ampliar sua presença nessa área. Em janeiro de 2019, houve a assembleia para fundação do instituto, cujo registro civil ocorreria em setembro. No final daquele mesmo ano, em 6 de dezembro, deu-se o lançamento oficial em cerimônia realizada na Assembleia Legislativa de São Paulo. A entidade oferece programas de bolsas e mentoria a estudantes de medicina negros de baixa renda.

Seguindo a tendência, surgem escolas pelo Brasil que homenageiam a revolucionária afro-brasileira, como o Colégio Estadual Luiza Mahin, na Ilha do Governador, no Rio de Janeiro, e o colégio de mesmo nome em Jequié, na Bahia. Mas o exemplo mais emblemático está em Alagados, ocupação popular na periferia de Salvador, imortalizada pela música do grupo Paralamas do Sucesso. Ali, precárias habitações de madeira, construídas sobre palafitas em terreno alagadiço, passaram a se multiplicar a partir da década de 1940, abrangendo parte da península de Itapagipe e bairros como Massaranduba, Jardim Cruzeiro e Uruguai. Um lugar esquecido por décadas pelo poder público, que permaneceu durante muito tempo sem saneamento básico, saúde e educação.

A situação só começaria a mudar com a mobilização da população local. Enquanto iniciativas intermitentes do governo promoviam intervenções tímidas na região, os habitantes tratavam de se organizar para fazer aterramentos, pagando caçambeiros para que despejassem lixo e entulho nos terrenos submersos pela água. "Eu sou remanescente das palafitas, tenho muito orgulho disso. Éramos extremamente pobres, não tínhamos nenhuma consciência política, mas aí um pessoal que antecedeu a gente, com ousadia e resistência, teve a capacidade de perceber que aquele lixo lá do centro da cidade, que ninguém queria, poderia ser benéfico aqui para entulhar áreas de moradia", conta Maria de Lourdes Conceição Nascimento, uma das gestoras da Associação de Moradores do Conjunto Santa Luzia, responsável também pela administração da Escola Comunitária Luiza Mahin, no bairro do Uruguai.

A experiência cooperativa animou o povo de Alagados a ampliar a área de atuação. O estímulo de agentes culturais, como Luiz Orlando da Silva, que na década de 1980 chegou a coordenar uma rede de mais de cinquenta cineclubes nas periferias de Salvador, ajudou no processo. "Esse bairro do Uruguai era diferente, tinha um pessoal de cultura que trazia para cá um bocado de gente bacana. Assim pudemos conhecer aquele homem que levava cinema para a rua, o Luiz Orlando, e outras pessoas de teatro. Isso nos abriu horizontes, nós percebemos que se aquele grupo podia fazer tanta coisa importante, a gente também tinha potencial para atuar nas questões sociais", afirma Maria de Lourdes.

A descoberta da mãe de Luiz Gama lhe daria a autoconfiança que faltava. "Só fui conhecer a Luiza Mahin por meio dos movimentos negros, quando eu já tinha 25 anos, porque as escolas da minha época sempre nos negaram a possibilidade de entrarmos em contato com a nossa história. E tomar conhecimento da existência de uma mulher negra, guerreira, independente, corajosa e desafiadora foi tudo para mim, porque naquele momento eu não tinha nada, as minhas únicas referências femininas eram minha mãe e minhas irmãs. A partir dali, passei a me identificar não só com personagens históricas como Luiza Mahin, Dandara,

Aqualtune e Zeferina, mas também com tantas outras mulheres com quem tive oportunidade de conviver aqui mesmo e que nos traziam esse conhecimento. Quando eu vi aquela Luiza Bairros falar... fiquei encantada!", afirma, referindo-se à historiadora gaúcha, morta em 2016, que se mudara para Salvador em 1979 e depois seria ministra da secretaria de Políticas de Promoção da Igualdade Racial de 2011 a 2014.

A carência de escolas públicas, com vagas insuficientes para atender a todas as crianças, motivou a associação de moradores a abrir a Escola Comunitária Luiza Mahin em 9 de março de 1990. Nos dois primeiros anos, funcionou com recursos próprios, provenientes de contribuições da comunidade. Em seguida, pelos bons resultados obtidos, com metodologias de alfabetização de Paulo Freire e Emília Ferreiro, passou a contar com apoio da ONG canadense Visão Mundial. Desde então, várias gerações de mulheres da região passaram pela instituição. Em comum, todas têm um histórico de luta pela sobrevivência. Várias delas também foram vítimas de violência doméstica, algo que tentam evitar que se repita com os alunos, daí a inclusão das famílias no ambiente escolar.

O avanço de cada geração é notório. A mãe de Maria de Lourdes só pôde dar os primeiros passos para a alfabetização na velhice, um ano antes de morrer, mas viu a filha completar o Segundo Grau. Já a professora Sonia Dias Ribeiro, cuja mãe ganhava o sustento da família como trabalhadora doméstica e também era analfabeta, conseguiu se formar em pedagogia e já cursou duas pós-graduações na Universidade Federal da Bahia. Assim como as colegas de ensino, ela tem Luiza Mahin como inspiração. "Cheguei aqui com 19 anos e até então nunca tinha sequer escutado nada a seu respeito, porque é justamente o racismo que nega a existência dela."

A falta de comprovação de várias informações sobre heróis brancos que continuam a ser ensinadas em sala de aula lhe serve como argumento. Hoje é consenso, por exemplo, que o "grito do Ipiranga", representado na célebre pintura *Independência ou morte*, de Pedro Américo, trata-se de uma idealização do momento da proclamação. Uma cena que nunca existiu daquela forma, registrada em uma obra de arte gigantesca, de 7,60 x 4,15 metros, em 1888, por encomenda da família real, com o intuito de valorizar a monarquia, então ameaçada pelo movimento republicano. Assim como depois da instauração da República, no ano seguinte, por necessidade de criar ícones que representassem os novos ideais, Tiradentes foi reabilitado. "Era indispensável que se convocassem os artistas para representarem a figura do herói. Mas como fazê-lo? Não havia uma estampa sua. O daguerreótipo, o primitivo aparelho fotográfico, só foi divulgado na Europa em 1839, isto é, 47 anos após sua morte. Como resolver o problema? Foi simples a solução. Tiradentes era, nos primeiros anos da República, tão endeusado, que a todos pareceu natural se lhe atribuísse a mesma face de Cristo. Sim, os primeiros quadros que representaram nosso herói tiveram como modelo o próprio Jesus Cristo", conta o historiador Waldemar de Almeida Barbosa, em uma publicação do Instituto Histórico e Geográfico de São João del Rei, de 1975.

É essa diferença de tratamento que incomoda a professora Sonia Ribeiro. "Eu acredito plenamente que Luiza Mahin existiu. Antigamente, os registros eram escassos, quanto mais para uma mulher negra escravizada. Por isso, encaro como mais uma estratégia do racismo para negar a nossa história, para impedir a nossa reconstrução. Eu não gosto de reforçar essa suposta não existência, que também não passa de uma hipótese, porque acho que destrói. Ao ver tudo que a Luiza Mahin superou, uma outra mulher que está apanhando consegue sair daquela situação. Ela tem base, ela tem referência", argumenta.

Embora não tenha dúvidas sobre a existência da heroína, que na prática vem ajudando a transformar a vida de tanta gente, Sonia aproveita as contestações para fazer um interessante exercício intelectual: "Se alguém conseguir algum dia provar que ela não existiu, que esteve só no imaginário do Luiz Gama, ainda assim vou entender que ele a concebeu a partir da atuação de tantas outras mulheres que ele desejou como mãe e que tinham aquela força. Nesse caso, poeticamente, ele teria se espelhado na história de luta de todas essas outras, com biografias parecidas, e escolhido um único nome para representá-las. Mas insisto: eu creio na existência de Luiza Mahin até que me provem o contrário".

O historiador Clissio Santana segue a mesma linha de raciocínio e lhe dá sustentação teórica: "A figura de Luiza Mahin alcançou uma popularidade extraordinária. Ela ganha potencialidade especialmente pela ausência de representações femininas negras nas nossas narrativas históricas. E as mulheres negras se apegam a essa possibilidade... porque existe a possibilidade de Luiza Mahin ter existido. Se não foram encontradas fontes que a confirmem, isso tampouco nega a sua participação na Revolta dos Malês. Ela já se tornou um arquétipo, que na verdade não é a Luiza Mahin em si, mas a presença feminina. Quando se pesquisa a devassa, a gente vê que havia homens casados e que muitas mulheres circulavam nesse mesmo ambiente em que eles atuavam", explica.

A médica e ativista Jurema Werneck, diretora-executiva da Anistia Internacional no Brasil, também pensa dessa maneira. "Eu conheço uma jovem aqui no Rio de Janeiro que se chama Luiza Mahin, ou seja, ela não só existiu como continua existindo.

E nós confrontamos essa estratégia de apagamento. Alguém acredita que não houvesse mulheres importantes no desenvolvimento daquela luta? É impossível não haver, até porque a dinâmica do regime de escravidão facilitava às mulheres o papel de articuladoras, porque tinham mais trânsito nas cidades do que os homens. Então, obviamente, as mulheres tiveram papel de relevo na realização de qualquer levante, não apenas desse. Se elas se chamavam Luiza Mahin ou se eram ou não mães de um poeta abolicionista, isso é uma questão quase que irrelevante. Luiza Mahin existe! Não há como ela não ter existido, ainda que os historiadores não saibam. Isso fala mais sobre as limitações da história do que sobre os fatos. Muita coisa naquela época não era documentada, e muita gente não olhava para o feminino. As personagens femininas eram transparentes para determinadas correntes que registraram a história. Logo, não a viram, o que não quer dizer que não tenha existido", afirma.

Tal argumentação faz sentido. Afinal, mesmo com o inevitável filtro de autoridades que refletem os valores da sociedade patriarcal, responsáveis pela elaboração dos documentos da devassa, bem como a evidente disposição dos acusados de proteger suas companheiras, algumas mulheres ultrapassam essas barreiras e assomam com nítida relevância histórica. Desde Edum, presente na casa de Manoel Calafate na noite fatídica e que chegou até a ser listada, inicialmente, como uma das cabeças da revolta, até Sabina e Guilhermina, que praticamente a malograram com sua delação. Quantas outras não estariam ali enfronhadas sem que viessem à tona?

A favor da hipótese defendida por todas as admiradoras e guardiãs do legado de Luiza Mahin, há uma versão – transmitida pela oralidade – de que a heroína era tão real que teria sido acolhida por uma irmandade de negros fundada dois anos e cinco meses antes de a revolta de 1835 ser deflagrada. Essa instituição sobrevive até hoje, com sede no centro histórico de Salvador, e preserva tal memória, passada por seus associados de geração em geração.

CAPÍTULO 16
Sociedade Protetora dos Desvalidos

Como tudo o que diz respeito a Luiza Mahin, o suposto envolvimento dela com a Irmandade de Nossa Senhora da Soledade Amparo dos Desvalidos também está cercado de mistério. Trata-se de uma entidade fundada em 16 de setembro de 1832, em Salvador, por um grupo de dezenove negros livres ou libertos, com o propósito de prestar ajuda e conceder empréstimos ou pensões a seus integrantes, em caso de necessidades e imprevistos, com recursos de um fundo constituído por contribuições mensais dos próprios membros. Por volta de 1848, quando já aumentara o número de participantes, houve um conflito entre dois grupos de sócios, por divergências quanto ao local em que deveria ser mantido o cofre da instituição, e uma das dissidências – formada pelos vencedores da votação – decidiu se separar para criar a Sociedade Protetora dos Desvalidos (SPD), que existe até hoje.

Embora a associação inicialmente tenha se constituído como organização cristã, a tradição oral passada a cada geração atesta que havia muçulmanos entre os fundadores. "Não se pode precisar quantos, mas boa parte deles era malê, como se chamavam então os africanos islamizados em geral, independentemente da nação de origem", diz a presidenta Regina Célia Rocha, cujo mandato se iniciou em 2022. Ela explica que a criação da irmandade foi a maneira que seus precursores encontraram para estabelecer a associação, posto que era a única forma de reunião de negros permitida pelas autoridades, por contar com o estímulo da Igreja Católica. "Porém, sabemos pela oralidade que o primeiro presidente, Manoel Victor Serra, era um sacerdote malê", afirma.

Essa ligação inicial com o islamismo é referendada pelo antropólogo e fotógrafo franco-brasileiro Pierre Verger, em sua obra *Fluxo e refluxo*, assim como por Antônio Monteiro, em *Notas sobre negros malês na Bahia*. Ambos descrevem os idealizadores da irmandade como africanos muçulmanos. A informação de que Manoel Victor Serra recebia honras reservadas a sacerdotes nos cultos muçulmanos, inclusive, consta do livro de Monteiro. Porém, por se tratar de um pesquisador que não atendia aos rigores acadêmicos, tendo se baseado em depoimentos de fontes que se mantiveram anônimas, a sua produção serve cada vez menos como referência para a historiografia atual.

Já Verger traça o seguinte perfil dos primeiros dirigentes: "Ela [a irmandade] foi fundada por iniciativa de Manoel Victor Serra, africano, 'ganhador' no 'canto' chamado Preguiça [local em via pública onde os libertos e escravos de ganho se reuniam para oferecer seus serviços aos passantes]. Ele convidou alguns de seus amigos a participar, em 10 de setembro de 1832, de uma reunião na Capela dos Quinze Mistérios, onde, após discussão, foi decidido reunirem-se de novo no dia 16 de setembro para fundar uma junta que levaria o nome de Irmandade de Nossa Senhora da Soledade Amparo dos Desvalidos. Dezenove africanos alforriados foram os fundadores daquela instituição:

Victor Serra era nomeado juiz fundador, Manoel da Conceição (marceneiro) era tesoureiro e Luiz Teixeira Gomes (pedreiro) era o encarregado da escrita; os três tinham uma das chaves de um cofre que não podia ser aberto a não ser que as três estivessem sendo utilizadas ao mesmo tempo. O mesmo cofre estava colocado na casa do vigário da paróquia de Santo Antônio, o reverendo Padre Joaquim José de Sant'Anna, de quem um empregado, José Maria Vitela, fazia parte do comitê administrativo [da irmandade]".

A partir de documentos revelados mais recentemente, já nos anos 2000, surgiu uma corrente historiográfica que contesta tanto a origem africana dos fundadores quanto a suposta devoção ao islamismo. Em uma ata de reunião da irmandade, escrita por Manoel Victor Serra em 29 de março de 1835, descoberta nos arquivos da Sociedade Protetora dos Desvalidos, os seus membros se autodefinem como "crioulos livres, de cores pretas, nascidos no Império do Brasil". Ou, na escrita original, como "Chiolos Liver de Cores pretas Naçidos no Inperio do Barzelio", em uma variação da grafia do português da época utilizada pelo dirigente da instituição.

Nesse texto, elaborado apenas dois meses depois da Revolta dos Malês, chama a atenção a notória disposição dos participantes da confraria negra de ressaltar a nacionalidade brasileira – tanto com o uso do termo "crioulo", que por si só já designava negros naturais do país, como pela redundância de se enfatizar que eram "nascidos no Império do Brasil". Em plena perseguição aos africanos, no auge do terror que se instalou após o levante, nada mais natural que agissem dessa forma para se proteger. Por isso, alguns estudiosos do assunto, como Klebson Oliveira, continuaram a considerar que havia africanos entre os fundadores. Para ele, a partir deste ponto de inflexão, apenas negros nascidos no Brasil passaram a ser aceitos na irmandade para evitar problemas com a repressão.

Outros pesquisadores, no entanto, sustentam que a Irmandade dos Desvalidos sempre foi formada por crioulos sem qualquer ligação com a fé islâmica. O historiador Douglas Guimarães Leite é enfático nesse sentido. Para defender sua tese, ele elenca diversos indícios consistentes, como o testamento de Daniel Correia, um dos fundadores e tesoureiro em 1835, que trinta anos mais tarde iria se declarar "natural da Freguesia do Sacramento da rua do Paço desta cidade [da Bahia] e filho natural de Maria, escrava de Clara Maria de Sant'Anna, mulher de José Lopes Alvares". Nesse mesmo documento, Correia deixa expresso o desejo de ser sepultado na Irmandade do Rosário da Baixa dos Sapateiros sob os mais tradicionais ritos católicos. Com apoio em diversos registros e cruzamentos de informações, Leite estende a mesma conclusão a outros dirigentes fundadores da irmandade.

A padroeira da Sociedade Protetora dos Desvalidos continua sendo a santa católica Nossa Senhora da Soledade, uma entre tantas variações na representação da Virgem Maria, mãe de Jesus, com direito até a um altar na sede. Porém, membros da atual administração relativizam a questão religiosa. "Na época, isso foi uma estratégia, pois publicamente todos se diziam católicos. Os malês estavam presentes, mas também havia adeptos do candomblé, além de cristãos. Então, o que nós compreendemos é que existia uma confluência de religiões e que todos trabalhavam juntos, respeitando-se o credo de cada um. O que eles queriam era a ascensão, enfrentando a desigualdade social, o racismo e a intolerância religiosa, que eles chamavam de imposição religiosa", acrescenta a ex-presidenta Lígia Margarida Gomes de Jesus, a primeira mulher a ocupar o cargo, depois de 183 anos de domínio masculino.

A presença de Luiza Mahin também faz parte da tradição oral. Com base em relatos transmitidos por associados antigos aos mais novos, acredita-se que ela tenha mantido contato com integrantes da irmandade na mesma época do levante. "Sabemos que ela participou de reuniões malês aqui na instituição. Obviamente, não poderia haver registro sobre isso", afirma Lígia Margarida. "Existe até uma referência a esse respeito no livro *Um defeito de cor*", ressalta.

De fato, a escritora Ana Maria Gonçalves menciona a associação mutualista em sua obra, em um trecho no qual Kehinde, nome africano da suposta mãe de Luiz Gama, fala sobre a morte de João Badu, um liberto que trabalhava com ela: "Despedi-me do corpo quando saiu de casa, levado por pessoas da Irmandade de Nossa Senhora da Soledade Amparo dos Desvalidos. A confraria tinha sido fundada no ano anterior na Capela dos Quinze Mistérios, e abrigava tanto cristãos como muçurumins, entre eles alguns amigos do Fatumbi". O termo "muçurumim" é outra denominação para os pretos islamizados, e Fatumbi seria um deles, responsável pela conexão dos mestres malês com a personagem principal. Mais uma vez, a ficção se funde à realidade, como visto no capítulo anterior.

A entidade mudou de sede três vezes, primeiro para a Igreja de Nossa Senhora do Rosário dos Pretos, em seguida para um imóvel à rua do Bispo, na freguesia da Sé, onde permaneceu até 1887, quando finalmente instalou-se em um grande sobrado, conhecido como palacete, localizado no largo do Cruzeiro de São Francisco, onde fica até hoje. Ao longo do tempo, também incrementou suas atividades, oferecendo suporte financeiro aos sócios efetivos em caso de doença, invalidez permanente ou quando a velhice os impedisse de trabalhar para ganhar o sustento. Além disso, proporcionava um funeral digno e até pagamento de pensão mensal às viúvas, aos filhos ou, se o contribuinte fosse solteiro, à mãe e irmãs que dependessem dele. Para gozar desses direitos, exigia-se, no mínimo, seis meses de contribuição. "Aqui foi um pressuposto da Previdência Social, porque nós iniciamos o auxílio-doença, o auxílio-funeral e o benefício extensivo às viúvas para não as deixar desamparadas. Olha só a visão estratégica desses homens!", destaca Regina Célia.

Sem dúvida, esses negros que trabalhavam como marceneiros, pedreiros, carregadores, calafates, alfaiates e outros ofícios que exigiam esforço físico, o que os predispunha a moléstias da coluna, reumatismos e acidentes de trabalho, também tinham sofisticação intelectual. Tanto assim que as reuniões – pelo menos aquelas que não os comprometessem com as autoridades – eram sempre registradas em atas, com caligrafias elegantes, algo raro na época. "Nós ganhamos o selo do programa Memória do Mundo, instituído pela Unesco, por causa dessas atas escritas de 1832 a 1841, porque as irmandades pretas que existiam aqui em Salvador, ou a maior parte delas, tinham pessoas brancas nas funções de tesoureiro e escrivão. Mas aqui os próprios sócios faziam as anotações, mesmo porque proibia-se a entrada de brancos. Então temos um marco físico de que não é bem verdade que os negros de antigamente fossem todos analfabetos, como às vezes se generaliza nos livros históricos", observa Regina Célia.

Os diretores mostravam especial atenção com os órfãos e sua educação, acompanhando de perto o desenvolvimento deles. "Acredito que tenha sido um dos primeiros espaços do Brasil a dar aulas para negros, porque aqui nós tivemos cursos de letramentos e profissionalizantes. Os melhores profissionais de carpintaria, de construção civil e muitas outras áreas saíam dessa instituição", diz a presidenta.

Atualmente com um quadro de cerca de setenta associados e mensalidade simbólica de dez reais, a sociedade se mantém graças aos aluguéis de casas deixadas pelos sócios mais prósperos que não tinham herdeiros ou escolheram doar parte de seus bens à instituição. "Não temos nenhuma ajuda governamental, seja em nível federal, estadual ou municipal, com exceção da isenção de IPTU. Somos uma instituição autônoma, nós sobrevivemos dos aluguéis de nossos imóveis, dezenove ao todo, incluindo o da nossa sede", diz Regina Célia.

Em quase dois séculos de existência, a entidade foi evoluindo ao longo do tempo para se adaptar à nova realidade. Com a criação do Instituto Nacional do Seguro Social (INSS), direcionou seu foco de atuação para outras iniciativas de valorização do povo negro. "Nós firmamos parceria com o grupo Rota dos Quilombos, em que percorremos os quilombos da Bahia e demais Estados brasileiros. Fizemos outra parceria em um projeto chamado Hoje Menina, Amanhã Mulher, no qual trabalhamos com garotas do subúrbio ferroviário, que é uma das áreas mais pobres de Salvador. Nós temos ainda o Centro Cultural Manoel Quirino, que desenvolve atividades com pesquisadores negros e negras, fazendo publicações, dando visibilidade a esses trabalhos, realizando seminários. E já estamos no sexto Encontro das Mulheres Negras Urbanas e Quilombolas, evento que, a partir da quarta edição, se tornou internacional, porque já recebemos africanas de Angola, Moçambique e Cabo Verde. Desses encontros, surgem ações de dinamização para essas mulheres em empreendedorismo, letramento e outras áreas", conta a presidenta.

Se, desde a sua criação, a sociedade traz a marca da inovação e procura estar na vanguarda do movimento de ascensão da população negra, em um ponto demorou a se modernizar. A entrada de mulheres no quadro associativo só ocorreria "no final dos anos 1960 ou início dos 1970", segundo Regina Célia, professora e geóloga que ingressou na instituição ainda na infância, aos oito anos, levada pelo avô. Ela sucedeu a educadora Lígia Margarida, a pioneira como dirigente, que após dois mandatos, o primeiro com início em 2015, assumiu a presidência da Assembleia Geral, numa trajetória de valorização da ala feminina. Uma tendência bem recente.

Aliás, o fato de ter sido um clube exclusivamente masculino por quase um século e meio pesa contra a hipótese de que Luiza Mahin tenha passado pela irmandade. Essa questão, por si só, não afasta a possibilidade de ela ter sido recebida na casa, sem que fizesse parte de seus quadros. Mas é improvável. Principalmente quando se leva em consideração o histórico da sociedade. Em 1883, a professora Maria Silveira da Silva, com formação no Externato Normal da Província da Bahia, reivindicou à diretoria da sociedade que ela pudesse ministrar os cursos primário e secundário para as filhas órfãs dos associados, a fim de que as meninas recebessem educação de qualidade – segundo conta o historiador Lucas Ribeiro Campos, em pesquisa apresentada à Universidade Federal da Bahia. Mesmo com a justificativa de que as aulas proporcionariam para cada estudante "a educação precisa para no futuro poder ser boa mãe e portanto boa cidadã", argumento bem afeito à mentalidade da época, o pedido foi ignorado. Quarenta e oito anos antes, durante a Revolta dos Malês, a resistência à presença feminina deveria ser ainda maior.

Mais um entrave para se imaginar um envolvimento tão estreito da irmandade com a rebelião de 1835 refere-se à própria natureza da associação. Embora contasse com negros libertos, a entidade sempre evitou assumir ideais abolicionistas, mesmo que alguns de seus integrantes fossem simpáticos à causa. Por vários motivos, não havia uma militância institucional. Em primeiro lugar, porque, se o fizesse, seria obrigada a fechar as portas, pois sofreria repressão do sistema escravista. Mas também porque o caminho proposto para buscar o respeito e a ascensão social seguia as regras do sistema vigente. Os recursos da entidade destinavam-se a dar apoio, em momentos de necessidade, a quem demonstrasse aptidões intelectuais, comportamentos tidos como adequados do ponto de vista moral, e gozasse de boas relações com as lideranças. Havia a pretensão de se formar ali uma elite negra baiana, com potencial para se desenvolver culturalmente, com postura sóbria e respeitável, além de próspera do ponto de vista econômico.

Alguns de seus membros possuíam até escravizados, o que em tese já constituía um impedimento para a irmandade colocar a abolição como um de seus princípios basilares. O trabalho de Lucas Ribeiro Campos, que tem como objeto de estudo a Sociedade de Proteção dos Desvalidos como primeira associação civil negra do Brasil, portanto, a partir de 1861, quando foi regulamentada pelo governo, traz perfis de sócios proeminentes que ilustram essa questão. Feliciano Primo Ferreira, por exemplo, filho de uma africana, possuía dois armazéns de madeira na ladeira da Preguiça, no concorrido centro comercial de Salvador, e era dono de pelo menos um escravo. Graças à sua rede de contatos na construção civil, setor no qual se concentrava a maior parte dos sócios da entidade, e à desenvoltura com que transitava pelo circuito dos candomblés, ganhou projeção dentro da organização, na qual ocupou os cargos de primeiro secretário (1845), presidente (1852-1853), vice-presidente (1853-1854) e tesoureiro (1859-1860).

Mesmo os ex-escravizados que faziam parte da SPD precisavam demonstrar ascendência social para serem admitidos. Marcolino José Dias, que havia sido cativo quando jovem, até sua libertação em 1848, teve o pedido de ingresso negado em 1865. Somente dez anos depois, ao tentar novamente, acabaria aceito pelo Conselho Administrativo. A essa altura, já se sobressaía como figura popular na cidade, visto como herói por sua participação na Guerra do Paraguai, na qual comandara a Segunda Companhia de Zuavos Baianos – denominação dada aos pelotões formados por negros que combateram entre 1865 e 1867. Condecorado por bravura, coube a ele cravar a bandeira brasileira na conquista do forte Curuzu, no Paraguai, quando declarou em tom solene: "Está aqui o negro zuavo baiano!", aproveitando a ocasião para valorizar sua pertença racial. Como reconhecimento por seus feitos, recebeu a patente de capitão e a insígnia de Cavaleiro da Ordem Imperial do Cruzeiro.

Antes mesmo de ter ido à luta, Marcolino já contava com a deferência do presidente da província (1864-1865), Luís Antônio Barbosa, que o indicara como comandante de companhia durante a guerra. O político era um dos chamados sócios protetores da SPD, título simbólico concedido a representantes da elite branca que apoiavam a sociedade dos pretos – assim como seu sucessor no governo, Manoel Pinto de Souza Dantas, também seria. Algo muito valorizado pela cúpula da entidade, pois lhe conferia prestígio e certa "imunidade" para seu funcionamento. Talvez por isso tenha conseguido se instalar oficialmente, ao contrário de outras associações similares no Rio de Janeiro, que foram vetadas pela Corte. Essas conexões políticas possivelmente ajudariam Marcolino a ingressar mais tarde na SPD.

De volta a Salvador, Marcolino soube tirar proveito das honrarias para subir socialmente e desenvolver relações ainda mais estreitas com o poder. Anualmente, celebrava a vitória sobre o Paraguai e o seu retorno – são e salvo – com uma missa de ação de graças, durante o dia, e uma festa noturna na sua casa,

trajado com uniforme de gala. Aproximou-se cada vez mais de líderes do Partido Liberal, como o coronel Joaquim Antônio da Silva Carvalho, uma das testemunhas em seu casamento com Dorothéa Rodrigo do Espírito Santo e tutor de seu filho. Por sinal, outro sócio protetor. Hábil para criar ligações com gente influente, o agora alfaiate, que fora desprezado pela SPD no passado, não só seria aceito em dezembro de 1875 como ainda se tornaria vice-presidente da instituição em dois mandatos (1879-
-1880 e 1886-1887).

No entanto, nem sempre esteve por cima. Em 1868, com a volta do Partido Conservador ao poder, representado por Francisco Gonçalves Martins – ele mesmo, o antigo chefe de polícia que já havia sido presidente de 1848 a 1852 –, o capitão dos zuavos ficou em situação desconfortável. Em 23 de setembro de 1869, chegou a ser vítima de uma tentativa de assassinato, em uma emboscada preparada por um homem mascarado, que o atacou a facadas na rua, nas imediações da Igreja Matriz de Santana. Mas o capitão conseguiu se defender com a bengala que sempre carregava, alimentando ainda mais a mística de herói. Em 1878, com expressivos 410 votos, receberia a indicação para ser eleitor, com o direito de votar nos candidatos a deputado e senador, pelo sistema indireto das eleições no período do Império. Um feito e tanto para um ex-escravizado. Tornou-se militante abolicionista e cofundador da Sociedade Libertadora Bahiana, em 1883. Marcolino morreria meses antes da abolição da escravatura, aos 54 anos.

Diante do procedimento adotado pela entidade ao longo de sua existência, de claramente evitar se indispor com autoridades, torna-se difícil conceber uma atitude tão ousada como a de oferecer refúgio a uma revolucionária como Luiza Mahin. A violência contra os africanos, que se seguiu ao levante, desestimularia qualquer iniciativa nesse sentido. Se a ligação com uma foragida fosse descoberta, as consequências seriam terríveis, com o fechamento da sociedade, a sua criminalização e a punição exemplar dos seus membros, além da provável expulsão de seus dirigentes do país.

A perseguição aos pretos intensificou-se em 1835 e persistiu anos a fio, com uma onda de deportações que atingia inclusive aqueles sem nenhum indício de participação na revolta. Nada mais compreensível que a irmandade – oficialmente católica – procurasse não apenas se distanciar dos suspeitos, mas também se esforçasse para transmitir uma imagem que a diferenciasse da "sociedade malê" estigmatizada como constituída por conspiradores.

Àquela altura, formara-se o senso comum de que os africanos libertos eram um ingrediente perigoso, responsáveis por estimular, organizar e financiar rebeliões, providenciando inclusive armas – com a vantagem adicional de poderem transitar entre a capital e o Recôncavo, a fim de sublevar os escravizados dos engenhos. A própria liberdade de que gozavam seria, em si, um apelo para que os cativos se espelhassem neles e desejassem alcançar a mesma condição, se necessário com emprego da força. Antes mesmo da revolta de 1835, já havia sido promulgado um decreto, em 1830, que proibia a circulação dos forros por regiões fora das cidades em que habitavam, salvo se solicitassem passaportes específicos para um determinado fim, que só seriam concedidos após averiguação de suas atividades. Mas, na prática, isso não os impedia de viajar, fosse porque alguns deles trabalhavam como mascates, fosse pela dificuldade em fiscalizar todos os deslocamentos feitos por terra ou mar.

Em face disso, com urgência, foram aprovadas leis mais específicas para coibi-los. Se desde 1831 já estava vetado o desembarque de africanos libertos em qualquer porto do Brasil, após o trauma provocado pelos malês, eles passariam a ser enquadrados automaticamente em crime de insurreição pelo simples fato de colocarem os pés na província. Tal restrição mudaria radicalmente a vida de muita gente. Um exemplo disso aconteceu com o jeje Felipe Serra, dono de uma barbearia em Salvador, que viajara à África por volta de um mês depois da rebelião a fim de prestar serviços administrativos ao negociante Joaquim José Duarte. A promulgação da Lei nº 9, de 13 de maio de 1835, o pegou fora do país e o impediu de retornar definitivamente. Ele se desesperou, pois morava na Bahia havia quarenta anos, onde tinha casa, filhos e comércio. De nada adiantaram tais argumentos em sua petição, na qual lembrou ter lutado pela Independência do Brasil como soldado do 3º Regimento de Milícia, apresentando-se como súdito fiel do imperador e cristão. Sem se comover com as alegações, a Assembleia Legislativa indeferiu o pedido.

Um outro dispositivo da lei proibia a partir de então a compra de quaisquer "bens de raiz", ou seja, de imóveis por parte de africanos. Mais uma artimanha para empurrar os libertos estrangeiros para fora do país, já que essa regulamentação barrava a sua prosperidade após a obtenção da alforria. Apesar de as posses anteriores ao dispositivo estarem garantidas, criava-se um clima de insegurança, o medo de que subitamente surgisse uma legislação mais radical que confiscasse tudo o que já haviam conquistado.

A Lei nº 9 ia além ao determinar a expulsão de todos os africanos libertos que viviam na Bahia tão logo o governo arrumasse um destino na África para repatriá-los. Ou melhor, seriam "repatriados" em termos, posto que muitos deles acabariam sendo enviados para locais diferentes de sua procedência, como se o vasto continente africano representasse genericamente uma única nação. Além disso, depois de tantos anos morando fora, retornariam como se fossem estrangeiros – pois assim seriam vistos pelos conterrâneos, devido aos hábitos e linguajares adquiridos no Brasil. Da mesma forma, iriam se deparar com uma realidade que não mais reconheceriam, dadas as transformações ocorridas naqueles territórios marcados por guerras civis e invasões. Um grande número deles não encontraria sequer os familiares, possivelmente mortos ou igualmente capturados para serem vendidos como cativos. E alguns se veriam impedidos de regressar aos seus povoados no interior, sob risco de serem novamente escravizados. Teriam, assim, de reconstruir novamente a vida, em um ciclo desgastante e repetitivo.

Inicialmente, o local escolhido para "desovar" os estrangeiros indesejáveis foi Ajudá (conforme a grafia empregada na maior parte dos documentos portugueses, mas também chamado de Uidá), porto do Reino de Daomé, no litoral da atual República do Benim. Os deportados deveriam ser entregues a Francisco Félix de Souza, um mulato claro nascido em Salvador, que se mudou para a África na juventude e virou o mais famoso traficante de negros, com muitos fregueses no Brasil, para onde teria mandado mais de 500 mil escravizados. Caberia a essa figura controversa, que fez fortuna com o mercado humano, certificar por escrito ao governo brasileiro que os retornados efetivamente haviam chegado à costa ocidental africana, conforme o combinado com os capitães dos navios que iriam transportá-los.

Amigo íntimo e sócio do rei Guezo, do Daomé, que o agraciou com o título hereditário de Chachá, Francisco Félix morreria em 1848, aos 94 anos, deixando mais de oitenta filhos, 53 viúvas e um número estimado de 2 mil escravizados. Por suas conexões com o Brasil, seria natural que ele fosse o preposto dos governantes baianos em Ajudá. Mas decorreriam meses até que ele pudesse ser contatado para fechar o acordo.

Enquanto não se viabilizavam as condições para a deportação em massa, o artigo oitavo da Lei nº 9 impunha aos africanos libertos um imposto anual de 10 mil-réis. Uma evidente tentativa de dificultar sua sobrevivência com uma taxa discriminatória, tanto mais pesada em uma época de crise econômica, para forçá-los a deixar o país por iniciativa própria e com seus recursos. Os forros que delatassem alguma conspiração, entretanto, seriam poupados do pagamento. Sabina da Cruz, que denunciara a reunião no porão de Manoel Calafate, foi uma das beneficiadas. Aliás, já em 1850, iria recorrer à Assembleia Legislativa solicitando a dispensa também de um novo imposto, no mesmo valor, instituído desde 1846 para africanos envolvidos no comércio. A ex-mulher de Victório Sule lembrava aos deputados que fora ela quem denunciara a insurreição de 1835 e pedia, ainda, a anistia das parcelas em atraso e das multas por não ter feito o recolhimento nos anos anteriores. Sabina obteve sucesso.

Além dos delatores, ainda de acordo com a Lei nº 9, também escapariam do tributo anual de 10 mil-réis os inválidos e aqueles que trabalhassem e morassem em "fábricas grandes da província", ou seja, nos engenhos e latifúndios que necessitavam da mão de obra negra. Para atender aos interesses desses poderosos ruralistas, os proprietários de escravizados urbanos haviam passado a ser taxados, desde abril de 1835, com um imposto de 5 mil-réis por cativo residente em Salvador. Dessa maneira, a expectativa era de que pequenos senhores os vendessem para os produtores de açúcar, fumo e algodão, principalmente, a fim de suprir a demanda agrícola e para "que se desentulhasse a cidade da exuberante massa de escravos", conforme definiram os deputados da Assembleia Provincial. Teoricamente, eles seriam mais bem vigiados no campo.

Em decorrência do volume de deportações almejadas, os governantes enfrentaram problemas para levar a cabo seus planos. Com a proibição do tráfico de escravos instituída em 1831, pelo menos em um primeiro momento, houve queda do número de navios que cumpriam a travessia. Depois de algum tempo, o comércio ilegal foi retomado vigorosamente, com a necessidade de se aprovar uma nova lei, a Eusébio de Queirós, para impedi-lo de forma definitiva em 1850. Porém, naquele instante, o movimento havia diminuído sensivelmente, e os tumbeiros que persistiam na ilegalidade não tinham interesse em negociar com as autoridades e se expor ao risco de serem pegos. Já os capitães das embarcações que transportavam produtos agrícolas, por não serem do ramo, tinham medo de levar um agrupamento tão grande de africanos considerados perigosos.

O governo publicou, então, um edital em busca de interessados e recebeu três propostas. A mais atraente foi apresentada pela concorrente Burcheck e Cia., que se dispunha a conduzir quinhentos africanos ao custo de 36 mil-réis por cabeça. No entanto, o navio, que se chamava *Conceição*, só poderia iniciar a viagem depois que entregasse toda a sua carga de sal em portos no Sul do Brasil. Por isso, acabou descartado, e a escolha se transferiu para o patacho *Maria Damiana*, com a proposta de duzentas vagas ao preço de 40 mil-réis por passageiro embarcado, o que se efetivou em novembro de 1835. Começava ali o extraordinário fluxo migratório dos retornados, que se estenderia por décadas e implantaria a língua portuguesa e a cultura brasileira em vários pontos da costa ocidental africana, notadamente em Ajudá, como já visto, e em Lagos, no sudoeste da Nigéria.

Como o governo só pagaria as passagens dos africanos que haviam sido presos e processados, a maioria dos degredados partiu por conta própria, a fim de se livrar da perseguição incessante, da cobrança de impostos, da vigília policial e a dos próprios cidadãos. Os tradicionais "cantos" – pontos em que negros livres, libertos e escravos de ganho se reuniam na rua à espera de clientes para contratar seus serviços – também sofreram intervenção. Até então, os pretos se organizavam por conta própria, sob a gerência de um deles, eleito "capitão", a quem cabia atender os fregueses, distribuir os trabalhos e receber pagamentos. Porém, a Lei nº 14, de 2 de junho de 1835, estabelecia a divisão da cidade em capatazias, em lugar dos "cantos", com a designação de um capataz remunerado pelos próprios integrantes para fiscalizar a conduta de cada um, além de colher as informações cadastrais que deveriam ser atualizadas mensalmente, com endereço, identificação dos senhores (no caso de escravizados) e o tipo de ofício prestado. No ano seguinte, aumentou-se ainda mais esse controle, ficando a cargo dos juízes de paz a indicação de um inspetor responsável por cada capatazia e pela escolha do capataz. O inspetor deveria ser brasileiro e alfabetizado, com o dever de "vigiar a conduta dos indivíduos" e denunciar atitudes suspeitas à polícia.

Tornava-se cada vez mais difícil dar conta das despesas para trabalhar nos antigos "cantos". Os parcos rendimentos deveriam ser repartidos com os outros dois intrusos, instituindo-se o pagamento diário de 60 réis por cada integrante das capatazias localizadas nas ruas de Salvador, ou de 80 réis no caso das que ficavam no cais do porto. Dois terços desse valor ficariam para o inspetor, e o restante para o capataz. Mas houve grande resistência a essa medida. Não só dos prestadores de serviços, mas também dos senhores que tinham cativos ali empregados, pois o impacto financeiro também os atingiria. A própria opinião pública se posicionou contra, afinal, os encargos acabariam sendo repassados para os preços. Ou então, o que era ainda pior, verificava-se um "sumiço" dos carregadores de cadeiras e de outros trabalhadores que exerciam atividades consideradas essenciais. Tornou-se comum inspetores e capatazes levarem calote, com a debandada de muitos de seus comandados, dispostos a travar uma "queda de braço" e a mostrar a falta que faziam. Por todas as consequências indesejáveis, as cobranças foram sendo paulatinamente deixadas de lado, desestimulando interessados em assumir vagas de inspetor ou capataz.

A opressão atingia um nível insuportável para a maior parte dos africanos. Os donos de imóveis que quisessem alugá-los a libertos precisariam solicitar antes autorização do juiz de paz da freguesia. Se não o fizessem, ficariam sujeitos a uma multa pesada de 100 mil-réis. Depois de tanto trabalho e esforço para comprar a alforria e se estabelecer na Bahia, esses pretos teriam de amargar mais uma ruptura dramática ao se verem impelidos a abandonar negócios, amigos, amores e a terra à qual haviam se adaptado com tanto sacrifício.

Os africanos detidos costumavam solicitar o relaxamento da prisão, por poucos dias, para que pudessem pelo menos se despedir de pessoas próximas e providenciar a venda de seus bens antes do degredo. Mas quase nunca tinham o pedido atendido, por receio do chefe de polícia interino, Antônio Simões, de que desaparecessem. Um dos raros casos de liberação, mediante fiança, beneficiou a liberta Luísa, "a fim de poder arranjar os seus negócios, e seguir o seu destino", conforme explicado em ofício de novembro de 1835. Um nome bastante sugestivo, que deixa no ar a possibilidade de que se tratasse da mitológica Luiza Mahin. Por que não?

Alguns africanos, porém, resistiram ao máximo renunciar à vida que haviam construído na Bahia e tentaram de todas as maneiras evitar a expulsão. O caso mais emblemático é do ex-escravizado Luís Xavier de Jesus, um jeje que comprara a liberdade por 200 mil-réis em 1810, passando a exercer a função de capitão do mato, em perseguições a fugitivos do cativeiro. A despeito de sua colaboração com o sistema escravocrata e de ter conseguido fazer uma fortuna considerável, acabou preso à espera da extradição. Àquela altura, possuía oito casas e dezessete escravizados.

Luís Xavier argumentava que não tivera qualquer participação no levante e ostentava seus bens como prova de que estava inserido na sociedade baiana, sem motivos, portanto, para embarcar em uma aventura revolucionária da qual ele mesmo poderia ser vítima. Seus clamores não foram ouvidos pelas autoridades, e, sem que tenha respondido a processo ou sido julgado, ele se viu forçado a cumprir a ordem de deportação em 8 de novembro de 1835.

Já na África, Luís Xavier continuaria a apresentar petições com o objetivo de conseguir autorização para regressar ao Brasil. Antes de partir, fizera um testamento no qual expressava o desejo de deixar todas as propriedades, após sua morte, para o seu ex-escravo Antônio Xavier de Jesus, com quem mantinha relação estreita. A correspondência entre eles, publicada por Pierre Verger, revela o afeto que o desterrado devotava ao antigo cativo, chegando a tratá-lo como amigo, filho e até amante. Entretanto, se em algumas oportunidades mostrava-se agradecido pelos "mimos" enviados por Antônio para a África – como carne seca, azeite, biscoitos, doces e chapéus –, em outras reclamava que o parceiro às vezes não lhe respondia. O intercâmbio entre os dois não contemplava apenas gestos amorosos. Continuavam a tratar de negócios, com o envio de escravizados, por parte do exilado, para Antônio comercializar ilegalmente na Bahia.

Todas as solicitações de Luís Xavier para voltar ao Brasil, mesmo que temporariamente, lhe foram negadas. Mas ele jamais desistiu. "Ainda não perdi as esperanças de nos vermos em essa Bahia de São Salvador de Todos-os-Santos", escreveu em setembro de 1853. A sua derradeira estratégia foi a de se naturalizar português, com a intenção de ser aceito na alfândega brasileira como cidadão europeu. Na última carta, datada de junho de 1855, afirmava estar agoniado à espera de um navio, havia 35 dias, que o traria de Ajudá para o Rio de Janeiro. Porém, morreria naquele mesmo ano sem realizar o sonho de retorno. Já Antônio penaria para receber a herança. Sob acusação de falsificação do testamento, foi preso e precisou juntar as cartas com as declarações de Luís Xavier para comprovar a ligação duradoura com o antigo dono.

A elite baiana – assim como a brasileira de uma forma geral – mantinha-se firme na disposição de mandar embora o maior número de africanos possível também para iniciar um processo de "branqueamento" da população. Em 1835, estima-se que cerca de 40% dos habitantes de Salvador eram escravizados. Porém, se computadas todas as pessoas negras e pardas (cativas ou livres), essa proporção ultrapassava os 70%, o que incomodava cada vez mais as autoridades. O presidente Francisco de Souza Martins chegou a expressar tal preocupação: "A classe dos pretos superabunda imensamente a dos brancos", escreveu. Em face disso, as políticas que forçavam os negros estrangeiros a voltar para a África continuariam a ser implementadas.

Entre esses retornados, uma mulher chama especialmente a atenção por estabelecer, por intermédio de dois filhos que haviam sido presos por envolvimento no levante, uma ligação entre a Revolta dos Malês e o candomblé. Embora se saiba que muitos dos revoltosos se mantinham fiéis aos cultos de matriz africana, essa é a única evidência documental disso. Vale, portanto, um olhar de perto.

CAPÍTULO 17

Candomblé da Casa Branca

Desde menina, quando começou a frequentar cultos religiosos, Nice Evangelista Espíndola – ou somente Ebomi Nice, título pelo qual é tratada no círculo do candomblé – ouve falar sobre a origem do terreiro da Casa Branca, o Ilê Axé Iyá Nassô Oká, aberto por volta de 1830, em Salvador. Ela não só conhece em detalhes o surgimento da instituição, fundada pela nagô liberta Iyá Nassô, como cultiva a memória da matriarca com profundo respeito e devoção. Orgulha-se, sobretudo, do envolvimento dela na Revolta dos Malês. Ou como prefere definir, corrigindo o interlocutor, na "Guerra dos Malês", conforme aprendeu com o amigo Antônio Agnelo, um estudioso do assunto, já morto, que tinha a missão de transmitir a bagagem histórica às novas gerações.

"O que o compadre Agnelo sabia e comentava na Casa Branca era que, de fato, a nossa grande rainha, nossa mãe Iyá Nassô, andou por dentro dessa questão dos malês, ou ao contrário, eles andaram aqui por dentro trazidos por ela", relata Ebomi Nice, com base na tradição oral preservada há quase dois séculos. Em seu entendimento, o fato de os mestres malês terem sido muçulmanos não cria qualquer ruído ou objeção. "A gente precisa se respeitar sempre, porque há muita coisa envolvendo a espiritualidade. O trabalho deles era lutar pela liberdade de todos nós, e a intolerância religiosa nunca encontrou lugar aqui", enfatiza.

Trata-se de uma postura coerente para uma anciã que transita pelos mais diferentes espaços da fé e pauta sua vida na defesa da diversidade religiosa e contra o racismo. Não à toa, recebeu a Medalha Zumbi dos Palmares da Câmara Municipal de Salvador, em 2012, e o título de cidadã honorária da Câmara Municipal de Cachoeira, em 2015, quando foi recepcionada ao som de atabaques, com batidas típicas do candomblé, e fez oração a São Francisco de Assis em seus agradecimentos. Na ocasião, Ebomi Nice se destacava como a única eminência de Salvador a compor a Irmandade de Mulheres Negras de Nossa Senhora da Boa Morte de Cachoeira. Assim como viajaria ao Rio de Janeiro, em 2017, para ser homenageada na celebração de Pentecostes da Igreja de Nossa Senhora do Rosário e São Benedito dos Homens Pretos. Nessa oportunidade, durante missa celebrada por frei Tatá, abençoou todos os presentes com palavras sagradas em língua iorubá. Ou seja, de sincretismo religioso, entende mais que ninguém.

Ebomi Nice e os demais devotos da Casa Branca nunca tiveram dúvidas sobre a conexão com os antigos malês. Porém, pesquisas recentes, conduzidas por Lisa Earl Castillo e Luis Nicolau Parés, deram sustentação documental a pelo menos parte da versão contada pelos frequentadores do terreiro. Foram encontrados registros da viagem de volta à África empreendida por Iyá Nassô – ou Francisca da Silva, seu nome cristão no Brasil – juntamente com seus dois filhos implicados na Revolta dos Malês, Thomé José Alves e Domingos da Silva, além de outros familiares e ex-escravizados agregados.

Thomé e Domingos haviam sido condenados a oito anos de prisão com trabalho. Após denúncias de vizinhos, a polícia revistara a casa da família, na ladeira do Carmo, e encontrara um amuleto com escrituras em árabe – o que consistia, como visto, prova suficiente para se estabelecer culpa na insurreição. Por ali funcionar também um terreiro de candomblé, o que já incomodava alguns habitantes das redondezas, a situação se complicara ainda mais. Relatos de que muitos africanos convergiam àquele local para celebrações em que vestiam roupas brancas, com danças e cantos em iorubá, acabaram por induzir as autoridades à conclusão de que se tratava de mais um núcleo malê.

Descrições de que os irmãos usavam várias voltas de colares e tecidos vermelhos – a cor de Xangô – sobre os trajes, embora fossem sinais de que praticavam religião bem diversa do islamismo, contribuíram para reforçar a ideia de que os acusados haviam exercido algum papel no levante. Afinal, todas as expressões místicas africanas, encaradas com desconfiança pelos brancos, eram vistas como potencialmente perigosas e, não raro, confundiam-se e misturavam-se na cabeça de muita gente.

Não se sabe, portanto, se Thomé e Domingos participaram efetivamente da revolta. A posse do amuleto malê pode ser um indício de que eles transitavam nos dois universos, mas não serve como comprovação de que tenham tomado parte dos acontecimentos da madrugada do dia 25 de janeiro. De qualquer maneira, a sentença final os condenava como malês. Desesperada, Iyá Nassô primeiro recorreu à Assembleia Provincial Baiana, com o argumento de que seus filhos haviam sido vítimas de uma falsa delação, por parte de inimigos. Ela propunha que a pena de prisão fosse comutada para expulsão do país, comprometendo-se a ir embora com os dois e a pagar as despesas da viagem. Sem sucesso nessa instância, que recusou as suas explicações e indeferiu o pedido, Francisca buscou a última alternativa, a intervenção imperial, tendo alcançado êxito. O expediente do Ministério da Justiça datado de 26 de maio de 1836, com publicação no *Correio Official*, determinava o "banimento" de ambos.

Assim que recebeu a notícia, Iyá Nassô iniciou as providências para abandonar definitivamente o Brasil. Casada com o também nagô José Pedro Autran desde 1832, quando oficializaram na Igreja Católica uma união que mantinham já havia alguns anos, ela desfrutava de prestígio na comunidade africana da Bahia e acumulara um número considerável de bens, entre os quais dois imóveis e cerca de dez escravizados. O casal se desfez de suas posses, alforriou os cativos – com os quais aparentemente criara vínculos afetivos – e embarcou de volta à África, com Thomé, Domingos e companhia, após a emissão dos passaportes da família, em 1837.

Esses dois filhos de Iyá Nassô haviam nascido no continente africano, provavelmente em Oyó, e também tinham sido trazidos ao Brasil como escravizados. Domingos viera com a mãe, ambos comprados pelo mesmo senhor, de quem herdaram o sobrenome, após serem alforriados, seguindo os costumes da época. Thomé chegaria anos mais tarde, com a mãe já liberta, mas seja porque ela não tomara conhecimento com antecedência do desembarque dele em Salvador, seja porque não conseguira a quantia necessária para adquiri-lo, o jovem acabou comprado por um militar. No entanto, durante o período de cativeiro dele, Francisca sempre se manteve próxima e até providenciou para que seu marido se tornasse padrinho do rapaz, batizado em novembro de 1824. Esse episódio revela a amargura de famílias separadas pela escravidão. Só em 1830, Thomé obteria sua alforria.

De acordo com a pesquisadora Lisa Earl Castillo, Iyá Nassô não se tratava de um nome próprio, apesar de Francisca ser chamada assim pela comunidade africana em Salvador, mas de um título conferido à sacerdotisa responsável pelos cultos a Xangô, patrono de Oyó, realizados no palácio do *alafin* (ou rei). Tudo leva a crer, portanto, que ela fosse a Iyá Nassô do reino, na época de sua captura e escravização. Um posto importante, com o qual continuou a se identificar após a vinda para a Bahia.

Em um sinal inequívoco das boas relações de Francisca com seus ex-escravizados, vários deles decidiram seguir com a família na viagem de regresso para a região da Costa da Mina, inclusive Marcelina Obatossi, outra nagô consagrada a Xangô, que gozava de total confiança da antiga senhora. Tanto assim que fora batizada em 1824 pela própria Iyá Nassô, que se tornaria a partir dali também sua madrinha. Embora Pierre Verger tenha publicado que essa volta ao continente africano terminaria em Ketu, com base no depoimento de uma bisneta de Marcelina, documentos encontrados recentemente indicam que a chegada se deu no porto de Ajudá, na atual República do Benim, onde eles se estabeleceram com a construção de uma casa e a abertura de um novo terreiro.

Em 1839, porém, essa discípula de Iyá Nassô retornaria sozinha a Salvador para refundar o antigo candomblé em um novo local. Agora com o sobrenome de sua ex-proprietária e protetora, Marcelina da Silva reuniu novamente seguidores e transformou-se em figura proeminente entre os africanos livres, libertos e cativos. Além do respeito que os discípulos lhe devotavam, logrou atingir uma rara condição financeira para se impor na sociedade baiana, como dona de diversos imóveis e – tal como Francisca – também de escravizados.

Faz sentido levantar a questão de como ela e tantos outros africanos burlavam a lei que os proibia de desembarcar em portos brasileiros, especialmente na província da Bahia. O trabalho de Lisa Earl Castillo também é esclarecedor nesse aspecto, ao reconstituir a vida e desvendar os rumos de vários personagens ligados ao terreiro da Casa Branca. Vale citar alguns deles, brevemente, para se ter uma melhor compreensão do que ocorria naqueles tempos de perseguição.

Não consta que Marcelina tenha viajado outra vez para a África, mas ela manteve a conexão com a terra de origem e com as pessoas de seu círculo que lá moravam por intermédio de outros frequentadores da Casa Branca, que faziam o intercâmbio. Um deles era o babalaô Bamboxê Obitikô, ou Rodolfo Manoel Martins de Andrade, seu nome de batismo no Brasil. Ele teria, inclusive, participado da cerimônia de refundação do terreiro, ao lado de Marcelina, e por isso até hoje é saudado durante o padê, rito do candomblé no qual se oferecem alimentos e bebidas ao orixá Exu, antes do início de cerimônias públicas e privadas.

Bamboxê também chegou a ser escravizado no Brasil, tendo como dono Manoel Martins de Andrade, um português capaz de infligir castigos brutais a seus cativos. Numa dessas ocasiões, por desejar uma punição extremamente severa, esse senhor tomou a precaução de pedir autorização à polícia para aplicar quatrocentos açoites em Luís nagô, um serviçal de 24 anos, alegando desobediência. Dezessete anos depois da Revolta dos Malês, ele almejava crueldade equivalente às sentenças impostas aos condenados no levante. Até o chefe de polícia considerou a dose excessiva, reduzindo-a a 150 chicotadas, ainda assim uma violência extraordinária.

Sujeito aos humores desse terrível proprietário, Bamboxê teve que suportar a servidão até 22 de maio de 1857, quando finalmente conseguiu comprar a alforria. Àquela altura, os preços estavam inflacionados, tanto pela proibição do tráfico humano transatlântico como pela alta demanda por mão de obra na região Sudeste do país, em pleno ciclo do café. Assim, ele pagou 1:750$000 réis (um conto e 750 mil-réis), um preço elevado mesmo para a época, o que leva a crer que ele ainda não fosse velho e que desempenhasse algum serviço qualificado e bem remunerado. Ou talvez, por saber da ligação estreita de Bamboxê com a já bem-sucedida Marcelina, o senhor tenha subido a cotação. Existe até uma evidência da participação da ialorixá nesse negócio: logo no dia seguinte, ela vendeu um outro escravizado, pela metade do valor, para Manoel Andrade, sugerindo uma substituição dos trabalhos prestados por seu amigo, ainda com lucro para o português.

Possivelmente essa ajuda – talvez ainda acompanhada de um empréstimo para completar o dinheiro necessário – tenha resultado em uma dívida de Bamboxê com Marcelina, fazendo com que ele precisasse servi-la por algum tempo. Esse tipo de acordo, denominado *iwofa,* fazia parte da cultura nagô. Embora não se configurasse como escravidão, já que o serviço se restringia a um determinado número de horas semanais e por um período pré-estabelecido, talvez explique o surgimento de uma das narrativas populares que sobreviveram aos anos, segundo a qual Bamboxê teria sido cativo de Marcelina, o que a documentação é categórica em desmentir.

De qualquer maneira, a relação entre os dois cristalizara-se e prosseguiria por toda a vida. Bamboxê é um dos expoentes da Casa Branca que fizera o percurso de ida e volta para a África. Mas havia outros que foram até antes. Como Oyá Togum – ou Eliseu do Bonfim, seu nome brasileiro –, pai de Martiniano Eliseu do Bonfim, ambos também com lugar de destaque na história do candomblé. De família poderosa no reino de origem, conforme atesta o fato de seu pai ter possuído várias esposas, um costume nagô apenas entre homens ricos, Oyá Togum foi trazido ao

Brasil como escravizado no início da década de 1840. Embora autoridades brasileiras ainda agissem com leniência na fiscalização destinada a coibir o tráfico negreiro, um ou outro navio ilegal acabava apreendido, em resposta às pressões crescentes da Inglaterra. Numa dessas situações, ele teria sido lançado ao mar, já perto da costa baiana, e com grande esforço nadara até terra firme.

Nessas circunstâncias, o africano não poderia mais ser vendido como escravizado. Porém, se via forçado a prestar trabalhos para o governo ou para instituições indicadas pelas autoridades. O tempo máximo previsto era de quatorze anos, apesar de muitas vezes tal disposição não ser respeitada. Em face da estranha condição, que ficava no meio do caminho entre o cativeiro e a libertação, esses pretos passaram a ser chamados de "escravos da nação". Assim, coube a Oyá Togum se submeter a mais essa indignidade imperial.

Depois de obter sua liberação oficial, no início da década de 1850, Oyá Togum – ou melhor, Eliseu do Bonfim, como constava de todos os seus documentos – estabeleceu-se como comerciante de mercadorias africanas. Não se sabe exatamente quais artigos ele trazia, porém, os itens mais procurados na época eram azeite de dendê, noz de cola, panos da costa (espécie de xale) e sabão preto. Em 1875, numa dessas viagens transatlânticas, para as quais obtinha licença como negociante, levou o filho Martiniano para estudar em Lagos, sinal de que valorizava a cultura de origem.

As guerras civis em território iorubá, porém, prosseguiam com grande intensidade. Tanto que Eliseu não conseguiu nem sequer visitar a mãe, que a essa altura encontrava-se em Ibadan, a cerca de 150 quilômetros de Lagos – um deslocamento muito arriscado. Ele retornaria a Salvador em 11 de novembro de 1876, juntamente com a africana liberta Justa Marcelina da Silva, que, como indica o sobrenome, havia sido escrava da então comandante do terreiro da Casa Branca e voltava após sete meses de estada na terra natal. Assim como mais trinta africanos libertos que regressavam à Bahia no patacho *Alfredo*, os dois apresentaram passaportes ingleses para entrar no país.

Está aí, portanto, um dos recursos mais utilizados pelos africanos para driblar a lei que os impedia de desembarcar. Nem sempre os policiais observavam com rigor a proibição, mas para não correrem o risco de terminarem deportados ou serem vítimas de extorsão, muitos desses negros que retornavam ao Brasil tomavam essa providência. Alguns deles, presumivelmente, haviam sido expulsos na onda que se seguiu à Revolta dos Malês e se precaviam para não repetirem a experiência. O cônsul inglês em Lagos lhes concedia cidadania britânica para que pudessem transitar por território africano com um pouco mais de segurança, em busca de seus parentes, dos quais haviam sido apartados ao serem escravizados no passado. Da mesma forma, em Salvador, outro cônsul da Inglaterra também dava o benefício para parte dos libertos. Uma prática que se tornava cada vez mais comum.

Tal artifício se alastrou tanto que terminou por gerar uma crise diplomática entre Brasil e Inglaterra em agosto de 1877, quando a polícia impediu o desembarque de dezesseis africanos forros, a bordo do patacho *Paraguassu*, com nomes em língua portuguesa e passaportes britânicos, apreendidos para averiguação. Consultado a esse respeito, o cônsul inglês na Bahia confirmou a autenticidade dos documentos e recomendou que os passageiros fossem recebidos como cidadãos britânicos. No entanto, após impasse que se arrastou por meses, o chefe de polícia determinou a deportação, pelo menos de parte deles.

A embarcação tomou o caminho de volta para a África em 31 de janeiro de 1878, levando nove dos africanos que tiveram a documentação contestada. Também estava presente, mais uma vez, "Eliseu do Bonfim, súdito inglês, sendo o passaporte dado pelo cônsul nesta província em 5 de dezembro", de acordo com o que consta do registro policial na concessão do visto para a viagem a Lagos. Ele retornaria a Salvador em 26 de setembro de 1878 no patacho *Garibaldi*, acompanhado por Rodolfo Martins, uma abreviação – bem ao gosto dos ingleses – do nome completo de Rodolfo Manoel Martins de Andrade, ou seja, o nosso já conhecido Bamboxê Obitikô.

Além do passaporte inglês, um outro estratagema para burlar a legislação antiafricana, instituída como retaliação à Revolta dos Malês, também vem à tona na compra de uma casa por Bamboxê Obitikô, em 1866. Como a lei proibia que africanos adquirissem imóveis, quando acertou a aquisição da residência – uma construção bastante modesta, com paredes de taipa, em um terreno na estrada de Pau Miúdo, na periferia da freguesia de Santo Antônio –, ele tomou o cuidado de lavrar a escritura em nome de sua filha Júlia. Por ser nascida no Brasil, a menina não estava sujeita à restrição.

A esperteza desses personagens lhes possibilitou não só prosseguir no país e continuar a comprar imóveis, como também manter o intercâmbio com parentes e amigos na África. Além de preservar, com muito "jogo de cintura", as tradições religiosas ancestrais no terreiro da Casa Branca, a despeito da repressão policial e do preconceito de parte considerável da população branca. Uma preocupação, aliás, que persiste até hoje. "Houve muitos episódios recentes de intolerância religiosa, mas, como nossos antepassados nos ensinaram, o negro é resistência, persistência, fé e coragem. Às vezes, um tanto de resignação também. Sempre com respeito aos demais credos, nós ainda lutamos pela liberdade de culto", diz Ebomi Nice.

Nascida em 27 de setembro de 1940, a octogenária caminha lentamente com o apoio de uma bengala e, se necessário, de braços dados com uma ajudante. Contudo, tem disposição para participar dos cultos durante horas, como fez no dia 22 de janeiro de 2022, quando esteve como convidada de honra em um outro terreiro, o Ilê Axé Ogum Omin Kayê, no bairro de Cajazeiras, em Salvador. Nessa celebração para Oxum, também apareceram os orixás Ogum, Oxóssi, Logum Edé e Iemanjá, em uma profusão de cores, danças e cantorias em iorubá, ao som alto e cadenciado dos atabaques.

Ebomi Nice concedeu entrevista durante a tarde, antes do início das atividades religiosas. Ao encerrar seu depoimento, quando já se preparava para se levantar da poltrona, a fim de descansar para os rituais da noite, abriu um sorriso e fez uma última declaração: "A espiritualidade dos malês é viva! Quer sentir? Veja a presença deles naquele bloco de Carnaval. É indiscutível! Aquele Malê Debalê é uma coisa fabulosa, eles vêm com aquele fogo, aquela garra, aquela atração comovente! Até a dança deles se mostra agressiva, forte, em que se diz: 'Nós estamos aqui e ainda venceremos!'".

Vamos, então, atender ao conselho de Ebomi Nice e seguir essa pista preciosa em busca da herança deixada pelos malês.

CAPÍTULO 18
A luta continua

Os malês estão na boca do povo da Bahia, graças à contribuição dos blocos afros de Carnaval. Inúmeras músicas fazem referências ao levante de 1835, e seus protagonistas são cultuados como heróis. Há letras bastante explícitas, até didáticas, que cumprem a missão de transmitir fatos históricos aos foliões e espectadores. O efeito pode ser constatado em conversas com variados tipos de pessoas nas ruas. Motoristas de ônibus, de táxi ou de aplicativos, balconistas, carteiros, atendentes nas barracas de praia, salva-vidas, garis, advogados, profissionais liberais em geral... enfim, representantes dos mais diversos segmentos e estratos sociais demonstram ter pelo menos alguma noção dos acontecimentos de 25 de janeiro. Não resta dúvida de que o nível de conhecimento da população baiana a esse respeito é muito mais elevado do que se verifica no restante do país. Embaladas pelo som contagiante dos percussionistas e demais instrumentistas, juntamente com coreografias e fantasias multicoloridas, em uma explosão sensorial inigualável, as letras das canções ganham extraordinária repercussão popular.

Criado em 1979, com o primeiro desfile em 1980, o bloco Malê Debalê remete aos rebelados islâmicos no próprio nome – já o complemento foi acrescentado para dar sonoridade, tirado de uma música que os fundadores escutaram durante um ensaio do afoxé Badauê, grupo de candomblé de rua que cantava "debalê, balê" em um dos seus refrãos. Com o passar do tempo, surgiram versões que procuram lhe atribuir algum significado, como o de "felicidade" ou "positividade", mas são mistificações do passado.

"Como não se ensinava nada sobre essa revolta nas escolas, o Malê Debalê exerceu papel importantíssimo para a difusão da história, porque, a depender da dimensão que uma canção ganha, ela pode mobilizar a cidade toda. Uma única composição já é capaz de alcançar multidões, e o Malê tem cada música maravilhosa... com muitas alusões ao tema", ressalta Raimundo Gonçalves dos Santos, mais conhecido no circuito cultural de Salvador como Bujão, que esteve presente desde o surgimento do grupo em Itapuã. Ele já não faz mais parte do bloco, mas até hoje traz na ponta da língua, por exemplo, a letra que cantou no Carnaval de 1981, composta por Lazinho Boquinha:

Negros sudaneses

Negros sudaneses partidários
Sudaneses partidários
Da religião muçulmana
Os malês pretendiam abolir a escravidão
No dia 25 de janeiro de 1835
Começou a Revolta dos Malês
Na Bahia
Atacaram os quartéis
Misteriosamente avançaram

Pela rua de Baixo, atual Carlos Gomes
Quando foram dissolvidos
Por um forte contingente militar
Mas mesmo assim não deixaram de lutar
Ô, ô, ô, ô, ô, ô
Ô, ô, ô, ô, ô, ô

A opção por se empregar o termo "negros sudaneses" denota a intenção de se abarcar a vasta diversidade de grupos étnicos vindos sobretudo da região do Sudão Central, como os que ficaram conhecidos genericamente no Brasil por nagôs ou iorubás (mas que compreendem várias nações de língua e cultura iorubás, como os oyó, egbá, ketu, oxogbô, ijexá, etc.), além de hauçás, fon-jejes, tapas, mandingos e outros menos comuns durante a escravidão no Brasil.

Há muitas outras canções do Malê Debalê que fizeram sucesso e passaram a ser cantadas ao longo dos anos, perpetuando a memória da revolta e de seus principais mestres entre os soteropolitanos. Para se ter uma ideia, vale conferir:

Malês, a insurreição
(Marcos Alafim)

Conspiração na Bahia
Contra a escravidão e a opressão
Malês, ícones da insurreição
O poder da África está aqui
A força da África está entre nós
A comunidade negra clama numa só voz
Reparação já! Não estamos sós!
Levanta a cabeça, acorda negro

É hora da união
Malê Debalê convoca pra outra revolução
Aeeee
Noite da Glória e do poder
Aeeee
É o Levante do Malê (Bis)
Salaam Aleikum, Dassalu
Ahuna, o almami,
Dandará, o alufá,
Calafate, o malam
E o senhor mestre, Pacífico Licutan

A expressão árabe "*Salaam Aleikum*", ou "que a paz esteja convosco" em língua portuguesa, é uma saudação comumente usada por islâmicos. Já o termo "*almami*" faz referência ao principal líder da comunidade muçulmana, e "*malam*" é a forma usada pelos hauçás para designar um mestre ou alufá.

O autor dessa canção, Marcos Alafim, explica que o estudo dos elementos históricos precedia o processo de criação nos blocos afros, sobretudo antes da "banalização da música baiana", como ele define a explosão da chamada axé music nos anos 1990. "Era uma forma de militância para falar do nosso sentimento na luta contra o racismo, das nossas reivindicações, e assim a gente aprendia também com o material que os blocos afros nos davam. Porque, dentro deles, existiam pessoas letradas, pesquisadores que iam lá buscar nas bibliotecas, nas universidades, a história dos países africanos, principalmente desses povos que vieram para a Bahia. Então essas pesquisas nos davam régua e compasso, a partir da leitura de apostilas muito bem embasadas, com trinta, quarenta ou até cinquenta páginas", lembra.

O músico e gestor cultural Celso Lázaro Gomes de Souza, o Celso de Niçu, diretor do Malê Debalê, também ressalta a qualidade das informações. "As canções do bloco são verdadeiras aulas de história, pois todas são contextualizadas. E quem decora as letras, algo que a música também facilita, vai aprender naturalmente sobre a Revolta dos Malês, sem nem perceber que está estudando", afirma. A sua própria experiência reflete esse processo educacional. "Nasci em 1973, então, na primeira vez que vi o Malê desfilar, em 1980, eu tinha sete anos, logo na sua estreia, descendo a ladeira do Abaeté. Ainda era criança e fiquei apaixonado, foi amor à primeira vista. Descobri a história dos malês por intermédio do bloco."

Uma trajetória parecida com a de Claudio Souza de Araújo, filho de um dos fundadores do grupo, que cresceu dentro da sede e mais tarde viria a se tornar presidente. "Sou de 1976, então é natural que nos ensaios do Malê, aqui nas areias brancas do Abaeté, eu já respirasse isso. E também bem cedo, com 8 anos de idade, participei de um concurso de música e fui campeão, porque conhecia as canções que falavam de Luiza Mahin, Pacífico Licutan e outros líderes malês. Isso traz para mim a ciência do meu dever, enquanto integrante que iniciou o percurso naquela ala de canto mirim do Malê Debalê."

A partir dessa disposição de colaborar para a educação infantil, o Malê Debalê estendeu sua atuação e, em parceria com a prefeitura de Salvador, foi criada uma escola municipal que leva o nome do bloco, assim como a creche e pré-escola Primeiro Passo Itapuã Malê Debalê, em frente à lagoa do Abaeté. "Também nos propusemos a ser um centro de formação de professores, não só a fim de estimular o ensino referente aos malês, mas de tantos outros episódios ligados à história e cultura africana e afro-brasileira, conforme determina a Lei nº 10.639, de 2003, mas que sabemos ainda ser pouco cumprida em sala de aula", diz Claudio de Araújo.

O entendimento de que a transformação da sociedade se dará pela educação se desenvolveu a partir da vida de cada um de seus membros. Raimundo Bujão, por exemplo, ao decidir prosseguir nos estudos e se formar em filosofia, quebrou paradigmas do seu entorno e subiu o sarrafo em relação às atividades profissionais até então exercidas em sua família. "Meu pai era varredor de rua, minha mãe, trabalhadora doméstica, mas eu cresci muito na inquietação com as condições nas quais a gente se encontrava na época. Para mim, nunca foi uma coisa normal. Eu hoje faço até um retorno ao passado e chego à conclusão de que muitas atitudes que eu tinha na minha infância e adolescência – quando aprontava demais na escola, embora sempre com bom aproveitamento – já eram uma reação à luta contra o racismo. Mas eu agia por ímpeto, não por informação. Até porque meus pais não tinham como me dar informação. O máximo que eles podiam fazer era tentar colocar comida na mesa para a gente", relembra.

A princípio, Bujão tinha uma visão limitada dos contrastes que o cercavam e pouco conhecimento acerca de suas origens. "Nasci em Itapuã, um bairro negro antigo, indígena em seus primórdios, onde há uma tradição histórica de luta contra a escravidão. Aqui aconteceram, inclusive, episódios violentos de escravizados contra senhores de engenho e de armações de pesca [revoltas ocorridas em 1814 e 1828, narradas nos Capítulos 8 e 10]. Porém, como ocorreu com todas as outras memórias da resistência negra, não só na Bahia, mas no Brasil inteiro, também houve uma tentativa orquestrada por parte do sistema dominante para que, com o tempo, os acontecimentos fossem se esvaindo da lembrança das pessoas."

Com a expansão da cidade e a fama levada por artistas – especialmente Dorival Caymmi, compositor de sucessos como "Saudade de Itapuã" e "A lenda do Abaeté", no final da década de 1940, e mais tarde outros, como Vinicius de Moraes e Toquinho, autores de "Tarde em Itapuã", em 1971 –, houve um choque de realidades bastante distintas. "Cresci num ambiente simples, meus amigos eram todos muito simples, entrei em conflito porque o bairro tinha essa origem indígena e negra, mas com a presença de figuras como Caymmi, que começou a cantar, Itapuã foi se tornando objeto de desejo das pessoas da elite, ávidas por conhecer o lugar idílico das canções." O contato crescente com universos tão distantes daquele em que vivia até então aguçou a percepção de que a desigualdade e a falta de oportunidades impediam a ascensão de sua gente.

A consciência social do jovem Bujão seria definitivamente despertada com a descoberta de ícones negros em que passou a se espelhar. O primeiro foi Marcus Mosiah Garvey, um jamaicano que percebeu a existência das tensões raciais aos 14 anos, ao ser apartado de sua melhor amiga, uma vizinha branca com quem brincara durante toda a infância, enviada pela família ao Reino Unido para que os dois se separassem.

Nascido em 1887, Garvey se tornaria jornalista, editor, empresário e ativista político, empreendendo uma série de viagens, em 1911, pelas Américas Central e do Sul – onde passou por Costa Rica, Guatemala, Panamá, Nicarágua, Equador, Chile e Peru –, além do Caribe, então chamado de Índias Ocidentais Britânicas, sob domínio da colonização inglesa. Em 1912, rumou para a Inglaterra e percorreu a Europa. Sua intenção era observar as condições em que vivia a população negra em diferentes lugares. Com base no que viu, passou a questionar: "Onde está o governo do homem negro? Onde está o rei e o seu reinado?

Onde está seu presidente, o seu país, seus embaixadores, seu exército, seus grandes homens de negócios?", escreveria anos mais tarde.

Inconformado com a situação, Garvey retornou para a Jamaica e fundou a Associação Universal para o Progresso Negro, em 1914. Mais que ousada, a proposta era até mesmo quixotesca: reunir todos os povos negros do mundo em uma única nação em território africano, numa diáspora em sentido inverso. Seu sonho consistia em iniciar o ambicioso projeto na Libéria, país que havia sido criado para abrigar ex-escravizados pelos norte-americanos, e a partir dali forçar a saída dos colonizadores do restante do continente para ampliar os domínios.

Em 1916, Garvey partiu para os Estados Unidos, onde abriu a principal sede de sua associação, no Harlem, em Nova York, em um prédio amplo, batizado de Liberty Hall, com auditório para 6 mil pessoas. Também lançou, em 1918, o jornal *The Negro World*, a fim de difundir suas propostas e ideais. Com alguns textos escritos em espanhol e francês, e a maior parte deles em inglês, a publicação com tiragem de 60 mil exemplares circulou por vários países e ajudou a impulsionar seu sonho. Durante a década de 1920, a organização atingiu a marca de 1 milhão de adeptos, distribuídos por cerca de mil filiais em mais de quarenta países. Montou, ainda, uma cooperativa nos Estados Unidos com atuação em diversos setores, como no de hotéis, lavanderias, mercearias, vestuários, etc., para conferir mais poder e dignidade aos afro-americanos.

Conhecido como "Moisés Negro", em referência ao profeta destinado a libertar o povo hebreu e conduzi-lo à Terra Prometida, Garvey abriu uma companhia de navegação, a Black Star Line Incorporation, inicialmente com um cargueiro em 1919, adquirindo no ano seguinte um ferry boat e um iate a vapor.

Com a prestação de serviços no ramo de transportes de cargas e passageiros, pretendia expandir a empresa e, no futuro, usá-la para conduzir seus seguidores para a África. Mas os custos de manutenção e a necessidade de captar recursos para manter as operações em funcionamento o levaram a distribuir, pelos correios, folhetos de publicidade para a venda de novas ações da companhia. Monitorado pelo FBI, que chegou a infiltrar agentes para espionar seus negócios, Garvey acabaria acusado de fraude e condenado a cinco anos de prisão. Após cumprir pena de 1925 a 1927, recebeu indulto mediante a deportação dos Estados Unidos. Em liberdade, tentou se manter ativo, mas com os investimentos em declínio, gradativamente, foi perdendo influência internacional.

Apesar de visionário e utópico, Garvey conseguiu estimular iniciativas em prol dos direitos da população negra em várias partes do mundo. Nos Estados Unidos, algumas de suas ideias ecoariam nas vozes de líderes como Martin Luther King e Malcolm X. No Brasil não foi diferente. Muitos jovens se basearam em suas experiências para ingressar em organismos criados para a defesa dos afrodescendentes. Dessa maneira, Raimundo Bujão se incorporou ao Movimento Negro Unificado (MNU) ainda no início de seu estabelecimento em Salvador. A fundação ocorrera meses antes em São Paulo, no dia 7 de julho de 1978, com um ato nas escadarias do Theatro Municipal, em reação à discriminação racial sofrida por quatro garotos da equipe infantil de vôlei do Clube de Regatas Tietê e à prisão e morte de Robison Silveira da Luz – um trabalhador acusado de furtar frutas em uma feira de rua, brutalmente torturado no 44º Distrito Policial de Guainases.

O MNU tinha à frente intelectuais do porte de Lélia Gonzalez, historiadora, filósofa, escritora e professora de prestígio internacional, e Abdias do Nascimento, ator, poeta, escritor, professor, deputado federal e senador, que chegou a ser indicado ao Prêmio Nobel da Paz em 2010. Foi essa ebulição que conquistou o inquieto Bujão, então com 21 anos. Entusiasmado com o vendaval de ideias que lhe eram apresentadas, levou para o Malê Debalê sua militância e contribuiu para dar um tom mais político aos desfiles.

O Carnaval de 1983 representa um marco nesse sentido. "Começamos a incomodar porque o bloco passou a adotar uma linha política mais explícita. Tanto que saiu com o tema de solidariedade aos países da linha de frente da libertação africana. Angola, Moçambique e Guiné-Bissau tinham conseguido a independência de Portugal havia poucos anos, depois de muita luta, e ainda sofriam com muitos conflitos internos", relembra Bujão. Nesse contexto, os malês iriam se misturar aos revolucionários contemporâneos e fazer muito barulho. A preparação das fantasias e alegorias foi a mais realista possível. "As roupas camufladas do Exército estavam entrando no comércio. Um dia de manhã, passei pela Casa São Bento, uma tradicional loja aqui em Salvador, quando o vendedor estava botando uma mostra do tecido em exposição. Pedi para que ele não fizesse a propaganda, para confiar em mim, porque voltaria com o cheque para comprar todo o estoque. Assim os percussionistas todos saíram vestidos de guerrilheiros, com aqueles óculos escuros de soldador, e o nosso carro alegórico era um tanque de guerra com um canhão que jogava fumaça. Quando a gente apontou na praça Castro Alves, o grande centro do Carnaval, os trios elétricos todos pararam. Ninguém entendia o que estava acontecendo. A polícia nos abordou querendo saber onde tínhamos arrumado aquelas roupas... uma confusão!"

Os temas do Malê Debalê chamavam tanto a atenção que suas atividades passaram a ser monitoradas pelo regime militar.

"O bloco começou a ser vigiado pelo DOI-Codi (órgão subordinado ao Exército, com funções de inteligência e repressão). Em uma reunião na Sociedade Protetora dos Desvalidos, para se falar sobre a Revolta dos Malês, percebi a presença de um amigo meu de infância, que tinha entrado para o Exército. Vestido à paisana, ele me seguia por onde eu ia. Era impressionante!", diz Bujão. Em pleno século XX, os malês ainda soavam como uma ameaça e continuavam a deixar autoridades em polvorosa.

O discurso de viés puramente político, porém, não é o único a que se prestam os malês. Nem todas as letras do bloco têm caráter tão didático como a dos exemplos citados. Isso porque há duas modalidades nos concursos musicais: a categoria samba-tema, que cumpre o papel pedagógico de contar a história de maneira bem estruturada e detalhada, e a categoria samba-poesia, em que o compositor pode fazer apenas referências à revolta, mas em um contexto mais amplo, com espaço inclusive para o lirismo. A música "Lua Malê", sucesso da virada do milênio e que continua a ser tocada e cantada até hoje, ilustra bem essa vertente:

Lua Malê
(Lande Onawale Munzanzu)

É ela que vem me acordar de madrugada
Para me fazer sonhar outra cidade
Do mar de revolta ela surge assim
Revivendo o lugar de onde eu vim
Em nome de Alah, Zambi, Olorum, Mawu-Lisa (Bis)

A conspiração se espalha pela cidade
A marca dos meses no céu vem me avisar

1835 vezes malê há de levantar
Em risos, em rezas, levantes, lágrimas (Bis)

Abre o canto, Malê!
Abre o canto, capitão!
Rege o trabalho e a revolução
Coração desesperado
Já devora a fronteira entre o bem e o mal
Tambor dos aflitos fere a senha capital

Abre o canto, Malê!
Abre o canto, capitão!
Rege o trabalho e a revolução

**Canto de rua, zunzum de feira
Vem me chamar, levanta poeira (Bis)**

Lua Malê, Lua Malê, Lua Malê Debalê (Bis)

Se a musa é mulher, poesia, ou lua cheia
Não sei...
Quem me arde a coragem e o coração?
**Só sei que o Malê faz alarde dos murmúrios
Das ondas que a história traz
Pila o futuro
Fura o cerco, pé no chão (Bis)**
Abre o canto, Malê!

Envolta por melodia suave e comovente, sobretudo na versão acústica, a composição encanta os baianos há várias gerações e projeta os malês em um universo poético. A luta pela libertação divide espaço com outras aspirações humanas e se inspira em múltiplos sentimentos, que vão da mulher amada à lua cheia. As citações de "Alah, Zambi, Olorum e Mawu-Lisa", que representam o ser supremo criador do mundo para diferentes povos africanos, refletem a diversidade e a amplidão da vida. A palavra "canto", por sua vez, traz duplo sentido. Além de cantoria, cujo uso é mais comum, também pode significar o lugar em que os escravos de ganho e libertos se reuniam para oferecer seus serviços nas ruas, sob o comando de um "capitão", escolhido entre eles para organizar a demanda. Nos ajuntamentos desses "cantos", conforme suspeitava-se na época, propagava-se a insurreição concebida pelos mestres malês, em suas reuniões secretas, para os demais africanos, não necessariamente muçulmanos.

O compositor Lande Onawale Munzanzu celebra a força do canto para eternizar a luta e os sonhos dos antepassados. Uma forma de comunicação alternativa, essencial sob a perspectiva de que o próprio aprendizado da língua árabe pelos malês já era visto como ato subversivo, que precisava ser combatido e reprimido. "Nós sofremos a interdição da escrita desde aqueles tempos. Um impedimento que permanece até hoje, embora feito de outras maneiras. Então, para nós da população negra, a música assume um papel ainda mais fundamental na perpetuação da nossa memória. Porque sempre nos tiraram, e continuam nos tirando, a chance de aprendermos o idioma pela educação formal. E se aprendemos, nos tomam o lápis. Se temos o lápis, nos tiram o papel... mas nos sobra o sussurro, nos sobram as rezas, nos sobram esses outros modos de escrever, como o canto. É nossa escrita invisível", define o compositor do Malê Debalê.

Embora o grupo de Itapuã seja lembrado instantaneamente quando se fala da rebelião de 1835, por ter sua identidade ligada de maneira seminal ao levante, outros blocos afros também celebram os malês em verso e prosa. "O Olodum teve uma ação pedagógica importantíssima, do ponto de vista histórico e cultural, no sentido de explicitar para o povão o que foi a Revolta dos Búzios e o que foi a Revolta dos Malês, em suas músicas, letras e nos inúmeros seminários que nós promovemos", destaca Zulu Araújo, que além de ter sido presidente da Fundação Palmares, também exerceu por dez anos o cargo de diretor de cultura da famosa instituição musical do Pelourinho, da qual é conselheiro.

Um bom exemplo está na canção "Salamalekes Malê Olodum", um sucesso cantado com frequência nas apresentações do bloco. Além da reprodução da letra, o material didático produzido pelo Olodum traz explicações sobre as expressões árabes utilizadas na composição:

Salamalekes Malê Olodum
(Marcelo Gentil)

Negras almas
Confinadas na embarcação
Império de horrores e iniquidades
Sombrias maldades da escravidão

Desterrados
Devotos guerreiros de Alá
Alcorão e amuleto no peito
Quem não pode com os Mandingas[1]
Não carrega patuá

Irmãos, não sejam pisados
Humilhados, maltratados
Presos às gaiolas da servidão

Nagôs, malês e hauçás
Allahu Akibar[2]
Espada sagrada
Contra a escravidão

Serei livre
Vou lutar, vencer ou morrer
Vou islamizar a Bahia
Allahu Akibar
Ori, Orixá Alá
Reconta a Revolta do Povo Malê

Cante Alá, cante Ali
Salaam Aleikum,[3]
Revive a Revolta Malê
Na mandinga do negro Olodum
Cante Ali, cante Alá

1. Povos do norte da África, originários do Império Mali, que, pela aproximação e influência dos povos árabes, tornaram-se muçulmanos. Grande parte dos Mandingas que vieram para o Brasil sabia ler e escrever em árabe.
2. Deus é grande.
3. Que a paz esteja com vocês.

Da mesma forma, o Ilê Aiyê, primeiro bloco afro do Brasil, fundado em 1974 por moradores do bairro do Curuzu, apresenta inúmeras composições dedicadas aos malês. Em 2002, ano em que o tema foi abordado no Carnaval, a associação cultural Ilê Aiyê publicou um caderno de educação, como parte de um projeto de extensão pedagógica, com o resumo da Revolta dos

Malês e letras alusivas ao levante. Entre as dez composições que integram o material, temos esta:

Grito de vitória
(Dico e Jajai)

Ilê traz do passado ao presente
A bravura dos negros muçulmanos
De origem africana

Homens de fé e coragem
Exigiam o direito de igualdade
Religiosamente pela liberdade

Cansados de seus opressores
Que escravizaram a negra cor...
Formaram uma revolução em Salvador

A rebelião dos malês
Ecoou o seu grito de vitória
Pacífico Licutan
Entrou para a história
E hoje o Ilê Aiyê levantando
A bandeira cultural
Lembrando o levante malê
No Carnaval

Em busca de igualdade eu vou
Fazer protestos e manifestações
Enquanto há vida, existe esperança
Vamos alcançar a liberdade, irmão

Como se vê, a luta por liberdade e igualdade prossegue em pauta, pois a abolição concedida sem oferecimento de condições mínimas para que os ex-escravizados pudessem fazer a transição, com perspectivas de ascensão social e econômica, gerou um abismo praticamente intransponível para eles e seus descendentes. Um plano alicerçado cuidadosamente para impedi-los de se integrar como cidadãos ao novo projeto de país que se anunciava. Dessa forma, quase quatro décadas antes da Lei Áurea, quando já se sabia que tal passo seria inevitável e a questão era apenas adiá-lo ao máximo, iniciaram-se as providências para assegurar a exclusão. Ainda em 1850, apenas duas semanas depois da aprovação da Lei Eusébio de Queirós, que proibia de fato o tráfico negreiro para o Brasil, o imperador dom Pedro II assinaria a Lei de Terras, pela qual se instituía que qualquer porção dos vastos territórios então desocupados – ou em posse de pequenos agricultores – teria de ser comprada da Coroa por seus pretensos proprietários. Uma opção que privilegiava os poderosos latifundiários e tirava a chance de pobres e libertos se estabelecerem com autonomia e dignidade.

"A população ex-escrava, antes e depois da abolição, viu-se cercada por um aparato legal concebido para que não tivesse acesso a recursos de nenhum tipo. A Lei de Terras de 1850 dispunha que ela precisava ser comprada, então a posse deixava de garantir o direito de permanecer na propriedade. Aquela gente que já vivia ali teria de se inserir em sua própria terra de uma forma totalmente subordinada ou seria expulsa de onde trabalhava", explica o historiador e cientista político Atila Roque, diretor da Fundação Ford no Rio de Janeiro e colunista do *Nexo Jornal*. "Isso vem combinado com o reforço de um ideário de embranquecimento dos habitantes do país, com políticas que facilitavam ao máximo para os imigrantes europeus se instalarem nessas terras, das quais os antigos escravizados ou descendentes haviam sido excluídos. Persistia a convicção de que o europeu branco era muito superior ao negro do ponto de vista civilizatório, com o respaldo, inclusive, de leituras pretensamente científicas. E isso vai sendo reinventado ao longo do tempo, ao ponto de haver ainda hoje uma enorme autorização da sociedade para o constante extermínio ou uso contínuo da violência contra negros."

Nesse aspecto "científico", o antropólogo e médico maranhense Raimundo Nina Rodrigues, radicado na Bahia e com passagens pelo Rio de Janeiro, teve uma colaboração notória para estigmatizar a população preta. Filho de um senhor de engenho e influenciado por teorias raciais europeias então em voga, sobretudo na Itália, com a Escola Positiva de Direito Penal, ele pregava a inferioridade moral, intelectual e civilizatória dos negros, apontando uma suposta tendência dos afro-brasileiros a cometer crimes em decorrência dos "instintos brutais" herdados dos ancestrais. Ao contrário de outros eugenistas, que viam de maneira positiva a miscigenação, a fim de clarear os habitantes do Brasil, Nina Rodrigues a desaconselhava por julgar a mestiçagem "degenerativa". Duas faces da mesma moeda, ambas voltadas à desumanização.

O preconceito histórico resultou no chamado racismo estrutural, que permeia toda a sociedade, e dificulta ao máximo o acesso dos afrodescendentes à educação de qualidade e a ocupação de postos de trabalho mais valorizados. Para piorar, o aparato das forças de segurança reflete essa discriminação, enxergando-os cotidianamente como indivíduos que precisam ser combatidos – é quase como se o simples fato de ser preto já fosse um delito em si, como pontua a médica e ativista Jurema Werneck, diretora-executiva da Anistia Internacional no Brasil desde 2017. "Existe todo um sistema funcionando para reprimir, perseguir e condenar negros. Para o Estado brasileiro, que age através das polícias, todo negro é suspeito por ser negro. Portanto, ele vai ser tratado como um negro. Isso quer dizer que há uma certa continuidade da forma como o Estado brasileiro lida com essa população desde o regime da escravidão até agora. A polícia foi instituída com esse objetivo... a guarda foi instituída com o propósito de perseguir e capturar africanos. A grande questão é que existem continuidades inaceitáveis. Nós tivemos as mudanças do regime da escravidão para o regime da liberdade, do regime imperial para o regime da república, do regime ditatorial para o regime da democracia, mas as mudanças de regime não alteraram de forma consistente a força com que o racismo determina uma linha de cor na sociedade, escolhendo as vítimas da violência do Estado entre aqueles que têm pele escura", afirma.

Pesquisas e estatísticas retratam de forma dramática essa realidade. De acordo com o Anuário Brasileiro de Segurança Pública de 2023, com base em dados do ano anterior, os negros permanecem como as principais vítimas das mortes violentas intencionais no país, com 76,9% das ocorrências, contra 22,7% de brancos. A disparidade cresce ainda mais quando levadas em consideração apenas as mortes em decorrência de intervenções policiais, com 83,1% dos casos registrados referentes a negros, diante de 16,6% de brancos.

Esse panorama vem se replicando a cada ano, sem grandes oscilações, como destaca o advogado Gabriel Sampaio, coordenador do Programa de Enfrentamento à Violência Institucional da Conectas Direitos Humanos. "Se pegarmos um recorte recente dos atlas e anuários da violência, especialmente desde a virada da primeira para a segunda década do século XXI, em que há maior confiabilidade da produção de dados, verifica-se praticamente uma repetição das taxas de homicídios de negros, em geral, e também daqueles especificamente cometidos pelo Estado. Portanto, por mais de década, as taxas relativas a essa população variam em faixas acima de 70% no caso das mortes violentas como um todo, e nas causadas pelo Estado sempre superiores a 75%, batendo na casa dos 80% nos registros mais recentes. É um nível de assimetria que afeta de maneira aguda a população negra, colocando a agenda dos malês, bem como as arbitrariedades perpetradas contra os acusados de participar do levante de 1835, em absoluta contemporaneidade", compara.

A constatação dessa similaridade, para Jurema Werneck, também está nítida. "Hoje em dia, nós temos a mesma coisa: prisões arbitrárias, desaparecimentos forçados, torturas, julgamentos injustos... sem contar que 40% das pessoas que estão na prisão atualmente não foram nem sequer condenadas. E a grande maioria dos presos, de 70% a 80%, são negros. Então existe, sem dúvida, uma continuidade daquilo que ocorreu com os malês há quase dois séculos", analisa.

Gabriel Sampaio chama a atenção para a incoerência dos arcabouços jurídicos brasileiros, desde a primeira Assembleia Constituinte, instalada por dom Pedro I em 1823 e dissolvida em novembro do mesmo ano em face da insatisfação do imperador com as sugestões para limitação de seus poderes. Ainda assim, o Conselho de Estado, ao qual coube dar a forma final ao documento, tomou como base o projeto que havia sido formulado pelos constituintes. "A Constituição de 1824 tem uma inspiração liberal, o que, para a época pós-Revolução Francesa, permitia um rompimento com uma noção absolutista de um lado, mas de outro saltava aos olhos um paradoxo: o antagonismo entre uma Constituição com essa inspiração liberal e a manutenção do modelo escravocrata."

Já a atual Constituição, promulgada em 1988, apesar de ter trazido avanços legislativos indiscutíveis, não foi suficiente para debelar o racismo impregnado na sociedade. "A nossa principal Constituição do ponto de vista da participação popular, como resultado de um processo constituinte que visava a romper com o passado autoritário, consolida o rol mais importante de direitos e garantias fundamentais estabelecido na nossa história. Porém, ainda convivemos igualmente com uma contradição, quando se trata da aplicação desses direitos e garantias, que muitas vezes não são respeitados, sobretudo para a população negra", diz Sampaio.

Atila Roque vê um "trabalho ideológico sofisticado" de longo prazo para justificar a exclusão desses indivíduos do tecido social e marginalizá-los. "É difícil até explicar como o Brasil sustenta uma situação de tamanha desigualdade, brutalidade e supressão de direitos para uma população tão marcadamente negra e parda, que constitui mais de 50% dos habitantes do país. Isso só acontece graças a uma campanha sistemática de desumanização, que envolve o aparato repressivo para incutir o temor, com a subalternização por meio da desestruturação das famílias nas comunidades, da ocupação agressiva dos seus territórios, o que coloca a pessoa negra – e o jovem em particular – o tempo todo com medo, porque o encontro com o Estado está sempre mediado pela violência."

Existem diferentes formas de intimidação e hostilidade. "Além da violência pura e simples, a do tiro e da pancada, há aquela também do desrespeito, do esculacho, que é a mais comum, aquela com a qual se convive o dia inteiro. É o sujeito ser seguido no shopping ou discriminado no restaurante... essa violência que é tremendamente admitida pela sociedade. Felizmente, agora está começando a mudar, com reações de indignação também de pessoas brancas, mas essas cenas ainda acontecem com frequência porque, historicamente, nós nos habituamos a ver o negro ser tirado do ônibus, os terreiros serem invadidos, a ouvir piadas e linguagens permeadas por insultos racistas. Então essas modalidades, digamos, mais *soft*, que não têm nada de *soft* para quem as experimenta, acabam semeando o terreno que leva posteriormente à admissão da violência física", adverte Atila Roque.

Para se manter a condição de subalternidade, houve um apagamento dos atributos intelectuais e de uma série de contribuições dos africanos escravizados para o desenvolvimento do país, conforme sublinha Jurema Werneck. "Não percamos isto de vista: os malês estiveram entre os primeiros letrados aqui no Brasil, o que aliás foi usado contra eles, porque as pessoas não sabiam ler as suas escritas, e as orações acabavam servindo como provas do quão perigosos eles eram", lembra, com orgulho e uma ponta de ironia. "É preciso valorizar também o conhecimento científico e a tecnologia que foram trazidos da África. Essas pessoas sequestradas de suas terras instituíram a mineração e a metalurgia, por exemplo, e a economia no Brasil foi impulsionada pelas técnicas que eles detinham. Ou seja, os meus antepassados prezavam o conhecimento e o estudo mais do que os europeus que formaram o nosso país."

De fato, inúmeras pesquisas demonstram a extraordinária transmissão de saberes dos africanos em diversos setores produtivos no Brasil. Eles introduziram técnicas que tornaram mais eficientes os processos de mineração, com o uso de bateias e canoas, pois contavam com ampla experiência em seu continente, sobretudo em regiões da África Ocidental e no Zimbábue. A perícia deles era tão cobiçada que acentuou a escravização de povos da Costa da Mina, notadamente de indivíduos dos grupos étnicos fanti e ashanti. As mulheres eram especialmente valorizadas, pois dominavam o ofício com conhecimentos sobre geologia, botânica e hidrologia, o que lhes conferia desde a capacidade de determinar os locais mais propícios a encontrar ouro até as maneiras mais eficazes para extraí-lo, de acordo com cada situação. Por isso, as "escravas mina", como passaram a ser chamadas em referência a seu local de origem, alcançavam altos preços no mercado. Na metalurgia, ocorreu fenômeno semelhante. Nesse caso, os bantos se destacaram como os principais especialistas, com expertise no controle da temperatura dos fornos e na composição do material para a fundição. Mas as heranças deixadas pelos africanos englobam muitos outros grupos étnicos e múltiplas áreas do conhecimento, como arquitetura, construção civil, agricultura, produção têxtil, entre outras.

A apropriação de toda essa sabedoria pelos dominadores e o posterior impedimento de os afro-brasileiros se beneficiarem dos avanços proporcionados por seus ancestrais deixam Jurema Werneck inconformada. "Uma das primeiras iniciativas da empresa racista foi destituir a gente não só da nossa individualidade, mas do acesso aos nossos próprios conhecimentos. Assim inverte-se a mão, ao nos afastar da informação e da ciência que nós trouxemos para essa nação."

Uma das intelectuais mais respeitadas do país, ela sabe quanto esforço teve de empenhar – e quantas dores precisou suportar – para que conseguisse transpor a barreira que aparta a população negra do ensino superior. "Isso se repete em qualquer família negra, a gente nasce e cresce sabendo que o estudo e o conhecimento são ferramentas centrais de autonomia e de libertação. Mas existem muitos empecilhos. Eu fui a primeira a alcançar certas conquistas em uma família que nos dizia que não havia alternativa para nós se não seguíssemos esse caminho da escolarização. E numa escola extremamente refratária, que não apenas não interfere para nos proteger do racismo, mas que aposta na nossa exclusão. Uma das lutas mais pungentes, mais duradouras do movimento negro, é por uma educação adequada. Estamos sempre em busca de projetos de lei, criação de currículos, políticas de cotas para reivindicar o nosso retorno àquele mundo do conhecimento que era nosso por direito, que é de todo mundo por direito, mas nosso por herança, inclusive."

Jurema Werneck faz questão de reconhecer a importância dos negros combativos que vieram antes e dedicaram a vida para transformar o futuro que se anunciava terrível. Desde os mártires malês e demais insurgentes de outras revoltas escravas, passando por abolicionistas como o poeta e advogado Luiz Gama, até os que asseguraram, a duras penas, direitos básicos para a sua gente em tempos mais recentes. Ela sabe que todos integram sua trajetória, pois, sem eles, não teria chegado aonde chegou. "É preciso contar de novo essa história, tanta gente que lutou pelo Brasil, tantos personagens fundamentais que nos ajudaram a trilhar um caminho, não apenas como população negra, mas como população brasileira."

A diretora-executiva da Anistia Internacional também tem consciência de que ainda falta muito a progredir nessa jornada, daí a opção por empregar suas qualificações em prol dos direitos humanos e na militância. "A escola ainda é um péssimo lugar para nós. Na minha família, eu sou a pessoa com mais anos de estudo: fiz todo o básico, fundamental, graduação, mestrado, doutorado e nem sei se vou parar por aí, porque tenho curiosidades que talvez façam eu voltar para a academia. Mas nunca foi e nem será fácil. Mesmo no mestrado, mesmo no doutorado, ainda há uma aposta contra nós. É sempre um caminho doloroso."

As agruras enfrentadas por Jurema Werneck se estendem a todos estudantes negros, como pode atestar a educadora e escritora Luana Tolentino, tanto pelas situações que presenciou como professora, como pelas traumatizantes experiências vividas por ela mesma na infância. Seu relato sobre o primeiro dia de aula no ensino fundamental mostra bem o que as crianças pretas enfrentam desde o início do percurso. Por sua sensibilidade em retratar a crueldade despropositada de que são vítimas, o medo sempre presente e a brutal reversão das expectativas em relação ao sonho de aprendizagem, vale a reprodução parcial de uma de suas colunas na revista *Carta Capital*:

> Era 1991. Um dia muito ansiado por mim. Deixava uma pequena escola da educação infantil e chegava à antiga 1ª série, em um grupo escolar enorme, com muitas salas, cantina, quadras, jardim e todo um universo que a minha meninice era capaz de imaginar. Na mochila, trazia cadernos, lápis, apontador, tesoura, borracha e cola, com uma ansiedade imensa para usá-los.
>
> Por ser o primeiro dia de aula, havia uma movimentação grande na escola. Os alunos recém-chegados e os "veteranos" buscavam nas listas, afixadas na porta da secretaria, o nome e a respectiva turma em que iriam estudar. Precisei fazer todo esse ritual sozinha, pois meus pais não puderam me acompanhar. Aos sete anos, tive que dar conta das responsabilidades que esse momento de transição exigia. Eu me senti um pouco insegura, tive medo de não encontrar minha turma, mas sabia que precisava ir em frente.
>
> Em meio ao alívio de ter descoberto minha sala e que a "tia" Nádia seria minha professora, fui assombrada pelo racismo. Durante a caminhada que me levaria ao encontro dos novos colegas, um garoto gritou: "Macaca!". Assustada, temi que ele pudesse fazer algo além do xingamento. Enquanto sentia meu coração apertado

e minhas mãos suando, ele ria, gargalhava. Sabia que ele havia usado o nome de um animal para me ofender, me humilhar, em razão da cor da minha pele, mas não entendia o motivo daquela violência tão gratuita, afinal de contas, nunca tínhamos nos visto antes.

Essa cena se repetiu por diversas vezes ao longo da minha caminhada no ensino fundamental. No médio, já não ouvia mais a palavra "macaca", mas as formas de racismo eram outras. Piadinhas, risos abafados, processos de exclusão que estavam relacionados à minha cor. Tudo isso teve um custo. Um custo alto. Como bem escreveu Toni Morrison, tive a minha autoestima dilacerada. Cresci com um sentimento de inferioridade, que vez por outra me coloca em ciladas, me leva a abismos profundos.

Essa história não é só minha. Ela se repete, atravessa a vida de milhões de crianças negras e provoca sérios impactos no desenvolvimento infantil.

Os ataques desmotivados a acompanhariam no dia a dia, a partir dali, mas haveria ofensas especialmente marcantes, como se fossem ritos de passagem, a cada mudança de ciclo. "Em 1995, eu tinha acabado de ingressar na antiga quinta série e vivia a expectativa de estudar em uma escola nova, de ter um professor para cada disciplina, de fazer a travessia entre a infância e a adolescência. Mas o que era um momento muito esperado, por diversas vezes, tornou-se um tormento. Um colega de classe tinha como sua principal diversão me atazanar, perseguir, me humilhar por eu ser negra. Certa vez, enquanto caminhava pelo corredor que dava acesso às salas, ele cuspiu em mim, com a boca cheia de biscoitos. Além da cusparada, meu uniforme ficou todo sujo de farelos. Não reagi, não disse nada. Ele era bem maior que eu, e por experiências anteriores, sabia que não adiantaria denunciá-lo aos professores ou à direção da escola. Podia ser pior", relembra Luana Tolentino, disfarçando os olhos marejados.

A constatação de que era melhor sofrer calada se dera em 1993, quando cursava a antiga terceira série. "Vivia amedrontada por uma menina mais velha e bem mais alta que eu. Todos os dias ela me chamava de macaca. Durante o recreio, na hora da saída, o tempo inteiro. Nas aulas de educação física, quando eu pegava a bola, ela imitava sons e gestos de chimpanzés. Durante muito tempo, mantive o silêncio. Até que um dia não aguentei mais e contei o que estava acontecendo para a minha professora, que me colocou lá na frente, diante de todos os alunos. Senti uma angústia imensa, como se soubesse que algo de ruim iria acontecer. Ela então me pegou pelo braço e disse: 'Olhem bem para a Luana! Vocês acham que ela se parece com uma macaca?'. Um abismo se abriu sob meus pés, e a sala foi tomada por uma algazarra ensurdecedora. Segurei o choro, que só serviria para me diminuir ainda mais. Olhando para o chão, ouvi gritos, batidas nas carteiras, gargalhadas e, mais uma vez, sons que lembravam animais. A professora perdeu o controle sobre a classe e, para retomar a ordem, deu um berro: 'Luana, volte agora para o seu lugar!'. Eu, que era a vítima, acabei culpabilizada pela bagunça. Estávamos na aula de matemática, matéria em que tirava excelentes notas, até então. Mas, depois daquele dia, nunca mais consegui ter o mesmo rendimento. Ainda hoje, fazer contas é um verdadeiro suplício para mim."

Em compensação, há professores que estimulam as potencialidades dos alunos e funcionam como bússolas a lhes indicar as direções a seguir. Dois deles colocaram Luana Tolentino na rota da educação e das letras. O primeiro, quando ela cursava a sexta série, ao lhe devolver um texto que ela fizera para avaliação, comentou: "Luana, você tem jeito de escritora! Um dia ainda vou ouvir falar muito de você!". Houve um impacto tremendo. "Na hora do recreio, eu me isolei em um canto do pátio e fiquei pensando quanto tempo levaria para que aquela previsão se concretizasse. Seriam dez, vinte anos? Algo me dizia que eu podia acreditar." Depois, na oitava série, outro professor reforçaria a profecia após corrigir uma redação: "Menina, isto aqui está muito bom! Vou mostrar para o Roberto Drummond!". Assim que soou o sinal de saída, ela partiu em disparada para contar a novidade para a família. "Eu pulava, eu gritava! Meu pai só sorriu sem graça, pois não compreendia o motivo de tamanha euforia. Na minha cabeça, o fato de a redação que tinha feito merecer ser mostrada a um escritor famoso, o autor de *Hilda Furacão*, era a maior prova de que eu havia me tornado uma garota inteligente. Sendo assim, a partir daquele momento, ninguém mais seria capaz de me humilhar."

Como disse Jurema Werneck, nem mesmo nas pós-graduações, o preconceito diminui. Mas o reconhecimento do talento fortaleceu Luana Tolentino e a fez ganhar confiança. Em 2017, ao andar pelas ruas de Belo Horizonte, foi abordada por uma senhora branca: "Você faz faxina?", perguntou a desconhecida. Altiva e segura, a já então professora respondeu, em tom cortante: "Não, faço mestrado". Ela não vê nenhum demérito em ser trabalhadora doméstica, profissão, aliás, que exerceu na mocidade. O que incomoda é constatar como as mulheres negras são associadas a essa função, como se não houvesse alternativa, no imaginário da sociedade.

Com todos esses obstáculos, não é de se estranhar que os índices de evasão escolar sejam gritantes para a população negra. Segundo dados do IBGE divulgados em 2020, dos 10 milhões de jovens brasileiros entre quatorze e 29 anos que abandonaram os estudos sem ter completado a educação básica, 71,7% são pretos ou pardos. "Quem quer ficar na escola com todas essas violências que sofremos? Além das dificuldades econômicas que nos afligem, obrigando muitos jovens a se dedicar exclusivamente ao trabalho para ajudar no sustento da família, a rejeição, as ofensas e o menosprezo com que somos tratados em diversas instituições de ensino desestimulam a permanência e o desenvolvimento desses alunos", avalia Luana Tolentino. Em face dessa situação de desequilíbrio, embora seja formada em história, acabou por direcionar seu mestrado e doutorado para a área da educação a fim de contribuir para a mudança de cenário. O seu livro *Outra educação é possível: feminismo, antirracismo e inclusão em sala de aula*, em forma de crônicas, apresenta uma série de ações capazes de melhorar o rendimento dos estudantes a partir de um ambiente acolhedor e atividades que lhes estimulem a evoluir.

Apesar das adversidades, há vitórias a se comemorar, como o êxito da Lei de Cotas, sancionada em 2012, que determina a reserva de 50% das vagas nas universidades e institutos federais a estudantes oriundos de escolas públicas e, dentro dessa faixa, a destinação de uma parte delas para pretos, pardos e indígenas, proporcionalmente à sua representação na população de cada estado do país. Durante as discussões sobre a implementação dessa política de ação afirmativa, aconteceram debates acalorados, pois alguns políticos, intelectuais e cidadãos comuns a contestavam com veemência. Um dos principais argumentos de seus opositores era que a medida provocaria a perda de qualidade da produção acadêmica, suposição que tem sido desbaratada por pesquisas realizadas ao longo de uma década após a adoção.

Uma dessas avaliações partiu da Unesp, a primeira universidade estadual paulista a estabelecer o sistema de cotas raciais, em 2013. Nesse caso, dos 50% das vagas reservadas a alunos que cursaram o ensino médio em escolas públicas, 35% foram destinadas a pretos, pardos e indígenas. Segundo o estudo *Desempenho acadêmico e frequência dos estudantes ingressantes pelo Programa de Inclusão da Unesp*, a comparação dos coeficientes médios de rendimento dos alunos que entraram em seus cursos, entre 2014 e 2017, mostra que não há diferenças relevantes de performance dos cotistas em relação aos aprovados pelo sistema universal.

Tal constatação pode ser estendida às demais universidades do país. Essa é a conclusão de um trabalho feito pelos professores Silvio Almeida, Rodrigo Zeidan, Inácio Bó e Neil Lewis Jr. a partir da análise de artigos sobre cotas no Brasil publicados nos principais periódicos científicos do mundo. De acordo com as pesquisas, as diferenças de nível dos cotistas em relação aos colegas caem à medida que se aproxima o final do curso, até se tornarem insignificantes.

"A política de cotas foi a ação mais incisiva que o movimento negro brasileiro conseguiu realizar no pós-abolição. Não houve nenhuma medida que tenha atingido com tanta precisão os privilégios da elite branca e que tenha trazido tantos resultados positivos quanto as cotas. Desde o primeiro momento, em 2004, participei na defesa de sua implantação e, enquanto diretor e presidente da Fundação Cultural Palmares, liderei a campanha 'O negro na universidade: o direito à inclusão'. Quando começamos esse trabalho, tínhamos aproximadamente 2,8% de negros no ensino superior, em 2004. Dezoito anos depois, atingimos o patamar de 40% de presença negra nas universidades brasileiras", diz Zulu Araújo.

Segundo dados do IBGE, em 2018, pela primeira vez pretos e pardos se tornaram a maioria dos alunos matriculados nas instituições públicas de ensino superior no Brasil, com 50,3%.

O principal desafio agora é fazer com que eles consigam prosseguir até a formatura. Especialistas defendem a necessidade de se investir mais em programas de auxílio estudantil para assegurar a permanência dos estudantes negros de baixa renda na academia.

Trata-se do primeiro passo para uma transformação efetiva da sociedade brasileira, no sentido de torná-la mais justa e democrática. "A Lei de Cotas para estudantes é um instrumento dos mais eficazes, mas não o único. Precisamos de ações em todas as esferas de inclusão da população negra, atravessando as políticas corporativas, para reconhecer, promover e celebrar a diversidade em suas composições. Essa talvez seja a próxima fronteira, ou seja, romper aquela barreira das empresas, no mundo privado, em que o topo das lideranças, dos conselhos administrativos, ainda segue sendo predominantemente branco. Não é fácil para um profissional negro alcançar essa posição, independentemente do seu valor", avalia Atila Roque. "Da mesma forma, se olharmos para as instituições do Legislativo e do Judiciário, aí então é um vexame. No Supremo Tribunal Federal, não temos representatividade!"

Os progressos são mais lentos do que se gostaria, mas cada palmo conquistado precisa ser celebrado, pois abre perspectivas e impulsiona a trajetória de ascensão. "No jornalismo, ainda falta chegarmos aos postos de comando, onde se encontram raríssimos negros como chefes de redação, mas já vemos um número significativo de repórteres, âncoras e comentaristas nos programas de notícias da televisão. Houve um grande avanço, sem nenhuma dúvida, em consequência das reivindicações por nossa humanidade. Ocorre a mesma coisa na área da cultura. Hoje demos um salto gigantesco, se comparado a vinte anos atrás. Olhamos para as novelas, o entretenimento de uma maneira geral, e a gente se reconhece mais... o Brasil já está se reconhecendo mais", diz Atila Roque.

Chegamos a um ponto crucial da história, em que negros e brancos – pelo menos os que têm a consciência da urgência de se construir uma nação mais igualitária – podem e devem caminhar juntos, conforme sinaliza Jurema Werneck. "Na época da Revolta dos Malês, grande parte da sociedade naturalizava a condição desumana a que éramos submetidos, e nós não tínhamos os meios de influência para desnaturalizar, na visão dos privilegiados, essa situação. A diferença agora é que está todo mundo convocado a escolher um lado. Afinal, não somos só nós as vítimas desse sistema, que diminui e apequena todo mundo, com um estado de insegurança e barbárie." A projeção e o respeito obtidos por variados expoentes negros ajudam a conquistar simpatizantes para a causa.

O poder almejado pelos malês ficou mais próximo de ser alcançado. Cantados pelos blocos afros, cultuados como heróis pelo movimento negro, admirados pelos intelectuais pretos, os revolucionários de 1835 triunfam de alguma forma por meio de seus descendentes étnicos. A história se move devagar, mas não sairia do lugar se não fossem os insurgentes e mártires. Zumbi dos Palmares, o último líder do maior e mais duradouro quilombo da história do Brasil, que assumiu o comando em 1678 e resistiu por cerca de dezessete anos às investidas dos colonizadores, tornou-se herói nacional. O dia de sua morte, 20 de novembro de 1695, motivou a escolha da data como efeméride da Consciência Negra. A longevidade de Palmares, que começou a reunir escravizados fugidos desde o final do século XVI na Serra da Barriga, na capitania de Pernambuco, atual estado de Alagoas, incentivou durante mais de dois séculos o surgimento de outros quilombos por todo o país e, ainda hoje, inspira a luta pela igualdade racial. O sonho malê de instrução e liberdade segue pela mesma trilha.

A morte de cerca de setenta combatentes durante a batalha, a execução de quatro deles, a prisão e deportação de tantos outros visavam a varrê-los da história. Em vão... não conseguiram enterrar sua memória. Há um conto da escritora Conceição Evaristo, no livro *Olhos d'água*, em que o personagem Dorvi, morador de uma favela, lembra-se do juramento que fizera com seus jovens parceiros, gritado sob o pipocar dos tiros: "A gente combinamos de não morrer!", uma frase dita na linguagem da vida real dos marginalizados, alijados da norma culta e de muitos outros luxos dos mais favorecidos. Pois esse pacto teimoso cabe para os malês, que bem poderiam assim dizer ao final deste livro: "Combinaram nos matar, mas nós combinamos não morrer".

Referências bibliográficas

AMARAL, Braz do. **Ação da Bahia na obra da independência nacional**. Salvador: EDUFA, 2005.

ANDRADE, Maria José de Souza. **A mão de obra escrava em Salvador (1811-1860)**. São Paulo: Corrupio, 1988.

ANUÁRIO BRASILEIRO DE SEGURANÇA PÚBLICA. **Fórum Brasileiro de Segurança Pública**. 2023. Disponível em: http://www.forumseguranca.org.br/wp-content/uploads/2023/07/anuario-2023.pdf./" www.forumseguranca.org.br/wp-content/uploads/2023/07/anuario-2023.pdf./ Acesso: 13 set. 2023.

AZEVEDO, Elciene. **Orfeu de carapinha**. A trajetória de Luiz Gama na imperial cidade de São Paulo. Campinas: Editora da Unicamp, Centro de Pesquisa da História Social da Cultura, 1999.

AVÉ-LALLEMANT, Robert. **Viagens pelas províncias da Bahia, Pernambuco, Alagoas e Sergipe (1859)**. Belo Horizonte: Itatiaia, 1980.

BRASIL. **Código criminal do Império do Brazil anotado**. Brasília: Senado Federal, 2003.

BRITO, Luciana da Cruz. Sob o rigor da Lei: Os africanos e a legislação baiana do século XIX. **Sankofa**, v. 1, n. 2, 2008. p. 38-57.

CADERNO DE EDUCAÇÃO DO ILÊ AYÊ. **Malês**: a revolução. v. x. Salvador, 2002.

CALMON, Pedro. **Malês**: a insurreição das senzalas. 2. ed. Salvador: Assembleia Legislativa do Estado da Bahia, 2002.

CAMPOS, Lucas Ribeiro. **Sociedade Protetora dos Desvalidos**: mutualismo, política e identidade racial em Salvador. Dissertação (Mestrado em História). Faculdade de História, UFBA, Salvador, 2018.

"CARTA de José da Silva Lisboa a Domingos Vandelli, Bahia, 18.10.1781". **Anais da Biblioteca Nacional**, n. 32, 1910, p. 494-506. Disponível em: http://docvirt.com/DocReader.net/DocReaderMobile.aspx?bib=anais_bn&pagfis=25692 Acesso: 13 abr. 2022.

CARVALHO, Eduardo Teixeira de. **Os Alagados da Bahia**: intervenções públicas e apropriação informal do espaço urbano. Dissertação (Mestrado em Arquitetura). Faculdade de Arquitetura, UFBA, Salvador, 2002.

CATOIA, Cinthia Cassia. A produção discursiva do racismo: da escravidão à criminologia positivista. **Dilemas**, v. 11, n. 2, maio–ago. 2018. p. 259-278.

CASTILLO, Lisa Earl. Entre memória, mito e história: viajantes transatlânticos da Casa Branca. In: AZEVEDO, Elcilene; REIS, João José. **Escravidão e suas sombras**. Salvador: Edufba, 2012. p. 65-111.

CORRÊA, Mariza. Raimundo Nina Rodrigues e a "garantia da ordem social". **Revista USP**, n. 68, 2006. p. 130-139.

COSTA, Tamires Conceição. **A independência do Brasil na Bahia**: memória e patrimônio no Recôncavo. Dissertação (Mestrado Profissional em História da África, da Diáspora e dos Povos Indígenas). Centro de Artes, Humanidades e Letras, UFRB, Cachoeira, 2017.

CUNHA, Manuela Carneiro da. **Negros, estrangeiros**: os escravos libertos e sua volta à África. 2. ed. São Paulo: Companhia das Letras, 2012.

"Devassa do levante de escravos ocorrido em Salvador em 1835", **Anais do APEB**, v. 38 (1968), v. 50 (1992), v. 53 (1996), v. 54 (1996).

DICIONÁRIO de Língua Portuguesa composto pelo Padre D. Rafael Bluteau. Lisboa: Oficina de Simão Thaddeo Ferreira, 1779.

DOMINGUES, Petrônio. Movimento Negro Brasileiro: alguns apontamentos históricos. **Tempo**, v. 12, n. 23, 2007. p. 100-122.

DOMINGUES, Petrônio. O "Moisés dos pretos": Marcus Garvey no Brasil. **Novos Estudos Cebrap**, v. 36, n. 3, nov. 2017. p. 129-150.

FARIA JUNIOR, Carlos de. **O pensamento econômico de José da Silva Lisboa, Visconde de Cairu**. Tese (Doutorado em História). Faculdade de História, USP, São Paulo, 2008.

FERREIRA, Lígia Fonseca. Luiz Gama por Luiz Gama: carta a Lúcio de Mendonça. **Literafro**, s/d. Disponível em: http://www.letras.ufmg.br/literafro/autores/28-critica-de-autores-masculinos/653-luiz-gama-por-luiz-gama-carta-a-lucio-de-mendonca-ligia-fonseca-ferreira Acesso: 12 maio 2022.

FURTADO, Junia Pinto. Mulheres escravas e forras na mineração do Brasil, século XVIII. **Revista Latinoamericana de Trabajo y Trabajadores**, v. 1, nov. 2020 – abr. 2021), p. 1-49.

GARVEY, Marcus. O maior inimigo do negro. Osmundo Pinho (trad.). **Corpo e Política**. Austin, jan. 2014.

GOMES, Laurentino. **Escravidão**: do primeiro leilão de cativos em Portugal até a morte de Zumbi dos Palmares, volume 1. Rio de Janeiro: Globo Livros, 2019.

GONÇALVES, Ana Maria. **Um defeito de cor**. 18. ed. Rio de Janeiro: Record, 2018.

GONZALEZ, Lélia. **Primavera para as rosas negras**: Lélia Gonzalez. União dos Coletivos Pan-Africanistas (org.). São Paulo: Diáspora Africana, 2018.

GUERRA FILHO, Sérgio Armando Diniz. **O povo e a guerra**: participação das camadas populares nas lutas pela independência da Bahia. Dissertação (Mestrado em História). Faculdade de História, UFBA, Salvador, 2004.

IPEA, ano 12, ed. 85, 2015. Disponível em: https://www.ipea.gov.br/desafios/index.php?option=com_content&view=article&id=3206&catid=28&Itemid=39 Acesso: 25 jun. 2022.

LEITE, Douglas Guimarães. **Mutualistas graças a Deus**: identidade, cor, tradições e transformações do mutualismo popular na Bahia do século XIX (1831-1869). Tese (Doutorado em História Social). Departamento de História da Faculdade de Filosofia, Letras e Ciências Humanas, USP, São Paulo, 2017.

LOBO, Tânia; OLIVEIRA, Klebson. (Org.). Introdução (ou sobre como a África, no Brasil, avista a escrita). In: **África à vista**: dez estudos sobre o português escrito por africanos no Brasil do século XIX. Salvador: Edufba, 2009. p. 6-49.

MATEUS, Felipe. "Racismo no mundo acadêmico: um tema para se discutir na universidade". **Jornal da Unicamp**, 19 nov. 2019. Disponível em: https://www.unicamp.br/unicamp/ju/noticias/2019/11/19/racismo-no-mundo-academico-um-tema-para-se-discutir-na-universidade. Acesso: 27 jul. 2022.

MATTOSO, Kátia de Queirós. A propósito das cartas de alforria – "Bahia, 1779-1850". **Anais de História**, Assis, 4, 1972, p. 23-52.

MATTOSO, Kátia de Queirós. **Bahia**: a cidade do Salvador e seu mercado no século XIX. São Paulo, Salvador: Hucitec, Secretaria Municipal de Educação e Cultura, 1978.

MELLO, Priscilla Leal. **Leitura, encantamento e rebelião**: o islã negro no Brasil – século XIX. Faculdade de História, UFF, Niterói, 2009.

MENA, Fernanda. "11 signatários da carta de 2006 contra as cotas raciais dizem por que mudaram de posição". **Folha de S.Paulo**, 26 fev. 2022. Disponível em: https://www1.folha.uol.com.br/ilustrissima/2022/02/11-signatarios-de-carta-de-2006-contra-cotas-raciais-dizem-por-que-mudaram-de-posicao.shtml Acesso: 27 jul. 2022.

MONTEIRO, Antônio. **Notas sobre negros malês na Bahia**. Salvador: Inamá, 1987.

MUNIZ, Ricardo. "Estudos mostram efeitos benéficos de sistema de cotas raciais sobre a universidade pública brasileira". **Jornal da Unesp**, 26 jan. 2022. Disponível em: https://jornal.unesp.br/2022/01/26/estudos-mostram-efeitos-beneficos-de-sistema-de-cotas-raciais-sobre-a-universidade-publica-brasileira/ Acesso: 27 jul. 2022.

OLIVEIRA, Klebson. **Negros e escritas no Brasil no século XIX**: sócio-história, edição filológica de documentos e estudo linguístico. Tese (Doutorado em Letras e Linguística). Instituto de Letras, UFBA, Salvador, 2005.

OLIVEIRA, Maria Inês Côrtes de. **O Liberto**: o seu mundo e os outros (Salvador, 1790/1890). Dissertação (Mestrado em Ciências Sociais). Faculdade de Ciências Sociais, UFBA, Salvador, 1979.

OLIVEIRA, Nadir Nóbrega. Espetaculares dos blocos afros: Ilê Aiyê, Olodum, Malê Debalê e Bankoma para cena contemporânea numa cidade transatlântica. **Repertório**, n. 19, n. 2, 2012. p. 103-113.

PALHARES, Isabela. "Negros são 71,7% dos jovens que abandonam a escola no Brasil". **Folha de S. Paulo**, 15 jul. 2020. Disponível em: https://www1.folha.uol.com.br/educacao/2020/06/negros-sao-717-dos-jovens-que-abandonam-a-escola-no-brasil.shtml Acesso: 27 jul. 2022.

"Peças processuais do levante dos malês", **Anais do APEB**, v. 40 (1971).

PEIXINHO, Liliana. A guerra que orgulha a Bahia. **Desafios do Desenvolvimento**, v. 12, n. 85, 2015. Disponível em: https://www.ipea.gov.br/desafios/index.php?option=com_content&id=3206. Acesso em: 19 ago. 2023.

PESSOA, Ângelo Emílio da Silva. **As ruínas da tradição**: A Casa da Torre de Garcia D'Ávila: família e propriedade no Nordeste Colonial. Tese (doutorado em História Social). Faculdade de História, USP, São Paulo, 2003.

PRANDI, Reginaldo. De africano a afro-brasileiro: etnia, identidade, religião. **Revista USP**, n. 46, jul. – ago. 2000. p. 52-65.

RAMOS, Arthur. **O negro na civilização brasileira**. Rio de Janeiro: Livraria Editora da Casa do Estudante do Brasil, 1971.

REICHERT, Rolf; ABDELNHANI, Ahmed-Bioud (colaborador). Os documentos árabes do Arquivo do Estado da Bahia – editados, transcritos, traduzidos e comentados por Rolf Reichert. **Afro-Ásia**, n. 2-3, 1966. Disponível em: https://periodicos.ufba.br/index.php/afroasia/article/view/20257 Acesso: 3 jul. 2022.

REIS, João José. **Rebelião escrava**: a história do levante dos Malês em 1835. 3. ed. São Paulo: Companhia das Letras, 2012.

REIS, João José. Há 200 anos: a revolta escrava de 1814 na Bahia. **Topoi**, v. 15, n. 28, jan. – jun. 2014. p. 68-115.

REVISTA do Instituto Histórico e Geográfico da Bahia. Salvador: Instituto Histórico e Geográfico da Bahia, v. 115, jan. – dez. 2020.

REVOLTA dos Malês. Direção: Belisário Franca, Jeferson De. Produção de Bianca Lenti, Maria Carneiro da Cunha. Brasil: Giro Filmes, 2019.

RIBEIRO, João. **A língua nacional**. São Paulo: Edição da Revista do Brasil, 1921.

RODRIGUES, Marcela Franzen. Raça e criminalidade na obra de Nina Rodrigues: uma história psicossocial dos estudos raciais no Brasil no final do século XIX. **Estudos e Pesquisas em Psicologia**, v. 15, n. 3, nov. 2015. p. 1118-1135.

"ROL dos Culpados". **Anais da APEB**, v. 48, 1985.

SANTOS, Janio. Políticas Públicas e ações populares: o caso dos Alagados – Salvador/BA. **Estudos Geográficos**, v. 3, n. 1, 2005. p. 93-110.

SILVA, Lucas César Rodrigues da; Rafael de Brito. As tecnologias derivadas da matriz africana no Brasil: um estudo exploratório. **Revista Linhas Críticas**, v. 26, jan. – dez. 2020, p. 1-15. Disponível em: https://periodicos.unb.br/index.php/linhascriticas/article/view/28089/27272 Acesso: 30 jul. 2022.

VERGER, Pierre. **Fluxo e refluxo**: do tráfico de escravos entre o Golfo do Benim e a Bahia de Todos-os-Santos, dos séculos XVII a XIX. 3ª. ed. São Paulo: Currupio, 1987.

VERGER, Pierre. **Os libertos**. São Paulo: Corrupio, 1992.

Agradecimentos

Aída Veiga, Ana Maria Gonçalves, Ariadne Jacques, Arquivo Público do Estado da Bahia, Atila Roque, Candomblé da Casa Branca (Ilê Axé Iyá Nassô Oká), Candomblé Ilê Axé Ogum Omin Kayê, Carolina Maria de Jesus, Celso de Niçu, Chico Buarque, Cibele Lopresti, Claudio Souza de Araújo, Clissio Santana, Conceição Evaristo, Cristina Maiello, Ebomi Nice, Eduardo de Assis Duarte, Elciene Azevedo, Emerson Figueiredo, Escola Comunitária Luiza Mahin, Fundação Pedro Calmon, Gabriel Sampaio, Ibrahim Hamza, Ilê Aiyê, João José Reis, Juarez Tadeu de Paula Xavier, Jurema Werneck, Kátia Mattoso, Lande Onawale Munzanzu, Laurentino Gomes, Lazinho Boquinha, Leonardo Medeiros, Lígia Margarida Gomes de Jesus, Lisa Earl Castillo, Luan Ribeiro, Luana Tolentino, Lucas Ribeiro Campos, Luciana Mota, Luciano Trindade, Luis Nicolau Parés, Luiz Alberto de Farias, Luiz Gama, Malê Debalê, Manuela Carneiro da Cunha, Marcia Magalhães, Marcos Alafim, Marcus Mosiah Garvey, Maria de Lourdes Conceição Nascimento, Mariselma Bonfim, Muniz Sodré, Olodum, Pacífico Licutan, Raimundo Gonçalves dos Santos (Bujão), Raimundo Nascimento, Regina Célia Rocha, Rolf Reichert, Sociedade Protetora dos Desvalidos, Solange Souza do Espírito Santo, Sonia Dias Ribeiro, Tatiane dos Anjos, Universidade Federal da Bahia, Valmira Ribeiro dos Santos, Walter Silva e Zulu Araújo.